U0459591

员工沉默行为
与
职业幸福感

余 琛／著

YUANGONG CHENMO XINGWEI
YU ZHIYE XINGFUGAN

中国财经出版传媒集团
经济科学出版社
Economic Science Press

图书在版编目（CIP）数据

员工沉默行为与职业幸福感/余琛著. —北京：
经济科学出版社，2019.9
ISBN 978 - 7 - 5218 - 0869 - 8

Ⅰ.①员…　Ⅱ.①余…　Ⅲ.①职工 – 幸福 – 研究
Ⅳ.①F241

中国版本图书馆 CIP 数据核字（2019）第 201576 号

责任编辑：申先菊　赵　悦
责任校对：刘　昕
责任印制：邱　天

员工沉默行为与职业幸福感
余　琛　著
经济科学出版社出版、发行　新华书店经销
社址：北京市海淀区阜成路甲 28 号　邮编：100142
总编部电话：010 - 88191217　发行部电话：010 - 88191522
网址：www. esp. com. cn
电子邮件：esp@ esp. com. cn
天猫网店：经济科学出版社旗舰店
网址：http：//jjkxcbs. tmall. com
固安华明印业有限公司印装
710 × 1000　16 开　17 印张　350000 字
2019 年 9 月第 1 版　2019 年 9 月第 1 次印刷
ISBN 978 - 7 - 5218 - 0869 - 8　定价：89. 00 元
（图书出现印装问题，本社负责调换。电话：010 - 88191510）
（版权所有　侵权必究　打击盗版　举报热线：010 - 88191661
QQ：2242791300　营销中心电话：010 - 88191537
电子邮箱：dbts@ esp. com. cn）

前 言

　　对幸福生活的向往和追求是不同时代、不同经济和文化背景下人们的共同追求。约在 2500 年前，亚里士多德提出"什么是幸福生活"的问题，从伊壁鸠鲁、亚里士多德到诺贝尔经济学奖获得者德纳尔·卡内曼（Denial Kahneman），诸多经济学家、心理学家、社会学家、哲学家等都致力于探究幸福感及其发生和促进机制。幸福的获得和体悟是一个包含诸多环节的复杂的心理过程和精神现象，对个人行为、组织行为、社会发展和政府决策都会产生重要影响。

　　和谐是社会主义核心价值观之一，全面小康的社会主义，更加需要强调和谐。而劳动关系是社会的基本关系，人才与组织之间的关系是社会中最普遍、最大量存在的关系，和谐是社会和谐的重要组成部分，他们之间的公平交换是一种基本的社会交换关系，他们之间的稳定与和谐是社会稳定、和谐发展的根基。因此，确立两者和谐发展、寻找双赢互利的途径，是员工职业幸福感的突破口。职业幸福是人们最大的幸福，同时，这种幸福离不开组织受益。

　　知识经济时代，人类面临的共同困惑是什么？——该如何在现代生活中获取心灵快乐，适应日常秩序，找到个人坐标。如何达成人生幸福？职业幸福很重要，职业幸福将直接带给人们尊严和充实的生活。相反，职业的不幸福与个人健康问题（有可能会引起心血管疾病、胃溃疡、情绪紧张和其他健康问题）、家庭暴力（虐待儿童或配偶）和犯罪（偷窃、攻击以及其他各种形式的人身伤害）直接相关。这就意味着：如果人们的职业不幸福，工作生活质量必然下降，国家的社会和经济成本将迅速上升。我国改革开放以来，物质渐丰，但却出现了"倦怠渐强，幸福渐远"的"幸福悖论"。这一现象促使学者不得不对企业员工的幸福感问题加以重视和本土化研究。党的十九大报告全面回应了人民群众的幸福期待，旨在构建"幸福中国"。这个主旨既与社会经济发展的规律契合，也与国内外对幸福感的重视不谋而合。

　　近年来，企业管理实务界常自觉或不自觉地"为运用最新 HR 管理工具提高业绩而用 HR 管理工具"，陷入机械、功利、短期的陷阱，忽略了员工提高业绩的内在动因的探究与激发，而当前，员工特别是年轻员工职业价值观已从政治时代注重身份与社会地位、经济时代倚重货币收入向"心理时代"追求"心理体验、满足与幸福感"转变，企业人力资源红利的获取已从重成本控制向重雇员劳动生产效率提升转变。

因此，研究者将视角从聚集外部刺激因素转向员工内在动因激发，不仅关注组织的竞争优势和员工绩效，而且也强调员工的成长与发展，最后以保证员工的职业幸福。

如果组织中很难容忍不同的观点，员工总是被迫提出并非真正自己的观点。逐渐地，员工就会采取沉默行为，而内心也无法感受到幸福。所以，员工的沉默行为与职业幸福感之间存在必然的联系。因此，深化员工职业幸福感研究，关注员工沉默性行为，有助于在组织中形成良好的雇佣关系，促进员工产生持久工作投入，促进企业人力资源管理政策完善与人力资源可持续发展，使职业幸福感课题研究具有重要的理论意义和现实意义。

知识经济时代，知识的半衰期越来越短，员工的忠诚奉献已成为组织发展的关键。传统的命令加控制模式对确保企业成功已显得苍白无力，因为组织的关键资源就存在于员工的头脑中。唯有切实了解员工的期望和需求，让员工有建言的机会与欲望，才能构建和谐的员工与组织关系，才能让员工释放出巨大的能量。因此，在新形势下，本书主题尤为重要。

在新时代，竞争日趋激烈，组织面临不确定性增强，组织不能对所有员工都进行长远的职业规划。在这样的背景下，组织为员工的职业幸福感该做如何努力，员工的职业幸福感具有什么样的特征和条件，与员工沉默行为如何产生相互影响，如何保证员工的职业发展与组织发展目标一致，从而保证他们的职业幸福？这正是本书的研究重点。

本书的研究通过以下方法实现。

（1）文献检索与调查研究相结合。关于知识经济时代的特点，知识型员工的特点，心理契约理论和职业生涯理论等问题，通过文献检索实现。但是，职业成功的影响因素的验证，必须通过调查研究实现。

（2）个案访谈和深度观察相结合。关于员工沉默行为特点和规律、职业幸福感的界定等问题，在文献检索的基础上，深入实践进行调查，通过访谈法进行。本书把以下三类人员作为访谈研究对象。第一类，校外成人授课对象。笔者利用给各培训机构授课的机会，把他们作为研究被试的代表。第二类，各企业的相关人员。杭州苹果软件公司、杭州七方咨询、杭州 E 都市软件、杭州虹软、杭州电信、能源、高新、银行等行业公司的研发人员、管理人员、技术管理人员等为我们的研究提供了研究对象，作为研究被试代表。第三类，利用学生的社会关系。笔者通过布置本科生、研究生与课程相关的并能被本书所利用的访谈作用来实现调查实践，寻找被试样本。

（3）单一学科与交叉学科相结合。由于研究课题涉及内容较多。所以本项目也从不同学科的角度进行探讨。主要运用职业生涯理论、心理契约理论等最新研究成果和研究方法对有关问题进行深入探讨。涉及的学科有心理学、管理学、人才学、社会学、伦理学等。

本书共分八章，第一章是概述，关于职业幸福感的研究背景，关于员工沉默行为的研究背景。第二章是研究回顾。所有与本书相关的重要变量，在此章都做了相关的研究回顾。第三章是关于员工沉默行为本身的研究，包括其含义、测量、内部结构等。第四、第五章主要是对员工沉默行为的影响因素进行分析和探究。第六章是对职业幸福感的研究，包括职业幸福感的内在结构、影响因素以及实际案例（从实践中了解职业幸福感的真实情况）等。第七章是关于沉默行为与职业幸福感的关系研究。第八章是综合讨论，包括了研究的总体结论及其对实际的指导意义等内容。其中第四、第五章内容是我的研究生在本人指导下完成。感谢李佳琦、郑琪琪对本书分别做出了万字以上的贡献。

作者　余琛

2019 年 8 月于西子湖畔

目　录

第一章

总概述

第一节 研究背景

一、职业幸福感的研究背景

2015年2月，习近平总书记在会见第四届全国文明城市、文明村镇、文明单位和未成年人思想道德建设工作先进代表时强调，"两手抓、两手都要硬"，把精神文明与物质文明摆在同等重要的位置，强调了精神文明建设的重要性。2013年4月28日，习近平同志在同全国劳动模范代表座谈时的讲话指出："实现我们的发展目标，不仅要在物质上强大起来，而且要在精神上强大起来。"十九大报告强调："完善公共服务体系，保障群众基本生活，不断满足人民日益增长的美好生活需要，不断促进社会公平正义，形成有效的社会治理、良好的社会秩序，使人民的获得感、幸福感、安全感更加充实、更有保障、更可持续。"我们认为，获得感、幸福感、安全感，尤其是幸福感，需要建立在物质与精神生活得到充分满足的基础之上，是对新时代社会主要矛盾转化的呼应，因为它超越了物质层次的温饱与小康标准，是在满足人民群众对富裕物质生活追求的同时，顺应人民对美好生活的向往而注重精神层面诉求的真切回应，从而是新时代民生目标的升华。"要在精神上强大起来"是幸福感的重要体现。工作是满足个体存活和延续生命的需要，也是为个体提供良好的工作—生活环境，促进个体的不断完善和发展的途径。在物质丰富的今天，人们已经不再只是简单地追求工作，而且还追求如何才能工作得好、工作得幸福。这种完善是对更高层次的追求——职业幸福感。2015"中国幸福小康指数"对自由职业者、教师、政府官员、艺术工作者、普通公务员、导游、民营企业家、健身教练、演员、创业者等职业进行职业幸福感的调查，可见，职业幸福感话题引起了社会关注。党的十九大报告全面回应了人民群众的幸福期待，旨在构建"幸福中国"。这个主旨既与社会经济发展的规律契合，也与国内外对幸福感的重视不谋而合。

当前，个体对工作职业的目的和最高追求与以往时代有所不同，他们的职业价值观也发生了很大的改变。过去是政治时代，注重身份与社会地位、经济时代倚重收入（经济报酬）；如今已经过渡到了"心理时代"，追求的是"心理体验、满足与幸福感"。长期以来，企业管理实务界，常自觉或不自觉地陷入"创造激励员工创造高绩效的工具"的机械、功利、短期的陷阱，忽略了对个体提高业绩的内在动因的探究与激发，忽略了对个体与生俱来的追求承担责任的天性的利用。

在我国和谐社会建设的大环境下，个体与组织之间的和谐是社会和谐的重要组成部分，他们之间的公平交换是社会稳定、和谐发展的根基，是一种基本的社会交换关系。在这样的关系中，如何寻找两者和谐发展、双赢互利的途径？职业幸福感就是一个有效的突破口。

步入大数据时代，经济环境的不稳定、自然环境的持续恶劣、企业环境的多变性等，使职场员工面对的挑战和困惑无疑更加巨大。同时，随着二胎时代的到来，员工的工作—家庭冲突将会更加严重，尤其是女性，由于其独有的生理、心理特点以及其独特的社会、家庭角色和地位，决定了该群体在走向个体独立、家庭平衡、职业幸福的人生路上，都会经历典型性的阶段性成长困惑和较难突破的内外屏障。其职业幸福感也会面临新的问题，该方面的研究因此显得尤为迫切。

企业人力资源红利的获取已从重成本控制向重员工劳动生产效率提升转变，在当前的经济形势下，无论是跨国巨头还是坊间小厂，在人力资源管理方面，或暂停招募，或减员冻薪，抑或全员减薪，压缩成本、提升人员效率，对组织竞争优势的重视到了前所未有的程度。在这样的背景下，研究者应将视角从聚集外部刺激因素转向员工内在动因激发，不仅关注组织的竞争优势和员工绩效，而且也强调员工的成长与发展，以期抵御员工职业倦怠，提升员工的职业幸福感，促进员工产生持久性工作动力和兴趣。职业幸福是人们最大的幸福，最大的发展。同时，这种成功离不开组织受益。

二、沉默行为的研究背景

实际中，很多企业都遇到过这样的情况：在会议上，员工基本都不说话，除了汇报工作的几位主管，其他普通的员工都是沉默的状态。企业开诚布公说出企业的战略、决策、沟通重要的信息，充分给予员工执行的空间，同时让员工参与公司的业务、工作、讨论，这对公司的发展非常有用。一言堂与决策高效是两回事，没有反对的声音对企业的危害巨大。虽然很多人都觉得工作背景中遇到问题应该表达出来，但是其实很少有人真正做到。"讨论公司年度计划的时候，大家都悄然不作声。有时每个人都知道该计划有很大的漏洞，但就是不指出问题来"，这种现象在企业中非常常见。长此以往，企业根本就达不成既定的发展目标。那么，沉默的员工是否内心愉悦？显然不是。有研究者询问一些员工，遇到插队会如何应对时，大多数人表示会迅速有技巧地告诉插队者返回队尾。然而，实际情况却并不是这样。研究者去了一家大型购物中心观察。结果是：大多数被插队的人往往只是表现得很沮丧、紧皱眉头，但却一言不发。有些人会对插队者露出鄙视的神情，也有些人会向身旁人抱怨。但在整个观察中，只有极其少数的人对插队行为提出抗议。他们虽然没有抗议，但是从那些紧皱眉头、抱怨摇头的肢体语言上，我们可以断言他们内心并不愉悦，他们内心感到不满意。如果说对插队保持沉默还算是小事，那么某些情况下的沉默直接关乎生死。医疗机构的研究显示，在护士发现病人有危险后，90%都没有及时告诉医生。在工作安全方面，当发现公司里有发生事故的隐患后，93%的人要么不愿说，要么没机会说。

在知识经济时代，面对愈加复杂和动态的市场竞争环境，组织已无法仅凭管理层的智慧有效地应对现实的机遇和挑战，因此，充分发挥员工的创造力并促使其参与组织管理已成大势所趋（Morrison & Milliken，2000），在这一背景下，建言行为以及与此相对的沉默行为，在近十年备受组织行为学领域研究者的关注。尤其在中国文化背景下，沉默行为更为普遍。但是，由于沉默行为研究本身比较年轻，目前已有研究仅仅停留在概念、测量和内部外影响因素方面，很少研究关注沉默行为带来的结果变量有哪些，更没有研究将之与职业幸福感相联系。

工作中的沉默，是员工的角色外行为，是员工进退有据的心理堡垒，只可智取，不可强攻。任何想要完全挖掘和利用员工全部智慧的组织，都要摆好姿态、搭好戏台，让员工要说、想说、敢说、会说，从而塑造一种开放、活力、激情、阳光的人性化文化环境与组织氛围。

因此，本书将刻画职业幸福感动态发展趋势和规律，系统、全面关注沉默行为对职业幸福感的动态影响，能够取得可喜的理论成果，极大地丰富了职业幸福感、沉默行为领域的研究，并提供两者之间动态变化的实证研究的资料和结论。

第二节 研究意义

一、职业幸福感的研究意义

（一）理论意义

在过去几十年的心理、管理、教育等领域的理论研究中，对主观幸福感、职业生涯、职业管理等相关现象的研究是一个长盛不衰的焦点和主题。幸福感研究始于 20 世纪 50 年代，后兴于欧美，流行于全世界，历经形成期、发展期、成熟期三个阶段的发展。幸福感研究从社会学层面向心理学深入，进而发展成社会学、心理学、经济学等多学科、多领域整合研究，国内外学者从人格特质、人际关系、企业文化、身体健康等多个维度入手对幸福感进行研究，从简单的指标体系、测评方法研究到幸福感模型构建、结构化测量工具应用都取得了很大收获，逐渐形成了目标理论、比较理论、人格特质理论、适应理论、活动理论、动力平衡理论、心流学说等理论成果，这些研究成果对如何提升个人幸福感起到了积极的导向作用。但是，国内对职业幸福感的研究主要集中在教师行业，多数研究简单探讨几个能够影响职业幸福感的可想而知的因素，比如压力、收入等，而对教师职业幸福感，包括其他行业的工作者以及其他类型的工作者的职业幸福感以及其他影响因素研究得比较少。而且，迄今为止，职业幸福感内部发生过程如何，职业幸福感的原因到底是什么，这些方面的理论探讨十分匮乏。

本书以工作背景中的个体为研究对象，刻画职业幸福感发展趋势和规律，研究其职业幸福感的内外部影响因素，系统、多视角、全面关注其内外动力，探讨幸福感与员工沉默行为之间的关系，并取得可喜理论成果，极大地丰富了职业幸福感领域的研究。并且能够提供人格特征、职业特征、工作—家庭冲突等前因变量和职业幸福感之间实证研究的资料。

（二）现实意义

职业幸福感能对个人工作绩效、离职等行为产生影响，必然也会对个人所在团体或组织的效能产生影响。职业幸福的员工比其他员工更有可能给客户带来好的服务和工作结果，这有助于客户综合满意度的提高和成本的降低，从而使组织在竞争力、市场份额和利润率方面处于有利位置。某研究者（Koys，2001）花了两年时间对 28 家连锁饭店的研究发现，员工第一年的平均满意度与企业第二年利润、利润率、客户满意度的相关系数分别为 0.27、0.35 和 0.61。研究者们（Harter et al.，2002）对盖洛普公司以往有关工作投入的 42 项研究（涉及 36 家公司将近 8000 个独立的商业单位）进行了元分析。结果表明，员工职业幸福带来的工作投入与生产力、利润率、顾客满意度等组织结果变量均存在显著的正相关关系。

同时，随着"二孩"时代的到来，所有员工的事业与家庭平衡都遇到更大挑战。员工为了解决工作—家庭冲突，必须重视工作的时间灵活性和稳定性，才能获得生存的物质需要，同时通过职业认识自我，展现自身能力，体现价值并积累经验不断成长。尤其在当今"高效率、高节奏、高度竞争"的社会，如果员工在紧张的工作中幸福感长期缺失，又不能适当地进行自我心理调适或及时地得到外在的心理支持，就会落入消极情绪的恶性循环中，最终容易形成与职业相关的身心耗竭状态，乃至影响婚姻家庭的幸福，甚至对全社会的稳定产生不利。因此，理解并探讨员工的职业需求、挑战和目标，帮助他们更好地实现自己的目标与理想对整个社会的安定和谐都具有重要的意义。

职业幸福感能对个人工作绩效、离职等行为产生影响，必然也会对个人所在团体或组织的效能产生影响。职业幸福的员工比其他员工更有可能给客户带来好的服务和工作结果，这有助于客户综合满意度的提高和成本的降低，从而使组织在竞争力、市场份额和利润率方面处于有利位置。科伊斯（Koys，2001）花了两年时间对 28 家连锁饭店的研究发现，员工第一年的平均满意度与企业第二年利润、利润率、客户满意度的相关系数分别为 0.27、0.35 和 0.61。哈特（Harter et al.，2002）对盖洛普公司以往有关工作投入的 42 项研究（涉及 36 家公司将近 8000 个独立的商业单位）进行了元分析。结果表明，员工职业幸福带来的工作投入与生产力、利润率、顾客满意度等组织结果变量均存在显著的正相关关系。

二、员工沉默行为的研究意义

（一）理论意义

中国社会是一个到处充满人情和关系的社会，人们珍视自己的面子，同时也希望能够保全他人的面子，直言不讳通常会被认为是对他人"驳面子"的行为。传统社会规范影响了员工的行为选择，组织中的个体会因为感知到某种潜在约束而对其发现的问题保持沉默。中国传统文化认为沉默是金，在"和谐"思想指导下的中国人性格特点多为含蓄、内敛，强调在公开场合直截了当指出问题会被视为不给别人留情面，希望能平和地解决问题。员工在开口前，总会考虑开口后有何风险，是否会引起他人的不满，反而忽略问题本身的重要性。

理查德·瑞提和史蒂夫·利维在《公司政治》一书中将组织政治描述为隐藏在公司规章制度等背后的不成文规则。在"零和"利益框架下，员工需求的多样性使得组织政治行为不可避免，它反映了个体对于环境中其他个体或者群体采取一定方式追求利益活动的主观认知评价。员工感知组织政治事件时通常会有两种选择，一是利用组织政治的工具性特征为自身牟利；二是规避组织政治事件，减少对组织有利的角色外行为。可见，员工对组织政治行为的感知也会影响其沉默行为的选择。

有关沉默行为的影响因素受到了国内外学者的广泛关注。从现有研究来看，对沉默行为的前因变量研究是一个热点，已有研究认为，这些前因变量主要集中于三类——个体特征（Ozen et al.，2014）、领导因素（Xu，Loi & Lam，2015；

Park & Carter, 2016），以及组织信任氛围（李超平，鲍春梅，2011；郑晓涛，柯江林，石金涛，郑兴山，2008）。

沉默行为作为一种中国社会事实，在中国文化下特别具有普遍性。探讨沉默行为的结构外因和结果，有助于丰富沉默行为的理论研究，同时利于组织的广开言路。

第一，揭示诸多因素对员工沉默的内在作用机制，有助于管理者了解员工沉默行为发生的前因和过程，从而可以提出针对性较强的改善措施，减少员工沉默行为的产生。

第二，识别和探寻沉默行为的一些中介作用，可以为管理者在减少员工沉默行为时提供一个新的管理方向。

第三，在对员工沉默行为的研究中，加入组织层面的一些影响因素的探讨，可以指导管理者在日常管理事件中通过营造开放的组织文化氛围等手段来减少员工沉默行为。

（二）实际意义

在互联网时代，我们思维方式、生活方式、交往方式、工作方式都或多或少受到互联网的冲击和影响。互联网改变了人与组织的关系，改变了人与组织的力量对比。个体借助组织平台，其价值创造能量和效能被极度放大，组织与个人关系不再是简单依附与绝对服从关系。在网状结构中，CEO不再是组织的唯一命令指挥中心，而只是一个象征的存在，每一个成员都高度自治、自主经营。张瑞敏在海尔倡导的"企业无边界、管理无领导、供应链无尺度、员工自主经营"就是基于互联网的管理思维。同时组织的话语在互联网时代是分散的，过去互联网的话语权是自上而下的单一话语权，但在互联网时代，谁接近客户，谁最接近企业价值最终变现的环节，谁就有话语权，谁就可能成为组织的核心。可见，在稳定性被无法预知的快速变化所取代的信息时代，员工的建言对于提高组织的灵活性、适应性和创新性尤为重要。在快速变化的竞争环境，管理者们"一切尽在掌握"的时代一去不复返（魏昕，张志学，2014），他们迫切需要基层员工的建议、意见、想法与信息，从而及时地了解内外部的动态信息（Ng & Feldman，2015）、做出更为正确的判断（苗仁涛等，2015），避免成为"最后一个知道坏消息的人"。员工如果分享在工作中发现的问题和实践中行之有效的方法与思路，就会使团队成员避免重复错误或有效改善自己的工作实践，并促进团队和组织学习，提升组织的灵活性和适应性（Chamberlin，Newton & Le Pine，2017；魏昕，张志学，2014）；如果员工在明明知道组织存在问题的时候保持沉默，组织就丧失了优化的机会。相反，如果员工能够主动建言，提出可行性建议，不仅使组织有避免损失纠错的机会，同时，员工也将获得自我满足与职业幸福感。随着社会经济的演化，市场环境越来越复杂多变，现代组织也随之变得更加灵活、创新，而组织环境也越来越具有动态性、复杂性和竞争性。在这种情境下，单纯依靠管理层的智慧显然已无法解决组织面临的所有问题。充分发挥员工的才能与智慧，鼓励其主动积极地为组织运营献计献策，提出改善工作场所的方法和策略，对组织生存和发展显得尤为重要。在这样的背景下，员工分享创新的想法或者提出问题是工作改进和持续创新的关键环节，员工建言为组织持续改进和创新提供了重要基础。而且，组织内部形成积极地表达创新的建议、指出存在的问题和发表不同的观点，可以逐渐地改变中国传统的"位卑言轻"文化对创新的负面影响（吴海江，2004），为培育和形成有利于长期创新的土壤做出重要贡献。然而，从实践中组织管理的经验来看，"让员工畅所欲言"仍举步维艰，员工的沉默行为非常常见，尤其是在中国文化背景下，中国人常常善于以沉默代替一切。实际中，员工尤其可能保持沉默，员工的地位、建言行为的机会仍然不容乐观。

新经济时代，员工的价值不仅体现在劳动力上，而且还体现在员工能对组织提出合理化的意见和建议，从而帮助企业完善自身以及促进企业创新绩效的提升（梁建，唐京，2009）。员工沉默行为作为一种隐形的耗竭，使组织丧失了纠错能力，影响了决策有效性，延缓了组织发展进程，同时易使个体产生压抑情绪和认知失调。基于此，如何抑制或者减少员工的沉默行为逐渐成为管理实践的重点。中国背景下的员工更容易产生沉默行为，员工更倾向于采取消极规避措施（沉默）来应对组织中出现的种种需要建言的事件。相反，假如组织对员工建言予以重视将带来一系列的好处。据网易河南2017年4月报道，江岸车辆段信阳北列检车间工会为切实解决安全生产中的突出问题，加强劳动安全风险控制，努力提升安全管理水平，落实"强化红线意识、促进安全发展"要求，确保企业安全生产持续稳定，该车间工会主席刘志美组织职工代表、工会积极分子、劳动保护检查员开展以"我为安全生产做贡献"为主题的合理化建议征集活动。"我为安全生产做贡献"合理化建议征集活动，是这个车间工会结合自身特点开展的一项群众性保安全活动，作为"安康杯"竞赛活动的有效载体，能够进一步推动安全风险管理有效落实。信阳北列检车间工会精心组织安排，采取多种形式做好活动宣传发动工作，使一线职工群众充分了解开展合理化建议征集活动的目的和意义，增强职工对安全生产的责任感和紧迫感，引导职工参与"我为安全生产做贡献"合理化建议征集活动。党员干部、管理人员带头参与，职工代表、工会积极分子、班组劳动保护检查员踊跃纳计献言，先进职工出"金点子"，技术标兵、能手献"真经"。同时，该车间工会将职工排查出的安全隐患纳入安全生产问题库，限时整改销号；对职工提出的合理化建议进行理性分析，采纳好的建议。在此基础上，这个车间工会还将对实践效果好、对安全生产具有保障作用、对安全管理具有较大促进作用的好建议、"金点子"，给予表彰重奖。上下齐动员，共同除隐患，全员齐参与，共同保安全。信阳北列检车间工会借"我为安全生产做贡献"合理化建议征集活动这一载体，取众人之智，聚众人之力，促进车间生产运输安全稳定发展。

该实践案例说明，如果能够充分发挥员工的积极献策建言的潜能，无疑对公司的生产、管理等企业发展具有积极的作用。从这个案例中也可以看出，对员工建言需要给予一定的氛围营造。在此案例中，信阳北列检车间工会精心组织安排，采取多种形式做好活动宣传发动工作，使一线职工群众充分了解开展合理化建议征集活动的目的和意义，增强了职工对安全生产的责任感和紧迫感，引导职工参与"我为安全生产做贡献"合理化建议征集活动。在这里，工会发挥了积极的作用，营造了鼓励大家建言的氛围，并且给予建言的肯定和表扬：车间工会还将对实践效果好、对安全生产具有保障作用、对安全管理具有较大促进作用的好建议、给予表彰重奖这在一定程度上，有效地推动了员工的建言行为。

在市场环境动荡和外部竞争激烈的今天，如果错误地制定了战略，或者错过了本行业发展的重大机遇，即使一家大有前途的公司，也会被市场无情地淘汰。诺基亚从手机霸主走向衰败没落，索尼在数字音乐领域被动应对，雅虎走下神坛遭破产贱卖，柯达倒闭……这些曾经的行业英雄纷纷败落，令人唏嘘不已。他们的失败都与这些错误有一定的联系。偌大一个公司，上上下下员工众多，难道没有一个人能够看出其错误？关键是很多员工在知道公司制定错误决策时，并不建言或者没有机会建言，甚至带来了整个组织的沉默。整个组织沉默有多可怕？在组织里，沉默的员工会感到自己不受重视、对组织的事情缺乏控制，从而导致较低的工作满意度、较高的工作倦怠、压力甚至离职。而人的行为具有从众性，员工是否发表意见还会受到同事的"传染"。一旦组织中形成了沉默的氛围，会逐渐演变成一种文化，员工沉默就升级为组织沉默。组织沉默导致企业缺乏不同观点的碰撞与负面信息的反馈，扼杀着企业的活力与激情，就像一沟绝望的死水，清风吹不起半点涟漪。并且，当沉默成为一种集体行为，就变成了一张大网，不仅会强化个人行为，而且还能庇护个人沉默。在沉默的组织氛围里，个体可以安心、安全地沉默，而要打破沉默，就不只要战胜自身的恐惧，还要冲破集体的罗网。对组织而言，沉默意味着暮气沉沉的组织气氛：上下级沟通被阻滞，合理化建议被压制，负面意见被屏蔽，组织觉察和纠正错误的能力下降，导致组织做出错误决策，无人建言或质疑，最终影响组织绩效，甚至导致公司倒闭。

第二章

研究现状

第一节　沉默行为研究回顾

一、员工沉默行为的内涵

沉默的螺旋理论（Noelle - Neumann，1974）指出，人们在表达自己想法和观点的时候，如果看到自己的观点被赞同，并且受到广泛欢迎，这类观点越发大胆地发表和扩散。同时，赞同这样观点的人也会积极参与进来。相反，如果发觉某一观点无人或很少有人理会，即使自己赞同它，也会保持沉默。一方的沉默造成另一方意见的增势，如此循环往复，一方的声音越来越强大，另一方越来越沉默下去，形成螺旋发展过程。该理论被广泛地用来解释公众意见是如何形成的。在微信群中，这种现象非常多见。当某人发表对某个现象的看法，赞同这一观点的人会越来越多参与，而不赞同这一观点的人参与度就比较少。如果某人发表了一个观点，没有得到赞同，其积极发表的态度也会削弱。

阿吉里斯（Argyris，1977）在研究中指出，在组织中存在权威的准则和防御性惯例，而这些规则阻挠了员工表达他们所知道或真实感受到的。一些研究者也发现有些组织中很难容忍不同的观点，员工总是被迫提出并非真正自己的观点。在开始阶段，研究者都停留在对沉默现象的描述和关注。后来，研究者发现组织中存在这一现象，并且试图从组织环境出发解释存在的这一沉默现象的原因，但并没有真正提出员工沉默行为的概念，也没有充分地认识到这一现象给员工和组织带来的巨大危害性。更没有深入地揭示导致这一现象出现的深层次原因。

莫里森（Morrison，2000）正式地提出组织沉默概念，将之定义为一种集体现象，指的是员工对组织潜在的问题保留个人观点的行为。在具有沉默氛围的组织中，员工不说出观点和想法，是因为担心负面的结果和认为其观点对组织来说并不重要。

根据不同研究者对组织中员工沉默行为的定义，可知员工沉默行为必须具备以下几个特点：第一，员工沉默行为的前提是对组织中出现的问题有所认识。也就是说员工已经发现组织中存在的潜在问题；第二，员工沉默行为的基本特点是员工保留了改进组织现状的意见；第三，员工沉默行为是一种有意识的行为，是员工出于一定的目的性（多数是一种防御目的）而保留了意见和想法。

关于员工沉默行为的概念有几种主流的说法。平德和哈伦（Pinder & Harlos）从员工个体层面出发，将"沉默"定义为当员工有能力改进当前企业绩效时，却保留了对组织环境等方面的行为、认知或感情的评价。有研究者将员工的沉默行为分为默许的沉默和无作为的沉默两种（Pinder，2001）。有人认为沉默是一种文化现象，认为组织沉默是指对于组织潜在的问题，员工对个人观点进行保留的一种具有集体性质的现象。丹尼等指出并非所有不发声的行为都是沉默行为，沉默行为指的是刻意的隐瞒相关信息。丹尼将员工沉默按其内在动机划分为默许性沉默、防御性沉默和亲社会性沉默。

二、员工沉默行为的影响因素

1. 下属的特征

员工是否会表现出沉默行为与员工本身的特征有关。根据某研究显示，女员工比男员工更会表现出沉默行为（Buzzanell，1994）。另外，下属自身的性格特点也是员工沉默的前因变量。有研究者认为情绪稳定性较低和责任心较低的下属面对不利于组织的行为更会选择沉默不语，内向的下属相比外向的下属更会选择保持沉默，具有神经质特性的下属更会表现沉默行为。员工满意度与沉默行为也有关系，满意度高的下属会较少表现出沉默行为（Lepine & Dyne，1998）。

2. 领导者的因素

有学者认为，员工沉默行为与领导者的特点有很大关系，如果领导者对下属不关心、不信任，认为员工是不值得信赖的，对下属的贡献不给予支持，那么就会使下属的心理安全感下降。莫里森和米利肯（Morrison & Milliken，2001）认为，员工沉默行为与领导的逃避心理有关，领导害怕消极反馈，回避下属的建言，对下属不够开放，更容易导致下属的沉默行为。反之，开放、尊重、信任下属的领导会使下属更愿意和敢于提出自己的观点，发表自己的意见。

两大与领导有关的因素会间接导致沉默行为：一是高层管理者害怕负面反馈。二是管理者的个人管理理念。研究显示，人们通常在接收到负面反馈时会感受到威胁，无论这种信息是关于他们个人的还是关于他们所确定的行动。因此，人们总是试图去避免收到负面反馈或当他们收到这些信息时，质疑其可信性。实证研究说明，管理者总是尽可能避免来自下属的负面反馈。当负面反馈来自下属时，这种信息会被视为不合理的且对管理者权力的威胁更大。其次，管理者的管理理论理念是组织沉默的根源。它包括相信员工是利己主义的和不值得信任的。当管理者这样认为的时候，他们表现的外显行为就是不鼓励员工向上沟通。相信管理层对组织中大多数问题最为了解。再次，相信统一、一致是组织健康的表现，不一致则应该被避免。上面两个因素决定了组织结构和政策（包括决策的集中化和正规的上行反馈机制的缺失）以及管理模式。管理模式包括对意义和负面反馈的消极响应或拒绝的倾向，以及缺乏对负面反馈的非正式支持。这种僵化的组织结构和管理模式阻止信息的上行传达，催生了组织中的沉默气氛。自觉到这种气氛的员工会觉得对这种的问题发表见解是无效的，甚至会对自身构成威胁。除上述因素之外，员工和领导者之间的权力距离也是导致员工沉默的因素，在权力距离大的文化背景下，员工更容易保持沉默，上下级之间的关系强化了组织沉默的出现，不良上下级关系也是导致沉默的原因，领导的开放性与组织沉默出现频率成反比，当组织的开放性越高，员工越倾向于对组织问题发表自己看法。

3. 同事的特点

研究者（Bowen，2003）认为，员工是否对某一问题发表意见或者提出建议，会受一起工作的同事的观点影响。因为存在从众心理，当大部分员工面对问题选择沉默时，员工个体也会更容易选择和其他同事一样保持沉默。相反，如果同事都积极建言，那员工个体也会更踊跃发表自己的观点。

4. 组织特征

影响员工沉默行为的组织因素主要有组织氛围、组织文化（许峥嵘，2010）、组织制度和组织沟通机制等。团结和信任的组织氛围更容易让员工发表自己的意见。组织等级制度分明、沟通机制有障碍时，员工更倾向于保持沉默。企业文化与员工沉默行为有关，因为企业文化是组织成员共同认可、遵守的行为规范和准则，所以如果企业文化是开放的、共享的，那么员工就会更乐于分享自己的观点，更少地表现沉默行为。在权力距离较大和不公平的组织中，员工会表现出更多沉默行为，在政治氛围强烈的环境中，员工担心表达真实想法会遭受不利，所以会保持沉默或者只做表面交流（赵梦琦，2013）。

三、辱虐型领导与员工沉默行为

辱虐型领导会给员工带来很多负面影响。例如，影响员工的态度、员工绩效；容易导致员工形成侵略行为或偏差行为；影响员工心理压力、幸福感、公平感知等。

也有研究表明，辱虐型领导对员工沉默行为有影响。根据资源保存理论，辱虐型领导会导致员工沉默。李锐（2011）也认为，领导因素是影响员工是否保持沉默的一个重要因素，并检验了辱虐管理对下属沉默行为的正向影响。

第二节　职业幸福感研究回顾

人类毕生都在为获取幸福而努力，幸福感在生命历程中具有非常重要的意义。职业幸福感起源于主观幸福感的研究。

一、概念发展沿革

主观幸福感是积极心理学的核心概念，也是个体生活质量的一项重要的指标，是个体依据自定的标准对其生活质量的主观感受，是衡量个人生活质量的重要综合性指标（Diener，2009）。这方面最早的研究可以追溯到 20 世纪 70 年代（Campbel 于 1976 年编制了最早的幸福感指数量表）。此后，幸福感研究日益丰富，对主观幸福感的定义和影响因素的研究最为多见。吴国强等（2015）提到了幸福感指数（Index of Well – Being，IWB）共 9 个条目，包括总体情感指数（8 个条目）和生活满意度（1 个条目）2 个维度。采用形容词评定量表方法，总体情感指数采用 1（消极情绪体验）~7（积极情绪体验）7 点计分。两个维度得分进行加权相加即为总体主观幸福感指数，得分范围在 2.1（最不幸福）~14.7（最幸福）之间，得分越高，表明当前的幸福感体验程度越高。国内已有研究对象主要集中在老年人、大学生、青少年和城市居民等群体（张兴贵，2011）。

由于工作是人们生活的重要组成部分，工作中的幸福感研究自然而然受到人们的重视。几乎与幸福感指数概念出来的同时，有专家就关注到了工作幸福感。在 20 世纪 70 年代，出现了一个叫做"工作在美国（Work in America）"的研究（O' Toole et al. ，1973），该研究表明工作不满意是慢性心脏病的最好预测，也能够预测吸烟习惯的形成，总之，工作是否满意影响了身心健康。某研究者（Warr，1990）开发了工作情景中的幸福感量表。也有人提到了职业幸福感的概念（Hyvönene，2011）。某研究者（Baldschun，2014）以儿童福利院员工为例，提出了职业幸福感六维度模型（情感、社会、认知、专业、个人和心理）。在国内，进入 21 世纪，浙江省教科院在 2006 年 5 月份举办了"教师专业成长与职业幸福感"论坛，职业幸福感的概念正式进入人们的视野。郑光美（2014）将"幸福感"理论引入到职业生涯管理，与传统职业生涯管理进行比较分析，探讨职业幸福感的特点及相关因素。但实际上，他并没有真正研究职业幸福感，而仅仅提到了基于幸福感的职业生涯的概念。吴贵明、钟洪亮（2015）从幸福感起源着手，系统回顾了职业幸福感发展脉络，辨识了影响员工职业幸福感获得的个体资源特征、工作资源特征和个人—组织适配性三类因素，并提出系统的促进员工职业幸福感提升的计划。

但是，迄今为止，研究者对职业幸福感含义的看法还不一致。颜琴（2011）认为，因工作产生的幸福感，叫作职业幸福感。该概念其实是将幸福感中的部分感觉剥离出来，定义为职业幸福感，它以主观幸福感为前提。没有幸福感，就不会有职业幸福感。吴贵明、钟洪亮（2015）认为，职业幸福感是员工个体资源、工作特征以及个人—组织适配度共同作用下对工作的情感评价和认知评价。该定义强调个体对工作的情感和认知评价，如此看来，它可以独立于主观幸福感。在很多关于教师职业幸福感的研究中，学者们也没有统一的幸福感定义。曾绍峰在《初中教师职业幸福感的现状分析及对策》一文中指出，教师的职业幸福感是指教师在教育工作中获得满足，实现自己的职业理想，发挥自己潜能并伴随着力量增长所获得的持续快乐体验。张兆芹、宠春敏在《教师职业幸福感及其提升策略》一文中指出，教师职业幸福感是教师在教育工作中自由实现自己的职业理想的一种教育主体生存状态。李璐晗、程岭在《提升中小学教师职业幸福感》一文中指出，教师职业幸福感是教师在从事这一行业感受到这个职业可以满足自己的需要，能够实现自身的价值，从而产生愉悦感。张道理、华杰、李晓燕在《教师职业幸福感的缺失与重建》一文中指出，教师职业幸福感就是教师在自己的教育工作中，基于对幸福的正确认识，通过自己不懈的努力，自由实现自己的职业理想，实现自身和谐发展而产生的一种自我满足，自我愉悦的生存状态。赵斌认为教师的职业幸福感是伴随教师职业教育教学活动和从业收益的认识、评价而产生的以积极体验为主导的较稳定的情感体验。

尽管研究者对职业幸福感的概念存在一定的争议。不容置疑，该概念包含两点：①是一种积极的主观感受；②基于任职者自身对职业的认同和需要而产生的一种满足和持续快乐的体验，来源于工作、职业，并受社会、组织、个体、同事等多方面的影响。

二、职业幸福感的内在结构存在争议

无论针对什么样的群体，职业幸福感研究首先要明确其含义即内在结构。目前该结构还没有达成共识。沃尔（Warr，1990）开发的工作情景中的幸福感量表，其维度不仅包括对工作的情感和认知部分，还包括工作中的行为要素对幸福感的影响。研究者（Joan 等，2004）支持职业幸福感是个体对自己工作的各个方面的积极评价，包含情感、动机、行为、认知和身心幸福五个方面的内容。商婧

（2014）认为，职业幸福感由下列几个维度组成：工作动机、职业健康、情感衰竭、工作满意度、人际支持。杨玲（2014）提到，教师职业幸福感结构包括成就显示、工作认可、情感支持与工作吸引力四个维度。在国外研究中，与职业幸福感最接近的概念是工作幸福感（Well‑Being at Work），其结构与国内研究有所不同。他们认为，职业幸福感的概念包含积极与消极两方面的心理现象，即工作投入、有活力以及工作衰竭和过劳死。瑞德·韦塔，捷斯·坦斯克顿，瑞特斯卡（Riitta Viitala，Jussi Tanskanen，Risto Säntti，2015）也提到了工作幸福感的概念（这个概念与职业幸福感很接近），主要包括压力和愤世嫉俗、工作投入等三个维度。阿里卡齐（Ali Kazemi，2017）认为，在工作背景下考察幸福感应该考虑社会性，因此他提出了职业社会性幸福感的概念。他认为，这个概念由合作性（integration）、被接受（acceptance）、贡献（contribution）、实现感（actualization）和一致性（coherence）组成。张玉柱、金盛华在《高校教师职业幸福感调查与影响因素分析》一文中指出，教师职业幸福感是人们在职业活动中的幸福体验，反映特定职业群体对工作条件、职业环境、工作对象、收入水平、工作中的人际关系等能否满足职业生涯发展，实现人生意义与价值需要的情感体验和认识评价，总体概括为通过个人需要（生存与发展）满足与自我价值实现而获得的总体的主观心理体验，是个人主观努力与客观机会及条件契合的结果，是个体对其生存状况与职场环境的肯定性的价值判断。可见，关于职业幸福感的内在结构和概念一样，都存在争议。

三、国内职业幸福感的研究主要针对教师群体

由于各国的教育改革无不把对教师职业生存状况及其生命质量的提高作为教育改革的核心问题，同时教师这个职业具有特殊情况——"只有幸福的教师才能培养出幸福的学生。教师是一种知识转化与智慧增值的事业，是一种心灵浸润与人性化教育的职业"。束从敏（2003年）在她的研究生学位论文《幼儿教师职业幸福感研究》中较早提出教师职业幸福感一词。进入21世纪以来，许多关于教师职业幸福感的研究成果层出不穷。如刘次林、檀传宝等学者先后出版了《幸福教育论》《教师伦理学专题》等专著；浙江省教科院在2006年5月举办了"教师专业成长与职业幸福感"论坛；中国教师报读者论坛上开展了教师职业幸福感的讨论。关注和提升教师的职业幸福感，不仅有利于教师提高工作生活质量，过幸福完整的教育生活，更有利于教育质量的提高和社会的发展进步（崔胜杰，2012年）。由此可见，教师的职业幸福成为近年来人们普遍关注的话题。知网上发表的有关教师职业幸福感的论文有80余篇。针对教师群体以外的职业幸福感研究并不多，偶见提到企业员工（商婧，2014）、公务员、导游等。

因此，可以断言，目前国内对于教师之外的群体的职业幸福感研究颇为鲜见，而我们认为职业幸福感是每一个个体都是应该重视的一个问题。

四、职业幸福感的发展趋势，说法不一

对职业幸福感的发展趋势研究多数见学位论文，期刊论文中研究的比较少。实际上，就是年龄或工龄对职业幸福感的影响，也是研究中的一个附产品。冯小玉（2013）的研究发现，随着工作年限的上升职业幸福感逐渐升高；商婧（2014）发现，员工职业幸福感随工龄的增加而升高，在 3～5 年这个阶段有一个职业幸福感的小高峰；研究者（Louis Tay et al.，2014）描述了考察年龄、性别、种族与工人幸福感（与我们研究的职业幸福感概念极其接近）的关系，数据来自美国和其他 156 个国家，结果表明，随着年龄的增长，压力与负面影响在下降，职业幸福感逐渐上升。谢马水（2016）针对导游，研究了职业幸福感及其影响因素，研究发现职业幸福感与年龄的关系是，职业初期与职业中后期的幸福感最高，31～35 岁的导游处在人生的迷茫期，社会不再包容，自身家庭压力也最大，因此导致职业幸福感较低。

第三节　职业特征/工作特征研究回顾

国内外少量研究提到职业特征这个概念，最接近的概念是工作特征。根据组织行为学中的工作特征模型，任何工作都可以用下列五个核心任务维度来描述，其定义如下：①技能多样性，指一项工作中要求员工使用各种技能和才干以完成不同类型的活动的程度。②任务完整性，指一项工作中要求完成一件完整的和可辨识的作业的程度。③任务重要性，指一项工作对他人的生活或工作的实际影响程度。④工作自主性，指一项工作给任职者在安排工作内容、确定工作程序方面，实际上提供了多大的自由度、独立性及自主权。⑤反馈，指员工在完成任务的过程中，在多大程度上可以直接而且明确地获得有关自己工作绩效的信息。由于职业特征这一概念未达成共识，很多研究者用工作特征代替职业特征。考察了工作的三个特征：工作的需求、工作的控制和组织支持。斯文豪夫尼库里克特（Sven Hauff Nicole Richter，2015）是从多个方面来考察工作特征模型的，偏重情景特点：收入、工作的保障性、晋升机会、趣味性、独立性、技能使用机会、工作量、与管理者的关系、与同事的关系、帮助别人的机会、对社会的有用性、工作家庭的一致性等。赵希元，里克格林（Xinyuan，Zhao，Richard Ghiselli，2016）从下列几个方面描述一项酒店行业服务人员的工作，工作繁重程度、班次

的稳定性、节假日上班、离职率、收入状况等。"中国幸福小康指数"调查显示"影响职业幸福感的十大因素"排行榜如表 2.1 所示。

表 2.1   职业幸福感十大因素

排行	项目
1	收入
2	个人能力体现
3	个人发展空间
4	职场人际关系
5	个人兴趣的实现
6	福利
7	工作为自己带来的社会声望
8	领导对自己的看法
9	职位高低
10	单位实力

资料来源："中国幸福小康指数"调查。

该调查得出的十大因素实际是显示了职业的特征。同时，暗含了这样的前提假设：职业本身的特征决定了职业幸福感（该调查实际上没有严格区别职业与工作的含义，从这几个项目来看，更接近工作的含义，而不是职业）。豪斯阿布伊兰尼（Hossam M. Abu Elanain，2009）以阿拉伯国家为研究场景，研究结论与西方文化背景下的基本一致。技能多样化和及时反馈这两个工作特征对工作满意度和组织承诺有正向预测作用，同时而会降低离职倾向。这类研究认为，某些工作本身会有助于带给任职者理想的工作态度和工作行为。该研究还发现，自主性并不会带来高度的工作满意感，这与地方文化的研究并不一致，西方文化研究认为这是一个高度相关的特征。在阿拉伯文化中，自主性甚至会带来更高的离职倾向，作者的解释是阿拉伯国家的文化中，人们对不确定性的容忍度非常低，自主性带给他们是一种方向感的缺失。这样的结论实际上也暗示我们：工作特征是否带给任职者满意感，其实并不是绝对的。任务的确定性在以往研究（Dodd & Ganster，1996）中没有得到证实能够预测工作满意度。朱奕蒙（2013）通过对苏州 M 公司 4000 名员工随机抽样调查，对知识型员工的工作特征、组织支持感和工作幸福感三个变量之间的关系进行了分析和研究，研究结果显示三者间存在显著相关性，工作特征通过组织支持感为中介，影响了工作幸福感。徐婧媛、赵君哲（2015）的研究结果表明，工作特征对工作幸福感有显著的影响作用，在回归分析中工作特征的五个维度中任务整体性、技能多样性和工作自主性对工作幸福感有显著的影响。张兴贵、郭扬（2011）发现，工作特征对员工幸福感产生影响，工作特征表现为工作性质、工作方式、所在企业性质等。刘伟（2014）认为，工作特征通过工作投入的完全中介影响主观幸福感。

国内外少量研究提到人与职业的匹配（以下简称人—职匹配），最接近的概念是人—组织匹配或人—职（职位）匹配。1951 年卢因（Lewin）提出，行为是人与环境的函数：B = f(P，E)。该观点认为，不论是个人特质还是环境都不能单独解释行为和态度的变异，人与环境的交互作用最大限度地解释了这种变异。人—环境匹配包含多种类型：人—岗匹配、人—组织匹配、人—群体匹配等。其中，研究最多的是人—组织匹配和人—岗位匹配。人—组织匹配被定义为个人属性与环境属性间的适应性或一致性程度。强调个人与组织分享共同特质，关注个人与组织的个性、价值、目标、使命等的匹配。近年来，国内外关于人—组织匹配的研究在不断地深入。人与组织匹配理论的核心内容主要包括四个方面：①价值观匹配，即主要测量个体与组织本质特点的相似性；②目标匹配，即评估个人目标与组织目标的相似性来研究个人与组织的匹配程度；③个体需求或偏好与组织系统、组织结构等工作环境特征之间的匹配；④个体人格特点与组织气氛之间的匹配（陈感恩，2016）。研究匹配的概念是建立在行为交互理论的基础之上。首先，大多数学者关注研究的是个人和个人在其工作的组织之间的相容性的前因变量和结果变量。查特曼（Chatman，1989）提出了个人与组织契合度（匹配度）模型（如图 2.1 所示）。

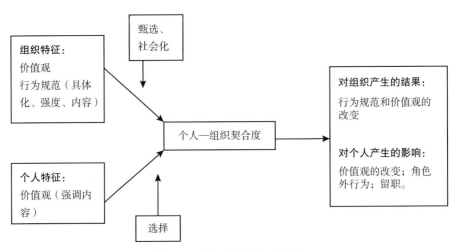

图 2.1 人与组织契合度模型

该模型主要关注点是价值观的匹配，强调组织价值观与个人价值观的匹配，再通过组织与个人的双向选择，达到一定的人—组织契合度，最后对组织和个人的价值观产生影响。凯布尔（Cable et al.，1996）指出，人—组织匹配是员工的个人价值观与组织文化的一致性。在划分人—组织匹配类型这个问题上，大多数学者认同将人—组织匹配划分为感觉匹配、主观匹配和客观匹配三种类型。感觉匹配将匹配定义为一个人对在组织中是否匹配良好的直接整体判断。使用这样的概念化定义也就意味着只要感觉到存在匹配，而无论这个人是否和组织具有相似的特征，或者是否和组织的特征相互补，都可以认为达到了良好的匹配。主观匹配是指由个人所感知和报告的人和环境之间的匹配，它包含了同一个个体对自身特征和组织特征的分别评价，以及这两个评价之间的比较。客观匹配是指个人的实际情况和独立于个人对它的感知的环境之间的匹配，它包含了对独立评价的个人特征和组织特征之间的一个明确比较。有很多学者关注人—组织匹配的结果变量。朱青松（2007）从员工、组织价值观双向角度出发，提出"价值观实现度匹配"作为员工价值观与组织价值观的匹配衡量新指标，并分析"价值观实现度匹配"对员工效能、组织效能的作用关系，通过实证研究方法得出结论：员工与组织的价值观匹配对员工效能、组织效能有高度的解释力，对员工满意度、员工绩效、组织公民行为和组织效益绩效、组织成长绩效有显著性影响。孙健敏、王震（2009）从个体创造力的人与情境互动视角出发，考察了个人与组织匹配的程度与上级评定的创新行为的关系。结果表明：个人与组织在价值观上的一致性程度与创意产生正相关，与创意实施关系不显著；工作要求与个人能力匹配程度与创意产生和实施都有显著相关；个人需求与工作供给的匹配程度与创意产生和实施均无相关性。陈媛媛（2013）研究了人与组织匹配与工作倦怠的关系，她通过分别对人与组织匹配以及工作倦怠进行理论研究，对人与组织匹配以及工作倦怠的维度进行分析、理论推演，进而构建人与组织匹配以及工作倦怠的关系模型，验证了人与组织匹配对工作倦怠的影响。卞泽娟（2015）阐明了组织职业生涯管理（职业指导、职业支持）通过 P–O（人与组织的价值观）匹配和 P–J（人与岗位的能力要求）匹配促进员工职业成长的机制。她分析了组织采取一定的职业生涯管理措施对员工职业成长可能产生直接影响的原因，以及员工在组织中的人与岗位匹配以及人与组织匹配在组织职业生涯管理和职业成长之间的多重间接机制。得到如下结果：P–O 匹配以及 P–J 匹配对职业成长三个维度均具有显著的正向影响。陈金龙等（2016）以澳门安保行业为样本，实证检验了人—组织匹配与员工个体绩效之间的关系，研究结果表明：人—组织匹配对员工个体绩效具有显著的正向影响，价值观匹配、需求—供给匹配和要求—能力匹配对关联绩效具有显著的正向影响，要求—能力匹配对任务绩效有显著影响；人—组织匹配及其各个维度均对组织承诺及其各个维度具有显著的正向影响；组织承诺在人—组织匹配与员工个体绩效之间起到部分中介作用；组织承诺对员工个体绩效具有显著的正向影响，情感承诺对关联绩效和任务绩效均有显著的正向影响。王丽霞（2016）以人与组织匹配理论为指导，指出存在于高校图书馆员与图书馆之间存在的不匹配问题，阐述了他们之间的不匹配对高校图书馆员职业生涯的消极影响。但是，该研究并未指出职业成长的概念。回顾以往的文献，厄德甘和克雷默（Erdogan & Kraimer，2004）关注人—组织匹配和主观职业成功之间的关系，提出在工作价值观一致与内在职业成功关系的研究中指出，上下级交换关系（LMX）调节工作价值观匹配与职业满意度之间的关系。当 LMX 水平低时，两者之间呈正相关关系；当 LMX 水平高时，两者不相关。费尔德曼（Feldman，2009）证实了人—组织匹配和人—工作匹配一起在人—职业匹配和主观职业成功之间起中介作用。综上所述，人与组织匹配的结果有员工绩效、员工效能、组织效能、员工满意度、员工绩效、组织公民行为、组织效益绩效、组织成长绩效、员工创意、工作倦怠、职业成功（比较少见）。显然，未见在该领域以职业幸福感为结果变量的研究。

第四节 工作—家庭冲突研究回顾

一、工作—家庭冲突的含义

工作—家庭冲突的研究起源于角色理论，可以追溯到 20 世纪五六十年代。工作—家庭冲突最早的定义是有由卡恩（Kahn et al.）在 1964 年提出来的，它所描述的是工作需求和家庭需求两个方面之间存在的冲突。格林赫斯和布特尔（Greenhaus & Beutell，1985）提出的定义较为研究者广泛引用，即工作—家庭冲突是一种角色间冲突的特殊形式，在这种冲突中来自工作和家庭生活领域的角色压力是不相容的（Thomsa & Ganster，1995）。角色冲突被定义为"当个体面对分歧的角色期望时产生的不平衡状态"（Robbins，1993）。个体如果顺从某个角色的要求，就很难顺从另一角色的要求，当无法同时满足各种角色的要求时，角色的冲突就出现了（冯颖，2004）。工作—家庭冲突是指工作和家庭领域间存在某种程度的不兼容，从而造成角色间的冲突与压力（梁敏，2007；Eby, Casper, Lockwood, Bordeaux & Brinley，2005）。

尽管研究者对工作—家庭冲突的表述不尽相同，但是，很明显工作—家庭冲突总是与角色联系在一起。一般认为，工作—家庭冲突有着两个不同的方向和三种不同的表现方式。两个方向是指工作→家庭冲突和家庭→工作冲突（聂绍群等，2013）。三种形式是指基于行为的冲突、基于压力的冲突和基于时间的冲突（Greenhaus et al.，1985）。两种方向和三种形式的组合，恰好构成了工作—家庭冲突的六个维度（见表2.2）。

表2.2　　　　　　　　　　　　工作—家庭冲突六维度

		冲突方向	
		工作对家庭的冲突	家庭对工作的冲突
冲突形式	时间	工作对家庭的时间冲突	家庭对工作的时间冲突
	压力	工作对家庭的压力冲突	家庭对工作的压力冲突
	行为	工作对家庭的行为冲突	家庭对工作的行为冲突

资料来源：根据文献 Carlson D.，Kacmar K.，Williams L.（2000）绘制。

除此之外，还存在一些其他类型的划分。如王操红等（2007）根据冲突是否可观测将其划分为外显性冲突和内隐性冲突。王丹等（2009）根据冲突的种类将其划分为时间冲突、行为冲突和紧张冲突。

二、女性遇到的工作—家庭冲突

女性遭遇更多的工作—家庭冲突。因为，她们承担更多的家庭职责。有一个笑话这样形容男性和女性的区别：对于男性而言，暑假＝暑假；而对于女性而言，暑假＝报夏令营＋盯着暑假作业＋解决一日三餐＋盯牢看手机＋找玩伴学习＋带出去旅游见世面＋……可见，女性家庭事务的压力大于男性。并且，由于工作排班的不规律，无法很好兼顾家庭。当家庭出现父母身体健康问题、子女升学等情形时，所承受的心理压力会增强，可能会更换工作行业或选择离家近的单位来满足照顾家庭的需求（梁冠楠等，2016）。究其原因，女性参与工作（家庭）角色就会使得参与家庭（工作）角色变得更加困难。因此，对女性而言，担任家庭角色与担任工作角色，很容易产生工作—家庭冲突。女性花在家庭和家中事务的时间比男性多得多，而在工作和家庭活动时间上的总量上也比男性多得多。较之男性员工，女性更容易受到工作—家庭冲突对工作压力的影响（陆佳芳，时勘，2002）。刘秋明（2015）发现，职业女性工作—家庭冲突的总体水平为中度偏重度。相对男性来说，女性体验到更多的家庭与工作的冲突。女性的工作投入越高，感知到的工作—家庭的冲突也越高。这是因为与男性相比，女性需要花更多时间、精力处理家庭事务。

三、工作—家庭冲突的原因

工作—家庭冲突方面的研究，是过去几十年来研究者给予关注较多的一个研究领域。现有的工作—家庭冲突研究涉及的前因变量主要有三个领域：工作方面变量（工作投入、工作所花时间、工作支持、时间弹性和工作压力）、非工作领域变量（家庭支持、家庭压力、孩子数量、配偶工作状况及婚姻状况）、个体自身因素（性别、收入、个体的应对方式、人格特征、边界弹性意愿）。如田彬、李川云（2014）研究发现，坚韧性人格与工作—家庭冲突呈显著负相关（r = − 0. 362，P < 0. 01）。边界理论也回答了工作—家庭冲突产生的原因。边界理论认为，个体会围绕其所在的不同领域建立起角色边界，由于外界的需要，个体时刻需要在工作和家庭领域之间进行跨边界的角色转变（Ashforth，Kreiner，Fugate，2000；Clark，2000；Kreiner，2006）。当个体身处一个领域，而另一领域有需求需要其进行角色转变时，除了会受到外部环境因素的影响之外，还会受到个人的角色转变意愿的影响。这种意愿称为边界弹性意愿（Matthews & Barnes - Farrell，2010；Matthews，Bernes - Farrell，Bulger，2010），它也影响了工作—家庭冲突的产生。马红宇（2014）的研究发现，工作弹性能力与工作弹性意愿的匹配对工作—家庭冲突有显著的负向效应。工作角色压力在西方样本中对工作—家庭冲突有显著的预测（Grandey，Cordeiro，Michael，2007）。另外，在工作—家庭冲突的相关研究中，学者们还考察了应对策略、负性情感和角色再定义等调节变量和中介变量的作用（Albena，Chiu，Greenhaus，2002）。

四、工作—家庭冲突的结果

工作—家庭冲突方面的研究，更多是集中在其结果变量，即研究者重点关注的是工作—家庭冲突产生的后果。包括工作相关结果变量（工作满意度、组织承诺、离职意向、缺勤、工作表现、职业满意度）、非工作结果变量（生活满意度、婚姻满意度、家庭满意度、家庭表现、休闲满意度）和压力相关结果（心理压力、生理症状、压抑、物质滥用、工作相关的压力、家庭相关的压力）（Byron，2005；Ford et al. ，2007；Major，Klein，Ehrhart，2002；高中华，赵晨，2014）。比如陈笃升、斯羽等学者（2009）用管理学理论，偏重于人力资源管理以及工作—家庭冲突对工作绩效和工作态度的影响。除此之外，情绪枯竭、情感承诺也是工作—家庭冲突带来的结果（Mian Zhang，Rodger W. Griffeth，David D. Fried，2012）。娄玉琴（2008）用经济学理论验证了女性在寻求市场发展机会是需要平衡角色冲突。工作—家庭冲突对女性生活幸福感和心理健康常常会产生不利的影响（李玉芝，2004）。其中，王丹、刘希宋等学者（2009）用社会学理论研究工作—家庭冲突，强调工作—家庭冲突中的角色冲突、角色认同及角色转换，主要从角色冲突的视角分析冲突的表现形式、产生原因。洪艳萍等（2013）研究发现，职业女性面临较普遍的工作—家庭冲突，工作—家庭冲突显著影响职业女性的主观幸福感，并且，基于时间的工作—家庭冲突与基于压力的工作—家庭冲突对其主观幸福感有非常显著的负向作用（t = - 2.61，P < 0.01；t = - 0.129，P < 0.05）。正因为女性面临工作—家庭冲突比男性更多，而且影响了职业幸福感。因此，本书将其作为一个重要的研究变量。

汇总工作—家庭冲突方面的研究结果，如图 2.2 所示。

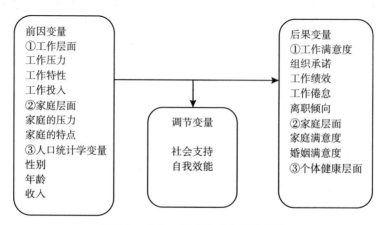

图 2.2　工作—家庭冲突的相关变量

第五节　研究现状总结

通过对有研究的梳理和分析，发现国内外学者对幸福感及相近概念的研究比较丰富。涉及的研究变量汇总如图 2.3 所示。

针对职业幸福感，虽然已经做了一些研究，并且也提到了不少相关变量，包括自变量、中介变量等（职业幸福感是结果层面的变量），但尚存在一些研究空间。具体有以下几点。

第一，在研究对象上，已有幸福感研究（尤其是国内研究）主要集中于初中生、大学生、幼儿教师、中学教师和城乡老人等，职业幸福感研究主要针对教师群体，极少研究针对其他群体（比如公务员、导游、科研人员）。因此，关于职业幸福感的研究，其对象有待扩展。针对女性这一特定群体的研究，可以说一定程度扩展了研究对象。

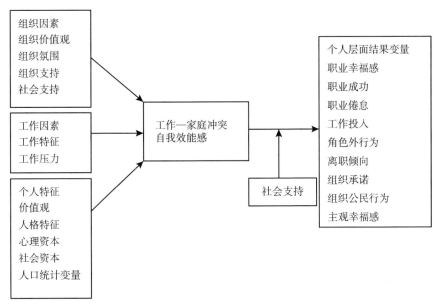

图2.3 相关研究变量大汇总

第二，也有研究涉及部分职业幸福感的影响因素（比如工作压力、自我效能感、领导风格等）和少量的调节变量、中介变量，职业幸福感这一复杂的概念，影响其因素纷繁复杂，还需要进一步深入挖掘，职业幸福感模型（尤其是影响它的内外部因素）有待丰富。有关职业特征、人格特征以及人—职匹配这些前因变量的研究，还没有出现。

第三，职业幸福感的研究应该为人们选择职业提供参考，而目前已有研究在这方面的贡献比较少。本书探索人—职业匹配模式，将有助于人们在选择职业时有一定的理论依据，帮助人们（不仅仅是女性）更好地做出职业选择。

第四，虽然对职业幸福感的发展趋势有一些研究，但是结果众说纷纭，没有达成共识。这方面的研究结果也需要进一步明确。本书对职业发展趋势进行研究，其结果有利于人们对自己的职业做出比较准确的预测和合理的规划。

第五，工作—家庭冲突方面的研究比较多，尤其针对女性。但是，该领域的研究关注的结果变量集中在工作相关结果变量（工作满意度、组织承诺、离职意向、缺勤、工作表现）、非工作结果变量（生活满意度、婚姻满意度、家庭满意度、家庭表现、休闲满意度）和压力相关结果（心理压力、生理症状、压抑、物质滥用、工作相关的压力、家庭相关的压力等）。总之，以职业幸福感为结果变量的研究基本未见（类似的职业满意度偶尔有见）。

第三章

建言行为

第一节　建言行为的研究回顾

一、建言行为的内涵

建言行为（voice behavior）又称进谏行为、谏言行为或合理化建议，最早于1970年由赫希曼（Hirschman）构建，并由鲁斯布尔特（Rusbult）完善的 EVLN模型（建言、离职、忠诚、漠视）中得到提及（Rusbult, Farrell, Rogers, & Mainous, 1988）。该模型描述的是员工对待工作的不同行为。认为当员工对工作不满时，忠诚度高的员工将选择建言，而忠诚度低的员工将选择离职或漠视。早期的研究倾向于将建言视为员工工作不满意时的反应，认为建言是员工在问题情境下或工作不满时，为改变现状所采取的积极努力，如学者（McCabe & Lewin, 1992）将建言定义为当员工不满时的一种申述程序，而学者（Premeaux & Bedeian, 2003）则将建言界定为员工面对工作问题时坦诚地发表自己的意见和建议，包括对同事行动的看法、改革方案和解决思路。值得注意的是，尽管表达性异议、抱怨、发牢骚等行为，确实在现象上表现为员工并不保持沉默状态，但这常常是特指员工在工作不满意时的反应。随着研究的深入，研究者发现，此类行为不能完全等同于建言，因为这些行为更加强调对工作的抗议或发泄，其目的并非对工作进行改进（魏秋江，2012）。研究者认为，建言行为员工面对工作问题或组织问题时主动发起的助长型沟通行为，甚至这种行为与员工不满意并不存在必然的联系，它具有积极的改进特点。而早期的建言更多强调的是一种为争取个体自己的有利地位而采取的行为。所以，建言行为并未被组织的正式岗位职责所描述或绩效奖惩体系所确认，因而本质上是一种角色外行为。相对于角色内行为的强制性和奖惩性，建言行为具有自愿主动性，其以改善环境为目的、以变化为导向，对组织的发展具有一定的促进性，至少也是促进的可能（Detert & Burris，2007；VanDyne & LePine，1998；段锦云，2011）。学者（VanDyne，2003）认为，建言是基于合作动机表达的关于工作的想法或建议，它具有利他性和亲社会性的特点，是组织公民行为（OCB）的一个子维度，因而是一种组织公民行为。然而与组织公民行为不同的是，建言行为旨在挑战现状或对问题进行改进，在一定程度上将可能对上下级关系或同事关系造成冲击，因而具有一定的挑战性和风险性，这与组织公民行为的亲和性有所不同（Stamper & VanDyne，2001；Rusbult，Johnson，Morrow，1986）。部分学者根据提升型行为与抑制型行为（promotive & prohibitive），亲和型行为与挑战型行为（affiliative & challenging）四个象限将建言行为归属为挑战提升型的角色外行为（Detert & Burris，2007；VanDyne & LePine，1998），一些学者更是将建言界定为具有挑战性的组织公民行为（田晓明等，2011）。然而尽管主流研究倾向于将建言界定为组织公民行为（段锦云，2011），仍有学者提出了不同观点并探讨了员工建言的动因，认为建言既可以是组织公民行为，亦可能是利己的经济行为（邓今朝，2010；徐兰、陈维政，2008）。从理性经济人角度来说，员工作为组织中独立的经济个体，其行为是基于利益实现的。从某种程度上来说，员工在组织中从事的行为均有可能具有利益实现性质。有研究者（Lavelle，2010）认为，员工从事组织公民行为具有满足自我利益的性质，如自我价值表达、晋升或受到他人称赞等。而建言行为以往被视为组织公民行为，亦有可能不是完全出自亲社会动机，即建言行为亦可能具有自我利益实现的价值。如有的研究者认为存在两种目标导向的建言行为，即利他的建言行为（considerate voice）和自利的建言行为（aggressive voice）（Farrell & Rusbult，1985；Hagedoorn，vanYperen，van de Vliert，Buunk，1999）。利他的建言行为可归属为组织公民行为，而自利的建言行为则可归属为利己的经济行为。有研究者（Whiting，2008）的研究佐证了上述观点，他们发现建言较多的个体相对于建言较少的个体将获得更高的绩效评价。这说明建言行为具有实际效益，而个体为了获得这些实际效益将可能表现出更多的建言行为。有研究者（Fuller，2007）的研究则表明建言行为有可能出于印象管理的动机。邓今朝（2013）等人则根据成就动机理论界定了建言行为，进一步表明建言对于个体职业发展和晋升的意义。

综上所述，本书对建言行为做出如下界定。

1. 尽管至今学者对建言行为内在动机及性质的界定仍存在较多争议，但都认为建言行为是员工向自己的上级、同事表达关于组织问题的看法或提升组织效能的创新想法。

2. 建言行为的内涵可能基于动机性质而有所不同，即有可能是基于对工作不满的表达，或基于利他动机的组织公民行为，当然也有可能是基于利己动机的理性经济人行为，但不可否认的是它们都是建言行为。

3. 建言动机的不同决定了研究建言形成机制的理论框架及基础有所不同，研究者有必要从不同的角度或框架去探讨建言行为。

4. 建言行为旨在为改善现状而提出新颖想法，有可能对同事关系或上下级关系造成冲击，因而具有较强的挑战性和风险性。

二、建言行为的结构

某研究者（Hirschman）的 EVLN 模型中，建言行为被视为单维度的构念。但也有研究者（Withey & Cooper, 1989）认为，建言行为可能是包含了多个维度的复杂概念，因而有必要对其构念进行探讨。从建言的内容来看，研究者（Liang, 2012）将建言分为促进性建言（promotive voice）和抑制性建言（prohibitive voice）。促进性建言指的是员工为提升组织效能而表达的创新意见和想法；抑制性建言指的是员工指出工作中或组织中存在的问题，并表达对这种问题的担忧。从建言的创新程度来看，也有研究者（Janssen, 1998）认为，创新型认知风格和适应型认知风格个体的建言内容在创新程度上有所差异，并将建言分为创新型建言（novel voice）和适应型建言（conventional voice）。创新型认知风格个体倾向于表达新奇、有创新的意见或观点；适应型认知风格的个体则在既有规则或策略的指导下表达自己的想法。从建言的方式来看，有研究者（Hagedoorn, 1999）将建言行为分为两类——关怀型建言（considerate voice）和侵犯性建言（aggressive voice）。相似地，我国学者段锦云和凌斌（2011）基于本土文化情境及个体的中庸思维，将建言行为分为顾全大局式建言（overall-oriented voice）和自我冒进式建言（self-centered voice）。顾全大局式建言具有系列分析加工和低人际风险的特点；自我冒进式建言具有便捷启发式加工和高人际风险的特点。从建言的动机来看，学者（Van Dyne, 2003）将个体的建言动机分为顺从、自我保护和他人取向。在他们看来，具有顺从动机的个体会有消极和从众的特点，倾向于认为自己的建言是没有意义的或起不了作用的，因而仅在别人表达观点或想法时表达赞成，即默许型建言（acquiescent voice）；基于自我保护动机的个体具有较强的风险意识，担心自己的建言会带来不好的后果，因而表达那些聚焦于他人的观点，即防卫型建言（defensive voice）；当个体出于亲社会和利他的动机表达对问题的看法或建议时，即亲社会型建言（prosocial voice）。从建言的对象来看，某些专家（Liu, 2010）认为，建言行为通常发生在上下级之间（speaking up），但同级间也存在建言（speaking out），因此将建言分为针对上级的建言和针对同事的建言。然而，这种分法更倾向于建言的种类而非建言的结构。

三、建言行为的测量

建言行为量表可分为单维度测量和多维度测量两种。这些量表基于不同的构思而编制，其适用场景及普及程度存在一定差异。有的研究者（Van Dyne & LePine，1998）在对提倡性参与量表进行修订的基础上，编制了单维的建言行为量表。该量表共6个题项，如"我对影响团队的问题提出建议，而且鼓励同事参与其中""当发现影响团队的问题时，我对此提出建议""我会参与到那些影响团队工作和生活质量的议题中"等，量表的内部一致性为0.95。该量表目前最受认可且得到广泛运用。也有研究者（Janssen，1998）根据警察在工作不满时如何建言构建了相应的量表，量表共包含8个题项。但该量表是在以警察为被试对象的基础上制定的，因此具有特定的适用场景。有学者（Premeaux & Bedeian，2003）亦开发了建言行为的单维量表，共由5个题项构成，其内部一致性系数为0.87。但该量表较少得到实际应用也缺乏足够论证，因此构念的界定以及信效度一般。也有学者（Hagedoorn，1999）编制了一个两维的建言行为量表：关怀型建言和侵略型建言。该量表共包含18题，其中关怀型建言11题，内部一致性系数为0.88；侵略型建言包含7个问题，内部一致性系数为0.83。但该量表并未得到其他实证研究的佐证。有研究者（VanDyne，2003）根据个体建言动机将建言分为默许型建言、防卫型建言和亲社会型建言，并编制了相应的三维量表。总量表共15题，每个维度各5题。默许型建言的题目如"该员工不主动表态，很少提出新的建议"；防卫型建言如"由于畏惧，除了表达服从群体意见外，很少表达自己的观点"；亲社会型建言如"该员工本着对组织有利的合作动机，能够提供相应的方案来解决问题"。有研究者（Liu，2010）在先前学者（VanDyne & LePine，1998）编制量表的基础上，根据建言指向对象的不同，编制了针对上级的建言和针对同事的建言两个分量表，每个分量表均为6道题。前者的内部一致性系数为0.93，后者的内部一致性系数为0.91。段锦云和凌斌（2011）基于本土文化情境编制了相应的建言行为量表，该量表分为两个维度——顾全大局式建言（α = 0.76）和自我冒进式建言（α = 0.73），总量表内部一致性系数为0.80。研究者（Liang，2012）根据建言的内容编制了包含两个维度（共11题）的建言行为量表——促进性建言（5题）和抑制性建言（6题），在后续的研究中两个分量表的信度均在0.7以上。与之前的研究者（VanDyne & LePine，1998）编制的量表相比，该量表在组织行为学领域的整体使用情况较为一般，但由于该量表是在中国文化背景下开发的，因而受我国研究者偏爱。

四、建言行为的前因变量

(一) 个体因素与建言行为

员工建言虽是个体在组织中形成的特定行为,但其仍受个体行为决策过程的影响。因此学者从个体层面对建言行为展开了研究,并主要探讨了个体人口学变量、个体特质、个体动机与建言行为之间的关系 (段锦云,2011;段锦云,张倩,2012)。

1. 人口统计学变量

关于员工建言的人口统计学差异,不同研究得出的结论不尽相同。有的研究表明男性员工比女性员工有更多的建言 (Kidder,2002;Detert & Burris,2007;VanDyne & LePine,1998),而有的研究却没有证实这一点 (Rusbult,Johnson,Morrow,1986)。之前的研究者 (Rusbult,1986) 的研究发现年龄与建言行为呈负相关关系,然而之后 (Detert,2007;Van Dyne,LePine,1998) 的研究却没有发现两者的关系。学历反映了个体的受教育程度及建言能力,一般来说个体学历越高其建言能力及意识就越强。前人的研究证实了这一点,即学历与建言呈正相关关系 (Detert & Burris,2007;Rusbult et al.,1986;Van Dyne & LePine,1998)。

2. 个体特质

个体特质能有效地预测建言行为。以往研究探讨并证实了人格、认知风格、自我监控方式、自尊、害羞等个体特质对建言行为的预测作用。某研究者 (Kidder,2002) 的研究发现人格中的外倾性、责任心对建言行为具有正向预测作用,而之后的研究则发现宜人性、神经质对建言行为具有负向的预测作用 (LePine & Van Dyne,2001;段锦云,2007)。研究者 (Parker,2006) 的研究探讨了主动性人格对建言行为的作用,发现主动性人格是建言行为的正向预测变量。而研究者 (Jr. Fuller & Marler,2009) 关于主动性人格与建言行为关系的元分析研究以及国内学者卿涛和刘崇瑞 (2014) 的研究也证实了这一点。个体的认知风格或自我监控方式亦对建言行为具有一定的影响。如研究者 (Janssen,1998) 发现相对于适应型认知风格的个体,创新型认知风格的个体提出的建言更具创新性。有研究者 (Tangirala & RamanuJam,2008) 研究了个人控制对员工建言的影响,发现个人控制与员工建言呈 U 形关系。而研究者 (Premeaux & Bedeian,2003) 的研究发现,在一些情境变量的调节作用下,高自我监控的个体更倾向于建言,这可能是由于在某种程度上建言行为是一种印象管理技巧 (曾柳红,戴良铁,2010;Snyder,1974;肖崇好,2005)。高自尊的个体更倾向于对自身做出积极评价,认为自己是有价值和有能力的,因而更有可能做出建言。以往的研究证实了自尊与员工建言之间的正向关系（Detert & Burris，2007；Rusbult et al.，1986；Van Dyne & LePine，1998）。一些研究则探讨了自我效能感与建言行为的关系，验证了自我效能感对建言的正向预测效应（Frese，Teng & Wijnen，1999），国内学者如段锦云和魏秋江（2012）则验证了具有针对性的建言效能感与建言行为之间的正性关系。相反的，高害羞特质的个体具有回避、焦虑以及抑郁的倾向，因而可能更倾向于不建言，凌斌等人（2010）的研究证实了这一点。

3. 个体动机

一些研究从动机的角度探讨了建言的形成机制。徐冀（2009）的研究证实了个体的亲社会动机、印象管理动机与员工建言的正向关系。曾柳红和戴良铁（2010）的研究则进一步证实了员工的印象管理动机对建言的正向预测作用。魏秋江（2012）对权利动机与建言行为之间的关系进行了探讨，发现两者呈正相关关系。邓今朝（2010）从目标导向角度探讨了建言行为的动因，发现表现导向与建言行为呈显著的正相关关系，而发展导向与建言相关则较弱，回避导向与建言呈负相关关系。然而目前的研究仍缺乏对成就动机与建言行为之间关系的论证（邓今朝等，2013）。

（二）组织或情境因素与建言行为

建言行为不仅受个体因素的影响，而且也受个体因素与环境因素相互作用的影响。这些组织或情境因素包括组织特性（工作特性）、组织气氛、领导行为（管理风格）等。同时，在个体因素和环境因素作用下，个体对组织或工作将产生态度感知（安全感、满意度、公平感等），这种态度感知亦会对建言产生影响。

1. 组织特性或工作特性、组织氛围

由于员工行为嵌套在组织或工作中，因此组织的特性或工作的特性以及组织氛围可能对员工的建言存在显著影响。研究发现，相对于制造型企业或生产型企业的员工，非制造型企业或非生产型企业的员工有更多的建言（Detert & Burris，2007；Rusbult et al.，1986；Van Dyne & LePine，1998）。一些研究则表明组织系统对建言的反应性能正向预测作用（Morrison & Milliken，2000）。而工作的特性如自主性、透明度、成长机会对建言行为具有较好的预测作用（Choi，2007；Fuller et al.，2006）。部分研究者从组织气氛的角度探讨了建言行为的形成机制，发现公平的组织氛围有助于建言行为的增加（Goldberg，Clark，Henley，2011；吕娜，郝兴昌，2009；Takeuchi，2012），研究者（Morrison，2011）的研究发现建言气氛有助于员工建言并对个人认同与建言之间的关系起到调节作用。

2. 领导行为或管理风格

通常来说，员工建言的对象是其上级，因此领导的行为或管理风格在员工建言过程中发挥重要的作用（Detert & Burris，2007；Van Dyne & LePine，1998）。

由于领导对于员工具有绩效评价和奖惩权，因此员工将更多地以领导为参照决定自己的行为（Milliken et al.，2003）。从领导的管理行为来看，研究者（Saunders，1992）的研究发现，领导的反应性以及可接近性是影响员工建言的重要因素。从正面来讲，领导的支持以及领导对建言的有效管理都将促成建言的形成（Janssen et al.，1998；Choi，2007）；从反面来讲，领导的负面特质或损害行为有可能使员工变得沉默，如研究发现领导的不正当监督和辱虐管理对建言行为具有消极的影响（李锐，凌文辁和柳士顺，2009；吴维库，王未，刘军和吴隆增，2012）。而研究者（Chiaburu，2008）的研究则进一步表明，领导行为通过心理依附对建言行为产生负面影响，而不通过心理依附促进建言行为形成。

从领导的管理风格来看，研究者（Liu，2010）的研究发现，变革型领导不仅正向预测针对上级的建言，而且还正向预测针对同事的建言。周建涛和廖建桥（2012）等人对权威型领导与建言行为之间的关系进行了探讨，发现权威型领导对建言行为有显著的负向预测效应。另外，有的研究则发现道德型领导、诚信型领导与建言行为呈正相关关系（Walumbwa & Schaubroeck，2009；Hsiung，2012），胡爱媛（2013）则发现伦理型领导对建言具有显著的正向预测作用。

从领导与员工的互动来看，良好的上下级关系在某种程度上是建言产生的基础（Morrison & Milliken，2000）。已有研究探讨了领导成员交换与建言行为之间的关系，发现高质量的领导成员交换关系能有效地预测建言行为（Burris，Detert & Chiaburu，2008；Van Dyne，Kamdar & Joireman，2008）。此外，上级或组织对员工的支持或认同是员工建言的重要预测因子，而员工对上级的信任也能有效预测建言（Liu，2010；李锐，凌文辁，方俐洛，2010；Tan & Tan，2000）。

3. 工作态度感知

员工对所从事工作形成的感知将有效影响其工作行为，因此较多的研究者探讨了员工的工作态度感知与建言行为的关系。这些态度感知包括工作满意度、心理安全感、公平感、角色内知觉等（Rusbult et al.，1988；段锦云，2011）。较多的研究证实了工作满意度是预测建言行为的有效变量（Detert & Burris，2007；Van Dyne & LePine，1998），如学者（Hagedoorn，1999）发现，员工对主管的满意度与关怀型建言呈正相关，而与侵犯型建言呈负相关。相反地，研究者（Feldman，2012）发现，工作压力与建言行为之间具有显著的负向相关。进一步来说，员工基于工作满意而形成的对组织的认同或情感将有可能对建言起到预测作用，如研究者（Venkataramani & Tangirala，2010）的研究表明，组织认同与建言行为呈显著的正向相关关系；研究者（Liang，2012）的研究发现，组织自尊与建言行为具有显著的正相关关系。

正所谓"不谏则危君，固谏则危身"。员工建言是一项具有风险性的行为，因此员工对组织或工作的安全感知能有效影响建言（Ashford，Rothbard，Piderit，

Dutton，1998；Edmondson，1999；Liang et al.，2012），已有研究探讨了心理安全感在建言过程中的作用，发现心理安全感对领导风格与建言行为之间的关系起中介作用（Van Dyne & LePine，1998）。

角色内知觉反映了员工在多大程度上将建言视为自己的本职工作。已有研究发现，角色内知觉能有效预测建言行为（Chiaburu et al.，2008；Van Dyne et al.，2008）。相似的研究则发现，内部身份人认知能显著地预测建言行为（Stamper & Masterson，2002；汪林，储小平，黄嘉欣，陈戈，2010）。

通过回顾与分析、对比国内外研究成果可以发现，建言行为的前因变量主要集中在个人层面、上级层面和组织层面，少量涉及文化因素，汇总如图 3.1 所示。

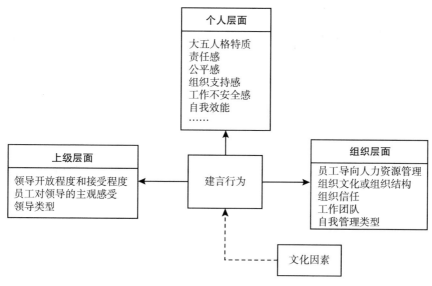

图 3.1 建言行为前因研究

第二节 员工建言行为的案例研究

一、背 景

在互联网 + 的时代背景下，人与人之间的信息交互更加的便捷，人们了解信息的方式也更多种多样。除了传统的组织内部上传下达之外，同事之间也可以通过通信工具进行即时互动交流。同时，来自组织外部的各种资讯纷繁复杂，基层普通员工了解到的讯息能够弥补企业管理者了解信息的局限性。基层员工作为企业构成的主体，能够直接接触到工作实践中的各种挑战。若员工能积极主动向企业提供持续改进的意见或建议，而不单只完成职责范围内的工作，则有利于促进企业组织变革与持续发展。

建言行为作为员工参与管理的形式之一，可以提高员工的主人翁意识，发挥其主观能动性，既有助于组织及时纠正问题、提高决策的科学化水平，也有助于提高员工的组织承诺进而促进组织学习。许多学者认为，该行为对工作群体具有重要的意义。尤其是随着科技发展、商业和经济环境的快速变化，组织为了保持竞争优势必须不断地改进他们的产品和服务，这就要求组织具有相当的灵活性、创新性和适应性，这些需要员工的及时建言来得到保证。

在工作团队中，成员之间信息的广泛交流和充分沟通有利于团队绩效的提高。这些沟通不仅是信息互通有无，而且主要包含了互相给予建议、互相参考等，属于建设性沟通。因此，可以认为一定程度的建言行为对团队绩效有积极贡献。有研究表明，成员建言行为的均值与团队创新绩效正相关。但是，建言行为可能是一把双刃剑，也有研究者认为过高的团队成员建言行为频次，将产生大量的异质信息，可能导致失去团队焦点和对任务的关注，从而有损效率，影响绩效。

对于个体而言，从知识管理的角度看，员工建言行为的本质是员工基于自我视角综合加工的信息交流和传递。员工建言是自我权衡后的行为选择，其建言内容涉及自己的观察、思考和感悟，通过综合加工形成想法并以合适的方式表达，整个建言过程需要足够的心理资源基础。过多的建言行为会消耗大量的心理资源，增加了有限注意力在角色外行为和角色内行为上分配失当的可能性，出现角色外行为影响角色内职责的现象。

二、针对某公司的员工建言行为调查及结果统计

（一）B 公司情况

公司目前共有员工 635 人，其中合同制员工 525 人，其余的是劳务派遣用工。工厂遍布浙江、江苏、天津、四川、湖北、广东、广西、黑龙江等多个省市地区。分工厂用工由各厂独立招聘管理，总部监督各厂人员情况，必要时候提供招聘、人才发展等相应的协助、辅导工作。仅在杭州区域，除总部外，另有两家工厂，本次调查也会重点关注杭州区域的情况。

公司总部设在杭州，分设 6 个销售及管理部门，12 个职能部门，共有员工 212 名。其中，销售部门对应相应工厂的销售及制造技术支持，如三片罐事业

部下设两个部门——三片罐业务部和三片罐制造部，其中业务部对接公司大客户，并为工厂日常的销售工作提供协助，协调内外部资源；制造部则为日常生产提供技术支持，优化生产流程，协调内外部技术资源，对接技术中心的产品研发工作。职能部门同样为工厂提供辅助，并且监督考核工厂的对应职能工作。比如总部人力资源部，定期对工厂的人事工作进行辅导，传达集团及总部的制度规定，并且会对工厂的人事工作进行月度、年度考核。从人才类型来看，该公司占比最多的是生产类人员，占比达 78.38%，符合其作为制造型企业的人才需求。近两年公司人力资源工作关注减员增效，在人员配比上向国内外先进企业对标，在保证生产运营不受影响的情况下，减少生产辅助人员及职能人员的比例。

从公司员工的年龄结构来看，该公司 35 周岁以下员工占比超过 50%，这一类人员普遍的入职时间为 10 年以下。原因有两点：一方面，部分一线生产岗位对技术的需求不高，及文化水平需求不高，通常会选择中专刚毕业的年轻力量，这一类人员相对经济压力比较小，容易控制用工成本，而且企业可以自主对新人进行塑造培养，可塑性比较强，相较于 35 岁以上的成熟生产力有更强的学习能力。另一方面，前几年的人力资源人才梯队建设工作比较薄弱，企业培养人才，但未能留住人才，造成人才梯队的断档。该公司通过内部培养的优秀人才，向竞争企业流失。

（二）被调查者情况

此次参与调查问卷填写人员共 150 人，参与调查的人员均表示对建言行为是有一定了解。

参与调查的人员的年龄在 20～40 岁，男女比例大致相当。参与人员其最低学历为高中学历，大部分被调查者的学历均为本科学士。综合统计参与调查人员的工作年限绝大多数为 5 年及以上，在目前公司工作年限大多数是在 3 年以上。具体的被调查者结构如表 3.1 所示：

表 3.1　　　　　　　　　问卷调查人员结构特征

类别	分段	占比（%）
人员类型	后勤人员	8.08
	一线生产	26.26
	职能	50.51
	中层管理	11.11
	高层管理者	4.04
性别	男	45.58
	女	54.42

类别	分段	占比（%）
年龄	25 岁及以下	4.76
	26～35 岁	38.10
	36～45 岁	30.61
	46～55 岁	22.45
	55 岁以上	4.08
学历	高中	25.17
	大专	8.16
	本科	53.06
	硕士及以上	13.61
工作年限	3 年以下	2.04
	3～5 年	23.81
	6～10 年	38.78
	10 年以上	35.37
司龄	3 年以下	23.81
	3～5 年	31.97
	6～10 年	21.77
	10 年以上	22.45

通过此次调查我们发现，被调查人员对于建言行为都没有很大的抵触，表示自己愿意为公司建言，认同建言行为，前提是公司会重视自己的意见的情况下，具体情况见表 3.2。

表 3.2 案例公司员工建言行为认同调查结果

概念	题号	认同程度占比（%）					均值
		非常不同意	不同意	一般	同意	非常同意	
抑制性建言行为	13	0.0	23.8	29.9	44.2	2.0	3.24
	14	0.0	10.2	36.7	49.7	3.4	3.46
	15	0.0	0.0	45.6	34.0	20.4	3.75
	16	0.0	0.0	46.3	30.6	23.1	3.77
	17	0.0	0.0	32.0	56.5	11.6	3.80
	18	0.0	0.0	28.6	53.1	18.4	3.90

续表

概念	题号	认同程度占比（%）					均值
		非常不同意	不同意	一般	同意	非常同意	
促进性建言行为	19	0.0	11.6	46.3	10.2	32.0	3.63
	20	0.0	0.0	34.7	55.1	10.2	3.76
	21	0.0	0.0	34.0	43.5	22.4	3.88
	22	0.0	0.0	32.7	44.2	23.1	3.90
	23	0.0	0.0	34.7	36.1	29.3	3.95
建言感知	24	0.0	10.2	24.5	55.1	10.2	3.65
	25	0.0	0.0	32.0	45.6	22.4	3.90

（三）影响建言行为的因素

根据访谈及问卷调查结果，可分析 B 公司目前的建言行为受到几方面的影响。一是薪酬激励体系不完善，考核未应用到位；二是建言的整体氛围还较弱，受到人际关系等多方面考虑，员工态度较为保守；三是领导者沟通方式有待提高；四是建言渠道不完善，提出的建议也未能得到企业重视。

1. 薪酬激励体系不完善

一是，B 公司对员工的激励方式较为单一，虽然企业存在月度考核及年度考核，但是奖金的发放标准模糊，制定的绩效考核方案形同虚设，薪酬没有严格按照员工工作绩效、工作成绩进行合理分配，存在以工龄的不同及岗位的不同进行分配的不合理标准，"吃大锅饭"的现象仍存在。平均主义的分配方式使激励制度形同虚设，可能导致员工工作缺乏动力、不尽职尽责的不良现象，挫伤员工建言积极性，影响企业的经济效益，进而制约了企业的稳定健康发展。

二是，推行员工持股的过程中，侧重管理者的利益，而基层员工未得到充分认识，基层员工很难建立起主人翁的意识，难以真正为企业长远发展进行考虑，而是关心眼前的"一亩三分地"。

三是，企业的激励体系通常采取薪资、奖品福利的激励方法，物质奖励较多，缺乏对精神激励的重视。此外，适当的精神激励必不可少，精神激励能促进员工凝聚力和归属感的作用。最好有实际案例支持。

2. 领导者沟通方式待提高

管理者对于"员工建言"的作用认识不足，即使提出相关的激励策略，但是大多数还是仅仅停留在建言的表面形式上。管理者的相关在一定程度上影响着员工建言行为。企业中各部门的负责人是其下属员工的工作和精神上的领袖，承担着部门发展的关键责任。管理者的管理理念、对员工建言态度均会直接影响员工建言行为的产生。领导在与员工沟通过程中，未能充分考虑不同年龄层次的员工，在接受程度上及思维方式上的不同，比如独生子女一代的年轻员工，可能在家中受到父母关爱较多，严厉认真的沟通方式，未必能得到他们的认可。若想员工建言行为得到很好的发展，管理者首先要有"广听谏言"的管理理念。另外，要有合理而科学的建言处理意识。

3. 组织对建言的接受程度不高

B 公司确实有鼓励员工建言的机制，但并不采纳员工的意见。为体现公平公正，通常在制度制定的过程中，会采取公示或者职代会征求意见等方式，向公司员工征求意见建议，但实际上这个过程只是表面文章。有心提供意见的员工，在多次未得到重视之后，自然不愿意再提意见。

4. 内部建言氛围

在员工建言管理方面，相关的管理制度以及保障尚不够健全，建言风险难以评估，同时缺乏建言的合理渠道，员工不愿意建言，可能是出于不知道如何建言的考虑。普通员工层级较低，资历不够，没有权力建言；由于受岗位、知识、能力、阅历等条件的限制，员工发现不了问题，没有能力建言；有建言的能力，但是缺乏辩论和解释的能力；很多员工并不知道每个部门和主管的明确分工，也不知道什么时候建言方便，更不知道那么多条建言通道哪条能用，导致不清楚什么时候、通过什么途径、向谁建言。

出于对人际关系的担心，在员工之间关系不够良好时，员工会倾向于把别人的建言理解为对自己的批评指责；如果建言是针对别的部门的，会被认为多管闲事或不怀好意；如果建言明显有利于自己的部门，会被别的部门强烈反对，多重情感因素造成公司内部建言环境复杂，可能造成员工沉默。

三、建言行为影响因素

员工建言行为影响因素：员工建言行为是一种组织公民行为，对其研究已经成为组织行为学领域的研究热点。赫希曼在 20 世纪 70 年代提出了"建言"这个概念，之后西方学者分别研究了在企业环境中，哪些因素会促进建言，哪些因素会使员工沉默不建言。随着创新成为企业生存的重要资本，人们逐渐意识到员工积极建言能为组织运营带来有利的影响。员工建言行为的概念国外学者中，最早提出"建言"一词的是著名经济学家赫希曼，他在著名的 EVL 模型中，指出当员工对组织现状感动不满时，会做出退出（exit）、建言（voice）和忠诚（loyalty）三种行为，其中"建言"是指"当员工对组织感到不满时，不会选择立即退出，而会通过一种或几种方式进行抗议，旨在帮助组织回到正常的发展轨迹上"。

目前国内关于员工建言行为的前因变量研究已经取得了丰富的成果,学者们多从组织、领导、个体的角度去分析建言行为的影响因素,本节结合该公司实际,按照这一传统的思路,对影响建言行为的因素进行归纳。

(一) 组织因素

以往关于组织方面的研究主要聚焦于组织类型、组织结构、组织氛围、组织信任、组织承诺等因素在促进建言行为发生时的作用机制。段锦云、凌斌、王雨晨以最主要的四种组织形式为研究对象,发现政府机关的公务员的建言行为显著高于外资企业和民营企业,国有企业员工的建言行为也高于民营企业。朱一文、王安民则从组织特征的视角发现同事支持、上司支持的支持性组织氛围在组织结构与员工建言之间起中介作用。有研究者通过构组织气氛与员工建言行为之间的理论模型,实证研究了组织气氛的五个维度影响员工建言行为的作用机制。本节的研究证实了组织因素对员工建言行为的影响。访谈中,我们发现公司类似的情景经常出现:2018 年 12 月,该公司召开职工代表大会,这是本年工会换届后的第一届代表大会,新一任工会主席李主席信心满满,想要在此次大会上能跟职工代表有交流机会,在前一届工会委员所得成果的基础上,听取员工切身感受和宝贵意见,进一步完善工会工作。此次会议上,除了对集体合同、工资协议和近期修订的内部制度的审议,这类每年的常规安排之外,还安排了一个小时时间作为员工座谈,期望员工向工会建言献策。他心想这次职代会上提供给大家畅所欲言的平台,肯定是能有所收获的。然而职代会那天沉闷的气氛,却实实在在给了李主席的热情泼了一盆冷水。现场并没有员工主动提出建议,在主席"点名"的情况下,才有员工代表发言,并且发言内容也是无关痛痒的大话空话,原定 1 小时的交流环节,20 分钟之后也草草收场。会议后,按照往年惯例,工会还是给在场员工发放了意见征集表,回收的数据可想而知,意见仍是寥寥。往年也有征集代表提案的环节,但通常是通过书面征集的形式,所得的效果也并不理想,下发的征求意见表及评分表,通常是只能得到对委员及工会工作的评分,而很少有员工真的会填写意见。显然,该公司的组织氛围不利于员工的建言行为。

(二) 领导因素

领导风格是促进员工建言的重要因素。德国西门子有句名言:"只要管理层能知道员工怎么想,那就能成为一家伟大的公司。"而实际中,领导者的各种领导行为和领导方式不一定会直接引发员工建言行为。引发员工建言行为的是组织氛围,实际上也是折射出领导风格问题,领导不善于引发员工的建言,没有真正重视员工建言是造成如此不利于员工建言的关键因素。本节的研究证实了领导因素对员工建言行为的影响。访谈中，我们发现公司类似的情景经常出现：某领导开始是一本正经、信心满满，鼓励大家提出自己的建言，但是，事后对大家提出的建议，如果是比较尖锐的问题，就给予现场反驳，甚至毫不留情面。而且有时候员工的一则好建议，领导却理解成员工想偷懒，员工不满足现状等。这样的领导行为不利于员工建言。

周浩、龙立荣实证研究了变革型领导者使员工对组织就会有"家"的信念，当组织遇到问题时，员工便认为自己有责任、有义务去帮助组织一同解决，所以组织心理所有权便会促使员工进行建言。组织心理所有权是心理所有权的延伸，是指员工以一种主人翁的态度，将组织的事情视为自己的事情。心理授权作为一种内在动机，表现为个人对工作角色的认知，并将其分为工作意义、胜任力、自我决定和影响力四个维度，已有研究证明，变革型领导、授权型领导、伦理型领导对员工建言的心理机制都是通过心理授权这个重要的中介变量。在该公司实际中，我们看到大多数员工的心理授权并不是很高，大家缺乏对自己的身份认同。在回答"你觉得自己是不是公司的主人翁这一问题"，很多人表示自己仅仅是一个小小的职员而已，谈不上主人翁，平时公司也从来不告诉自己应该努力做好公司的主人翁，所谓的主人翁精神，他们觉得那是在遥远的记忆中、小时候的教科书上出现过。

（三）个体因素

个体因素作为影响建言行为的个体变量，因为其源于员工自身内在条件，具有潜在性和稳定性，只有在外界某种情境因素的调节下才会对行为产生影响，而这种调节，往往是通过"特质激活"的方式进行的。通过对已有的文献进项梳理，我们发现影响员工建言行为的因素主要存在以下几个方面：人格特征、权力认知、个人控制、归属感（组织承诺、组织认同）、政治技能、情绪。

具体来说，责任感与外向性与建言行为正相关，神经质、开放性负向影响建言行为，组织公平知觉对部分个性具有缓冲作用。王永跃指出，企业普遍是一种差序格局的组织，建言是员工的一项政治技能，即员工为了实现其目标，在理解自我、他人与情境及三者关系的基础上，综合运用已有的知识与经验，对他人施加影响的能力，通过领导—员工匹配问卷实证研究证实了政治技能对员工建言行为影响的中介机制（建言效能感）和边界条件（绩效及上下级关系）。我们在该公司的实际访谈中发现，那些外向程度比较高的员工，确实更加倾向做出建言行为，虽然该公司的组织氛围、领导风格不利于员工的建言行为。但是在一些不得不发言的场合，往往那些外向的员工会主动发言，他们甚至不太在意自己的建议是否被采纳，他们想利用一切机会表达自己。如果自己的建议万一被采纳，他们觉得也是非常高兴的事情，如果不被采纳，也并没有失去什么，甚至，即使是一种走过场，是一种形式主义也好，这些外向的员工表示"建言的动机没有那么复杂""有机会说就说呗""多说说无妨，反正我们问心无愧""说不说是员工的事情，听不听是领导的事情"。可见，外向的员工内心坦荡，喜欢表达，善于建言，不会太刻意追求建言的后果，所以他们更加倾向发表建议。这也说明了个体因素确实是影响建言的一个重要行为。

四、促进员工建言行为的策略

实际中很多优秀企业非常重视员工建议，提倡并鼓励员工提建议，有些日本企业还会定期评价合理化建议，给提出者发放建言奖金。但由于种种原因，很多企业员工提建议的积极性不高，氛围不浓。如何有效地开发员工建议，总结出以下几点，为该公司，也为所有其他有类似情况的公司借鉴。

（一）重视员工每一个建议

员工建议大体分为两种：可实施和不可实施。在这两类建议中，重要的不是我们怎么对待可实施的建议，而是怎样对待不可实施的建议。我们会常常看到这样的现象，就是对于员工的某些建议，领导会用支持的态度反对，使员工的建议石沉大海。这样很有可能使员工没有得到重视而降低提建议的积极性，甚至不再提建议。这里笔者建议可以这样做，领导可以将为什么不适合的具体原因讲给员工，还可以指导员工对自己的建议进行改进，共同探讨出适合企业的建议。这不仅使员工得到了重视和成长，而且还使企业得到了真正有益于发展的建议。

（二）避免让员工因建议承担更多的责任

每一条建议被采纳，必然是要经过一个非常系统的分析过程，在这里具体的细节就不多讲了，有兴趣的朋友可以去读一下德鲁克的《创新与企业家精神》相关内容。对于被采纳的员工建议，尽量让员工参与到实施过程中来。如果有可能，还要让其担任比较重要的角色。因为每一个改变都意味着一定的风险，所以应避免让员工承担大的责任，更多的是要给予支持和帮助。这样可以使员工解除后顾之忧，也能很好地提高员工提建议的积极性。

（三）制定相应的奖励制度

作为员工，他是会站在公司的角度上考虑问题，但同时他也会考虑自身利益。如果企业因为员工的建议得到了进步而没有给予其相应的奖励，会让员工对企业的形象提出质疑，同时也会降低员工的积极性，严重的话还会造成优秀员工的流失，可谓得不偿失。其实，奖励并一定是物质方面，哪怕是一句鼓励的话语，只要恰到好处，也会取得很好的效果。企业在制定奖励制度时，需要遵循公平、公正的基本原则，同时要体现企业人性化的一面。员工建议是员工价值的最大体现，员工的工作可以有别人来替代，员工的建议却是别人所无法复制的，它是员工精神与思想的集中体现。

第四章

组织政治知觉对员工沉默行为
影响研究：传统性的调节作用

第一节　本章研究概要

一、绪论

　　普通员工在组织中，由于岗位职责以及接触不同，比管理者更容易接触和发现组织中存在的问题。因此，员工的态度，如讨论问题和对组织的发展提出意见和建议变得至关重要。但在现实世界中，由于中国文化等原因，员工遇到问题往往会选择沉默。即使管理者努力宣传自由民主的组织氛围，设立了专门收集员工想法的意见箱以及总经理开放日，员工还是缄口不言。因此，如何调动员工积极性，让那些有想法的员工真正开怀畅言始终是组织历久弥新的话题。2017 年 9 月，华为创办 30 周年之际，公司一封内部邮件引起强烈反响，这份由任正非签发的致全体员工的邮件内容非常简短：我们要鼓励员工及各级干部讲真话，真话有正确的、不正确的，各级组织采纳不采纳，并没有什么问题，而是风气要改变。并且对华为某敢于说真话的员工连升两级，允许其自由选择工作岗位和地点，并且保护其不受打击报复。但很多公司处于"由于员工故意将所了解到的信息保密或者明知道公司存在的问题却不建言给组织的决策质量带来的"威胁中；因此，如何减少组织中员工沉默行为，帮助企业更好地发展，已成为各界关注的问题。

　　组织政治知觉是个体对组织内上级和同事逐利行为发生程度的认知评价，对员工的行为选择具有重要影响。以往研究将组织政治知觉作为员工沉默行为前因变量的研究较少，可能与两者主题敏感性与隐蔽性有关。从现有文献来看，由于组织情境的模糊性和资源的稀缺性，使得各成员纷纷通过实施政治行为来争夺有限资源，作为政治事件的受害者，员工往往感受到组织的"消极对待"。因此，笔者推断"当员工感受到组织对其贡献的重视和福祉的关注程度降低，会增加其沉默行为"，这是符合逻辑的。

员工"知而不言"固然受到个人文化价值观的影响，但是身处不良政治行为盛行的组织环境中，沉默更多的是个人不安内心的外化行为表现。实践界对组织政治的关注逐渐重视，我国著名人力资源管理专家赵曙明教授就指出了21世纪探讨组织政治研究具有重要意义。理查德·瑞提和史蒂夫·利维在《公司政治》一书中将组织政治描述为隐藏在公司规章制度等背后的不成文规则。在"零和"利益框架下，员工需求的多样性使得组织政治行为不可避免，它反映了个体对于环境中其他个体或者群体采取一定方式追求利益活动的主观认知评价。员工感知到组织政治事件时通常会有两种选择，一是利用组织政治的工具性特征为自身牟利；二是规避组织政治事件，减少对组织有利的角色外行为。可见，员工对组织政治行为的感知会影响其沉默行为的选择。这也正是本章研究的研究主题。

二、本章研究路线

本章研究的技术路线，如图 4.1 所示。

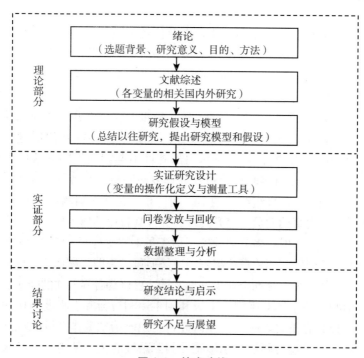

图 4.1　技术路线

第二节　本章相关文献回顾

一、组织政治知觉

（一）组织政治知觉的概念

研究者（Burns，1961）提出"微观政治"，认为人们在竞争环境中使用资源时会产生政治性行为，属于围绕日常权力体系的政治构想。学者（Mayes，1977）最早考察组织中的政治行为，并试图界定组织政治概念，他们将组织政治定义为组织内部成员利用不受组织认可的措施或者手段来获得组织认可的利益，或者利用组织最大允许范围内的方法来获取组织限定以外的目标。但是也有很多学者认为组织政治是人们基于印象管理、自我表现动机，以达到取悦他人采取的社会化行为（Schein，1978；Baumeister，1982；Tedeschi & Melburg，1984）。研究者（Parker，1995）认为，组织政治是人们对于工作环境整体看法的一个重要维度。感知到的群体合作、角色与职责的明晰、奖励/认可的公平性都是预测组织政治的重要变量。研究者（Bacharach & Lawler，1998）总结前人文献，认为组织政治的定义从本质上来说分为两种类型：一是聚焦于组织成员运用组织内的权力来影响组织决策。二是聚焦于组织成员在组织允许的最大范围内追逐自己的利益的系列行为。

研究者（Gandz & Murray，1980）认为，组织政治是一种主观的心理状态，是组织成员对工作场所政治的态度和信念。研究者（Ferris & Russ，1989）开辟了组织政治知觉研究的新领域，由研究组织政治这一客观现象转至对个体主观体验的研究。研究者（Ferris & Kacmar，1992）探讨了员工对组织政治的个人看法，将组织政治知觉定义为组织成员对于组织内部个体、群体及组织利己主义行为的认知评价，该评价受到组织反馈、员工工作自主性、技能多样性和可获得晋升机会的影响。研究者（Gandz & Murray，1980）认为，组织政治应该是一种个人主观心理体验。研究者（Vigoda，2000）在研究中指出组织政治知觉应该有别于组织政治，最大的区别是两者研究视角的不同，组织政治是客观存在的现象基础，组织政治知觉是在客观事实基础上的主观体验。

研究者（Ferris，1989）认为，组织政治知觉是员工对于组织中其他成员，如上级、同事，出于利己主义而实施的行为。随后，研究者（Ferris & Kacmar，1992）将组织政治知觉的定义完善为个体对于组织内部成员追求自身利益时实施的政治事件的主观体验的认知评价。最具代表性的是研究者（Ferris，2000）在针对前人文献基础上，提出的组织政治知觉定义：员工对于组织中成员追求各自利益程度的主观评价，以及对组织出现这种行为的归因。

（二）组织政治知觉的维度及测量

研究者（Ferris & Kacmar，1991）提出一个组织政治知觉的单维度量表，该量表共有 5 个条目。此后，他们运用心理测验理论对该量表进行完善，构建了 3 个维度（一般性政治行为、不作为静待好处行为、政治性薪酬和晋升政策）、12 个题项组成的组织政治知觉量表（Ferris & Kacmar，1992）。其中，一般性政治行为政治知觉是指员工感知到组织中他人或者团体为了使自身利益最大化而采取的行为，该行为具有普遍性；不作为静待好处政治知觉是指员工感知到组织内成员为了不与其他人起正面冲突而选择保持沉默；政治性薪酬和晋升政策是指员工感知到的组织内的薪酬和晋升不是通过规章制度而是"关系"来运作。但是研究者（Kacmar & Carlson，1997）构建了 15 个题项的 3 个维度组织政治知觉问卷，且该问卷经实证验证具有良好的信效度。研究者（Fedor，1998）将组织政治知觉划分为 5 个维度，分别是优势个（群）体、薪酬实践、信息扭曲、印象管理、模糊的薪酬和晋升政策。

马超等人（2006）在参考国外相关文献的基础上，基于中国本土情境自编了 16 个题项的组织政治知觉调查问卷，共 3 个维度：自利行为、薪酬与晋升、同事关系，该问卷使用里克特计分法，信度为 0.911，具有良好的内部一致性。其中，自利行为是对国外研究成果中的一般性政治行为的重新命名，表明模糊情境下的个体会通常采取的钻营行为，比如通过站队、拉帮结派等手段来获取稀缺资源，这些行为具有一定普遍性；薪酬与晋升维度主要是指个体对组织薪酬体系充满政治性的消极认知，薪酬体系的错位激励会引导没有实施政治行为的员工也将致力于实施政治行为；同事关系维度取代了国外学者的组织政策与实践维度，主要是指个体对与组织成员之间的关系是否具有政治性的评价。基于中国情境，本章研究使用此量表来测量。

（三）组织政治知觉的相关研究

研究者（Ferris，1992）提出组织政治知觉模型，认为组织政治知觉受到个体、组织因素、环境因素三方面的影响，个体感知到组织中政治行为后会有几种潜在的反应：一是留在组织，但产生的工作压力会促使员工逃避组织政治；二是留在组织，积极通过组织政治活动来为自己谋利；三是退出组织，包括离职和旷工。在组织政治知觉的影响因素上，很多学者将重点延伸到了组织中的领导方式。研究者（Kacmar，1999）研究发现领导行为可以预测员工对组织中政治事件的感知。研究者（Vigoda，2007）认为交易型领导的特征是领导—下属间存在契约交换关系，在资源有限的组织中，交易型领导无疑会增加组织成员的政治行为。其他领导方式例如谦卑型领导，作为一种自上而下的领导模式，能够营造关怀下属、欣赏他人的良好组织氛围，从而降低员工的组织政治知觉（徐小凤，高日光，2016）。曾贱吉等人（2010）在研究变革型领导与组织政治知觉、组织公平的影响时发现变革型领导对组织政治知觉具有显著负向影响。

员工出于印象管理等动机，感知到的组织政治会影响其组织公民行为，POP受到不同文化人情社会机制的影响，不同维度的组织政治知觉会影响不同的组织公民行为，此时的组织公民行为存在自利性特征（Bolino，Klotz & Turnley，2012；Hsiung，Lin，2012；崔勋，瞿皎姣，2014；曹霞，崔勋，瞿皎姣，2016；王颖，刘莎莎，2016）。研究者（Cropanzano，1997）研究认为，组织政治知觉一般导致消极的工作结果，例如工作压力、紧张和工作倦怠。研究者（Vigoda，2000）对以色列员工研究发现，组织政治知觉与工作态度（例如工作满意度、组织承诺）有显著负向关系，与离职倾向、工作疏离具有显著正向关系。研究同时还发现组织政治知觉与员工工作绩效之间存在负向关系。研究者（Witt，2000）对1251名事业单位员工的研究指出，员工在组织中感知到政治行为的存在，会降低其工作满意度，但是在与上级一起参与决策的过程会降低组织政治知觉对工作满意度的不利影响。研究者（Poon，2003）对来自不同组织的208名马来西亚员工的研究数据显示，工作角色模糊、资源稀缺性和组织信任氛围是员工组织政治知觉的重要预测因素，同时组织政治知觉在这些情境因素对工作压力、工作满意度、离职意愿的关系中起到中介作用。即高水平组织政治知觉的员工，工作满意度较低，压力水平和离职意愿较高。国外研究结果揭示组织公正在组织政治知觉和员工工作绩效、人际关系、工作奉献中起到中介作用，组织内的权力等级与组织政治行为有积极关系。

（四）小结

结合上述学者对组织政治知觉的概念内涵界定，本章研究认为组织政治知觉的含义包括如下几个层面：一是组织政治是以利己主义为出发点实施的行为；二是属于个体的一种主观感知，可能不一定与现实一致，并且存在个体差异；三是个体对组织情境的一种归因与判断；四是员工会据此做出行为反馈。

员工在感知到组织政治行为的初期，会由于不适应产生焦虑，随着员工对组织政治环境的熟悉，以及自身政治技能的提高，员工对组织中政治事件的态度会发生变化，更甚者可能会利用政治事件的工具性特征来为自己谋利。通过对以往文献的梳理发现，关于组织政治知觉的诸多研究，主要集中于对员工态度的影响，如工作满意度、离职倾向、工作压力等，对员工行为影响的研究较少。已有的关于组织政治知觉与行为影响文献，也主要关注组织政治知觉对员工组织公民行为的影响探讨。因此，为了更好地了解组织政治知觉的影响机理，需要对其结果变量进行进一步探讨，有利于加深对组织政治情境的正确理解和管理。

二、传统性

（一）传统性的概念及测量

中国传统性最早基于儒家思想而衍生出的基本社会关系——三纲五常，君为臣纲，父为子纲，夫为妻纲，通过仁、义、礼、智、信五常来调整、规范君臣、父子、兄弟、夫妇、朋友之间的人伦关系。孟子将其概括为五伦：父子有亲，君臣有义，夫妇有别，长幼有序，朋友有信。研究者（Schwartz，1992）将传统价值观定义为个体受文化或者宗教的影响下，对社会习俗、规范、观念的承诺、尊重、接受程度。传统性被认为是最能体现中国人性格特点和价值观取向（Farh，1997）。台湾学者杨国枢、余安邦、叶明华（1989）针对中国本土特色，提出了传统性概念，并且将其定义为个体受到传统社会的影响所形成的一系列认知态度、思想观念、价值观取向、气质特征和行为模式。传统价值观在中国台湾、中国香港、中国大陆等当代中国社会的人们身上仍能发现（Yang，2003），它具体分为5个维度（见表4.1）。中国传统性的本质特征包括尊重权威、宿命论、无力感（Xie，Schaubroeck & Lam，2008）。研究者（Farh，1997）等人将传统性引入组织行为研究领域，强调员工对于上下级等级差距的认可程度以及对于组织的忠诚情感。研究者（Hui，2004；2007）认为，传统性是个人对中国传统文化和价值观和认可，高传统性的员工更能接受权级差距，崇尚权威。谢家琳（2008）研究将传统性定义为个体的文化价值观，是个体对中国传统社会中规则和思想观念的尊重、接纳和承诺。刘小禹等（2012）指出，高传统性的员工更容易忍受组织内受到的不公正待遇，更少的体验到情绪失调，或者更多地倾向于抑制消极情绪。鉴于中国文化的复杂性与多维性，研究者（Zhai，2017）将中国传统价值观分为非政治维度（传统家庭和社会价值观）和政治维度（传统政治价值观）。

表 4.1 传统性的维度

维度	内容
遵从权威	崇尚权威，上下尊卑等级差距
孝亲敬祖	孝顺父母，敬祭祖先
安分守成	克制自己，安于现状

续表

维度	内容
宿命自保	避免闲事，保护自己和家庭
男性优越	男权至上，男性普遍各方面超越女性

资料来源：Yang K S. Methodological and theoretical issues on psychological traditionality and modernity research in an Asian society: In response to Kwang – Kuo Hwang and beyond [J]. Asian Journal of Social Psychology, 2003, 6 (3): 263 –285.

杨国枢等人（1989）针对本土情景，构建了多向、多维度的双文化量表，传统性量表被中国台湾、中国香港、中国大陆等地学者广泛运用。研究者（Farh, 1997）开发出了具有 15 个题项的原始量表，其中 5 个条目载荷因子最高，后被修订为传统性的简易量表。该量表经过大量学者的实证研究，被广泛运用于中国大陆、台湾等地的研究，具有良好的信效度。谢家琳（2008）将杨国枢等人（1989）开发的传统性量表进行改编，缩略版本的量表共有 6 个题项，采用里克特计分法。

（二）传统性的相关研究

传统性是影响员工工作态度和行为的一个关键因素（Farh, 1997；Hui, Lee & Rousseau, 2004；Lu & Yang, 2006；Xie, Schaubroeck & Lam, 2008）。传统性可能也会增强个人对工作环境不确定性的敏感度。高传统性的人倾向于追求安全、稳定、和谐（Schwartz, 1992）。中国传统文化倡导对领导的崇拜与集体的融洽和谐，个体在组织中坦率直言组织现状中出现的问题或者需要改进之处，常常被认为是对组织的挑战，并会令上级或者同事感觉不中听。传统价值观在工作压力的应对行为中起到了缓冲作用，低传统性的人拥有个人主义价值观，强调自我发展耐受性较低（Yeung, 2008）。高传统性的人更愿意接受现状，更有可能通过保持沉默来避免出现个体与组织的对抗局面（李锐，凌文辁，柳士顺，2012）。研究者（Wang, 2014）对中国 388 对领导—员工匹配样本表明，传统性强化了工作不安全感与员工幸福感、组织公民行为之间的负向关系。

研究者（Hui, 2004）对 605 名国企员工研究表明，传统性正向调节了上下级关系与组织公民行为之间的联系。传统性在员工心理契约违背与工作满意度、员工工作绩效之间起调节作用，高传统性的员工对于组织的看法和行动往往是由社会角色事先规定，而低传统性的员工对组织的看法和行动则是更多的基于员工—组织互惠关系。由此低传统性的员工对于心理契约违背的情感反应普遍要大于高传统性的员工（汪林，储小平，2008）。传统性可以减轻组织中上级辱虐管理带来的负面影响（Hon & Lu, 2016）。

传统性加强了组织公平感和员工沉默行为之间的负相关关系，体现了中国人对于权威的顺从，即使员工在组织中感受到了较高的组织公平，高传统性的员工沉默行为也较多（李锡元，梁果，付珍，2014）。下属传统性减弱了辱虐式管理对工作绩效的消极影响，即高传统性的员工，更加服从于上级政策，辱虐式管理与工作绩效间的负相关关系会减弱（于维娜，樊耘，张捷，门一，2015）。王宇清等人（2012）指出，传统性在程序公平和互动公平对员工偏离行为影响的总效应上起到了调节作用，同时在消极情绪对员工偏离行为的影响效应上具有显著调节作用。持有较高传统性的个体，往往推崇宿命论，依赖外在资源，将自己的成败都归因于外在环境。持有这种态度的员工通常采用消极、无作为的反应行为，因此更容易因为工作疏离感而降低任务绩效（孙秀明，孙遇春，2015）。余璇和陈维政（2016）研究表明，传统性显著调节了员工消极情绪和工作疏离感之间的关系，个体情绪的调节和控制受到社会情境和组织文化的影响。高传统性的人按照传统社会规范来思考和行动，更容易存在情绪失调和工作疏离感。

（三）小结

传统性会增强个人对工作环境不确定性的敏感度。高传统性的人倾向于追求安全和稳定。中国传统文化倡导对领导的崇拜与集体的融洽和谐，因此，个体在组织中坦率直言组织现状中出现的问题或者需要改进之处，常常被认为是对组织的挑战，并会令上级或者同事感觉不中听。

中国人持有的传统文化价值观作为一种隐形的约束力，往往会影响个人在组织中的行为表现。尤其是在一些变量之间，常常会起着调节的作用。在组织情境内，个体对权威的推崇和尊重，对维持和谐交际关系的重视是传统性作用于组织内成员的主要表现特征。

第三节　本章研究假设

通过前述相关文献回顾，本章研究认为，组织政治知觉对沉默行为的影响可能会通过组织支持感的中介作用加以传导，以及传统性作为调节发挥效力。根据第二节的理论分析，本节将提出相应的研究假设，同时给出组织政治知觉对沉默行为的模型结构图。

（一）组织政治知觉和沉默行为

员工沉默指的是个体基于某些动机，故意对可能影响决策的人隐瞒自己的想法、建议和观点。对沉默动机的直接检验可以帮助我们进一步加深对组织情境的理解，即为什么员工明明有一些有意义的事要说却还是保持沉默（Brinsfield，2013）。研究者（Ferris，1989）研究表明组织政治事件的发生会引起员工退缩行为。国内学者研究表明，组织政治知觉对员工沉默行为具有显著的正向预测作用，员工对组织政治行为的感知越多，越会觉得自己在组织中的想法和观点不重要，公开发言的积极性降低，或者员工由于害怕负面反馈、避免因触发他人利益而被边缘化等选择的一种自我保护方式——沉默行为（刘智强，2008；张红丽，冷雪玉，2015；王颖，梁婷，2016）。

员工沉默行为的影响因素体现在三个方面：感到自己没有被组织所重视，感到缺乏控制，行为认知失调（Morrison & Milliken，2000）。组织中成员采取的行动必然是以实现自我利益最大化为目标。在"零和博弈"的利益框架中，"彼之所得必为我之所失"，即一方利益的增长必然是另一方利益的损失，员工为了避免自己的利益受到损害，通常会耗费大量时间、精力设计组织政治事件发生时的对策（张军成，凌文辁，2013）。由于组织中资源的稀缺性以及广泛利己主义文化的存在，为了在竞争中取胜势必会出现基于共同利益的小团体以及各团体之间的利益博弈，而这一争夺过程必然降低组织成员间的信任水平，组织政治行为对利己主义的强化会影响组织沉默（Farren，1982；Dyne，2003；Ferris，2003；刘智强，荆波，2008）。

从组织文化层面来考察，员工的沉默行为是因为员工感知到的组织政治行为增强了组织成员间的利己主义，特别是组织领导更容易运用自己的权力优势来谋私，员工的沉默行为是对自己利益的保护（刘智强，2008）。当员工在组织中感受到较多的组织政治行为时，他们认为组织中资源分配并不是明确地按照组织中的规章制度来运作，工作绩效与实际得到的奖励之间的关系变得模糊不确定，那些善于阿谀奉承、与领导关系密切的员工更容易得到升职、加薪的机会（Chang，Rosen & Levy，2009）。员工相信在较为规范的组织中，更多的是依靠组织内明确的规章制度，按照员工自身能力和所创造的业绩来得到升职、加薪。

根据社会交换理论，个体在组织中与别人建立互惠、互助和依赖、认同的良性社会关系时，能够促进个体外部动机的内化（Deci et al.，2000）。当员工在组织中感知到同事之间的关系带有强烈的政治色彩时，即社会环境无法支持个体情感需要的满足，个体就会表现为逃避、退出等行为。员工感知到的政治性环境会阻碍员工在组织内的归属感和安全感的形成，此时员工会产生负面行为来进行自我保护，比如消极顺从、保持沉默（Dyne，2001；Azeem，2010）。员工在组织内建立起的认知评价会高估积极发言的危害，害怕被同事贴上负面标签从而破坏有价值的关系（Milliken，Morrison & Hewlin，2003）。因此，本章研究提出如下假设。

假设1：组织政治知觉与员工沉默行为具有显著正向关系。

假设1a：自利行为政治知觉与员工沉默行为具有显著正向关系。

假设1b：薪酬和晋升政治知觉与员工沉默行为具有显著正向关系。

假设1c：同事关系政治知觉与员工沉默行为具有显著正向关系。

（二）组织政治知觉和组织支持感

学术界对组织政治知觉与组织支持感之间的关系仍存在分歧，少数学者认为两者是一个连续统一体的两个极端（Randall et al.，1999），多数学者认为两者具有完全不同的独立结构（Anderws & Kacmar，2001；Lee & Peccei，2010）。产生分歧的原因可能在于变量着重点不同，组织支持感测量的是员工对组织中他人行为的评价，而组织支持感测量的是对组织整体的认知。

组织政治是以牺牲他人或组织的目标为代价来促进自己目标和利益的行为（Kacmar & Baron，1999；Randall，1999）。因此，当员工在工作环境中感知到组织政治事件时，他们就会觉得组织不支持和关心他们（Imran Bukhari & Anila Kamal，2015）。研究者们（Cropanzano & Mitchell，2005）在研究中指出，在高质量的社会交换活动中，双方均对对方做出了贡献；与高质量的社会交换相反，当员工处于较低质量的社会交换中，即处于政治性资源环境中，员工认为组织对其贡献匮乏，因而对组织产生消极的态度和情绪。因此，基于社会交换理论和资源保存理论，员工对组织中政治行为的感知越多，其组织支持感越低，即员工组织政治知觉与组织支持感呈现负向关系（Harris，Harris & Harvey，2007）。

在充满政治行为的环境中，偏袒和自私行为盛行，组织公平更有可能被那些追求自身利益的人所忽视，员工需要更加谨慎，以确保自身的利益不会被他人行为损害。根据资源保存理论，这种警惕会耗尽员工的认知和情感资源，即形成了其他资源的损耗（瞿皎皎，崔勋，2014），破坏了员工感知到的组织公平，还会让员工对其他成员的意图和行为产生更多怀疑，更有可能感知到更低层次的组织支持感（Bedi & Schat，2013）。研究者（Kiewitz，2009）提出一个论点：员工对于组织政治的看法是对组织及其代理人整体仁慈或者恶意的一种预测，在组织中感知到高水平政治行为的员工更有可能认为心理契约破坏反映了组织的恶意性质。在这种情况下，员工的心理契约违背将作为组织不关心他们的福利，也不重视他们的贡献的信号；当员工对政治活动感知较低时，更倾向于将政治事件归结于组织控制之外的因素，而不是组织本身。

根据社会交换理论，长期以来，人们一直认为工作代表着一种互惠关系，在此关系中，员工为换取物质回报（如薪酬、福利）与社会情感利益（如欣赏、尊重）而付出努力（Levinson，1965）。这种互惠关系可以被认为是有利的、也可以被认为是不利的，这取决于员工对组织意图的归因。根据社会交换理论，一方做出贡献之后，另一方产生回馈的义务感并做出贡献行为。组织具有为员工提供良好工作条件的义务，员工在组织中努力工作获得的奖励、接受的培训以及晋升、福利等会认为是组织对其的支持（Rhodes & Eisenberger，2002；Stinglhamber & Vandenberghe，2003）。员工对薪酬的满意度正向预测组织支持感，即薪酬满意度高的员工认为付出得到了回报，自身价值得到了认可，表明组织给予员工的更多关心（Miceli & Mulvey，2000；方绘龙，葛玉辉，2016）。除此外，员工还关注自身是否能够在组织内得到提升，组织对员工个体职业生涯的重视会使员工感觉到被支持与被认可（宋文玲，2016）。

在我国关系取向是一种重要的价值取向，在工作环境中，为了获得所期望的某些经济利益、物质目标，同事间会产生工具性关系来追求资源的等价交换（Chen & Peng，2008）。成员间追求个体利益最大化的行为一定程度上是对群体规范的抛弃。在组织拟人化研究视角下，同事表现的态度和行为一定程度上代表着组织，中国人传统"义利"价值观下，同事之间纯粹利益交换关系，不利于成员间人际和谐的建立（李敏，2016）。基于该种情况，员工和组织之间的正向交流受到损害，因此降低了员工的组织支持感。因此，本研究提出如下假设。

假设2：组织政治知觉与组织支持感具有显著负向关系。

假设2a：自利行为政治知觉与组织支持感具有显著负向关系。

假设2b：薪酬与晋升政治知觉与组织支持感具有显著负向关系。

假设2c：同事关系政治知觉与组织支持感具有显著负向关系。

（三）组织支持感的中介作用

根据上述理论回顾，组织支持感在其他变量与员工态度或行为之间的关系起到了中介作用。如果员工感受到组织的善意对待（合理的晋升、薪酬、福利等），员工会回馈以积极的态度和行为（Eisenberger & Huntington，1986）。员工与组织之间的关系遵循互惠原则，交换的物体不仅包括物质（如工资、报酬等），还包括情感（如自尊、威望等）。组织支持感是员工对于组织认可他们贡献、重视他们福祉程度的总体认知评价，是社会交换理论中探讨组织与成员联结关系的影响因素之一（Eisenberger，1986）。

研究者（Harris，2007）研究表明组织支持感中介了组织政治知觉和员工态度、行为之间的关系。员工对组织存在的行为事件以及应对反应机制进行评判，按照其是否具有支持性来决定自身该采取什么样的反馈行为。基于该视角，员工沉默是与组织进行交换以后做出的一种自愿性消极工作行为。员工感知到组织支持不足时会引发其在组织中的沉默行为（Milliken et al.，2003；李超平，鲍春梅，2011）。

研究者（Eisenberg，1986）认为，组织支持感将影响员工对自身与组织关系之间的判定，高水平的组织支持下，员工会增加对组织的情感依恋，两者关系更倾向于由情感维系；反之，两者关系更倾向于由契约来维系。有研究（Yu & Liu，2016）表明，高水平的组织支持可以提高员工的忠诚度，促使员工积极地提出建设性的建议；低水平的组织支持无法为员工提供一种心理安全感，员工往往因为害怕领导报复、同事取笑等原因而选择保持沉默。某针对会计师的实证研究（Alleyne et al.，2016）指出，如果组织文化能够体现对道德机制的充分支持，会计师更愿意打破沉默，在内部报告不当行为。如果员工觉得组织支持他们，在组织利益将要受到损害时，他们更有可能通过采取必要的措施来表明自己的忠诚和承诺。

在组织拟人化视角下，上司和同事是组织的行为代理人。在日常管理实践中，组织的规章、制度等一般都是通过员工的直接主管表现出来。组织支持中表现出的较高上司支持有助于增强员工发言的信心，从而减少员工沉默行为（李锐，凌文辁，2010）。当员工感知到高水平的组织支持感时，会觉得自己受到了组织的重视，也不担心谈论与工作相关的问题时会产生不良的后果。有研究认为，如果员工在组织中感到他们提出的观点和建议可以得到组织中其他成员的支持，他们倾向于表达自己的观点。否则，他们就会选择沉默。因此，只有当员工察觉到组织支持行为时，他才敢于披露自己的意见或者建议（Bowen & Blackmon，2003）。某研究实证检验了员工组织支持感对沉默行为的负向预测作用（Yunchun，Yu et al.，2016）。因此，本章研究提出如下假设。

假设3：组织支持感在组织政治知觉与员工沉默行为的关系中起中介作用。

假设3a：组织支持感在自利行为政治知觉与员工沉默行为的关系中起中介作用。

假设3b：组织支持感在薪酬与晋升政治知觉与员工沉默行为的关系中起中介作用。

假设3c：组织支持感在同事关系政治知觉与员工沉默行为的关系中起中介作用。

（四）传统性的调节作用

鉴于组织中个体行为模式会受到社会情境和文化因素的影响，越来越多的学者意识到，管理学有些研究结论并不具有普适性，因此我国学者张志学（2010）提出，学术研究应该将特定文化情境因素考虑在内，尤其是在文化体系与欧美国家存在巨大差异的中国开展研究，更应该将组织所在国家的文化、法律、社会风俗等因素作为预测变量或调节变量引入相关研究中，以实现情境化研究。蔡宁伟和张丽华（2013）指出，在研究组织成员沉默行为时，应当考虑所在国家社会文化情景的各种影响因素，最主要如中国传统文化下的等级制度、集体主义倾向以及儒家思想等。

中国传统社会提倡隐忍、克制。当遇事不顺时，倾向于调整自己的情绪，尤其要设法控制负面情绪，这有利于维护双方关系。"以和为贵"是传统儒家管理思想中的重要理念，因此赋予了对不悦情绪自我压制行为以道德的正当性和必然性（李敏龙，杨国枢，2007）。影响组织中员工沉默行为的四大传统文化根源里面就包括人情面子、儒家文化、集体主义等因素（李忠民，马冰，2009）。持有不同传统性价值观的组织成员，面对不同外部环境时反应不同。高传统性的员工会弱化所在环境对其造成的影响，更倾向于遵从自己内心的价值观取向，一般表现为隐忍：为了保持和谐状态，即使组织内成员追求自利的行为使自己遭受了不公平待遇，也不责备任何人（Liu，2010）；低传统性的员工更多注重所在环境的影响，由此形成自己的态度和行为（Lapointe，Vandenberghe & Panaccio，2011）。

传统性高的人更顺从，遵从组织中存在的权威性，对组织中不平等资源分配的容忍度要高。这类员工有可能压抑自己真实的想法和行为反应，从而表现出沉默行为。具有高传统性的人相信宿命论，面对紧张情形时，他们更有可能采用消极避世的态度（Goodwin et al.，2002）。同时由于遵循安分守己和宿命自保的传统观念，较少受到组织支持感的影响，即使员工组织支持感较高，员工由于受到传统社会规范的影响也不会表现出积极发言的状态，较多表现出沉默行为。而低传统性员工发生沉默行为的原因则较大程度上受到组织支持感的影响，即当低传统性的员工感受到组织支持感时，往往更愿意打破沉默。因此，本章研究提出如下假设。

假设4：传统性调节了组织支持感与员工沉默行为之间的负向关系。即当员工的传统性水平高时，组织支持感对员工沉默行为的负向影响比员工传统性水平低时更显著。

综合以上假设，提出研究模型如图4.2。

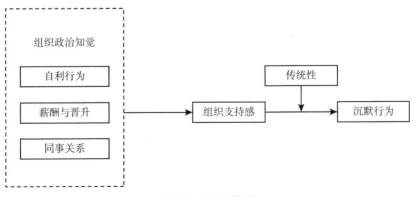

图4.2 研究模型

第四节 实证研究设计

一、研究变量的测量

(一) 组织政治知觉测量

本章研究采用研究者（Ferris，2000）对组织政治知觉的定义：组织成员对于工作环境中追求自身利益行为发生程度的主观评价以及对该行为的一种归因。

目前，学术界普遍认可组织政治知觉的三维度结构，并且据此开发出多个三维测量工具，本章研究采用中国学者马超等人（2006）基于本土特色自编的测量问卷，共 16 个题项，分别对组织政治知觉的 3 个维度进行测量。具体维度及题项如表 4.2 所示。

表 4.2   组织政治知觉的测量题项

变量	题项
自利行为	1. 只要找对了人，就能得到想要的一切
	2. 在我们单位，通常是会叫的孩子有奶吃
	3. 管理者利用各种内部规章制度为其谋取自身发展机会
	4. 在我们单位，应仔细考虑避开和哪些人作对
	5. 一般只有少部分人能从单位政策变化中获益
	6. 在我们单位，能上位的都是得宠的人而不是真正有能力的人
	7. 在我们单位，某些小团体可以为所欲为
薪酬与晋升	8. 员工都非常清楚了解组织的薪酬和晋升制度
	9. 在我们单位，工作出色的人能够得到更多的晋升机会
	10. 在我们单位，付出就有回报
	11. 在我们单位，薪酬和晋升标准很公平合理
	12. 领导广开言路，即使是对权威的批评
同事关系	13. 管理者和下属交流是为了提高其自身形象
	14. 在我们单位，每个人只关心自己的工作
	15. 员工们感觉管理者仅从表面上帮助他们
	16. 没有好处时，同事不会主动帮助他人

其中，题项 1~7 测量自利行为，题项 8~12 测量薪酬与晋升，题项 13~16 测量同事关系。采用里克特 5 点计分法进行评价，从 1~5 表示"完全不符合"至"完全符合"。其中因素二的 5 个题项需要测量的是员工对薪酬与晋升的消极政治性认知，故采用反向计分。

（二）组织支持感的定义及测量

本章研究采用研究者（Eisenberger，1986）对组织支持感的定义和其开发的组织支持感调查问卷的简短量表，该量表共 8 个题项，采用里克特 5 点计分法，从 1~5 表示"完全不符合"至"完全符合"。具体题项如表 4.3 所示。

表 4.3　　　　　　　　　　　组织支持感的测量题项

变量	题项
组织支持感	1. 当我需要帮助时公司会帮助我
	2. 公司重视我的价值和目标
	3. 公司会帮助我把工作做得更好
	4. 公司重视我提出的意见
	5. 公司重视我的努力和贡献
	6. 公司为我的工作成就而自豪
	7. 公司关心我时对自己的工作感到满意
	8. 当我需要特殊帮助时公司愿意帮助我

（三）沉默行为的定义及测量

本章研究采用研究者（Pinder & Harlos，2001）的定义，本章研究所采用的量表来自研究者（Tangirala & Ramanujam，2008）编制的单维度员工沉默量表，共 5 个题项，采用里克特 5 点计分法，从 1~5 表示"完全不符合"至"完全符合"。具体题项如表 4.4 所示。

表 4.4　　　　　　　　　　　沉默行为的测量题项

变量	题项
沉默行为	1. 我想改变工作中的无效程序，但我不会向上级提出
	2. 尽管对企业发展有想法和建议，我仍然不会提出
	3. 由上级与下属的沟通方式引起的问题，我不会向上级提出
	4. 公司会议上，我对妨碍工作绩效的日常程序保持沉默
	5. 尽管在改善顾客对我们的满意度上有想法，我仍然不会提出

（四）传统性的定义及测量

本章研究采用杨国枢等人（1989）对传统性的定义：个体受到传统社会规范的影响所形成的一系列认知态度、思想观念、价值观取向和行为模式。采用研究者（Farh，1997）开发的简易传统性量表，共有 5 个题项，采用里克特 5 点计分法，该量表具有良好的信效度，从 1 ~ 5 表示"完全不符合"至"完全符合"。具体题项如表 4.5 所示。

表 4.5 传统性的测量题项

变量	题项
传统性	1. 要避免发生错误，最好的办法是听领导的话
	2. 父母的要求即使不合理，子女也应该照着去做
	3. 即使工作不顺心，也要努力承受，安分于自己的职业
	4. 男性在社会上起主导作用，而且在工作上，总是比女性做得好
	5. 当个人利益和集体利益发生冲突时，个人应该遵从组织，主动为组织付出和牺牲

二、样本的选取及特征分布

（一）问卷的发放与回收

本次主要采用现场调查和网络调查两种类型，网络调查主要是通过问卷星平台发放问卷，通过熟人转发给在企业工作的员工。同时说明问卷完全是遵循自愿原则，匿名填写，所得数据仅用于学术研究，绝不外泄。本章研究调查过程持续一个月（2017 年 7 月 5 日 ~ 8 月 10 号），总共收集有效问卷 403 份（问卷回收有效率 80.4%），其中男性问卷 201 份，女性 202 份，样本的分布情况主要是通过性别、年龄、所受教育程度、在企业工作年限等人口统计学变量来描述。其中，满足下列条件之一即视为无效问卷，做剔除处理。

（二）样本的描述性统计

描述性统计是指运用统计工具对被试样本的整体状况进行整理、汇总，本章研究中的统计值主要为性别、年龄、学历、工龄等，首先对数据进行频率分析，即统计出每个变量里面所划分的类型，该特征出现的次数、所占百分比，以及均值、标准差等数据（见表 4.6）。

表 4.6　　　　　　　　　　样本的描述性统计分析结果

特征	调查情况	样本数量	样本所占比（%）
性别	男	201	49.9
	女	202	50.1
年龄	25 岁以下	129	32.0
	25~35 岁	260	64.5
	35~45 岁	8	2.0
	45 岁以上	6	1.5
学历	大专及以下	113	28.0
	本科	201	49.9
	硕士研究生及以上	89	22.1
工龄	不到 1 年	146	36.2
	1~5 年	151	37.5
	6~10 年	96	23.8
	10 年以上	10	2.5
职务级别	普通员工	255	63.3
	基层管理人员	113	28.0
	中层管理人员	30	7.4
	高层管理人员	5	1.2
组织性质	国有	179	44.4
	民营	150	37.2
	外资	24	6.0
	政府机构/事业单位	50	12.4

观察表 4.6 所示的描述性统计分析结果，本章研究为了减少性别对研究结果的影响，在发问卷过程中尽量做到平均分配，因此从性别来看，男性、女性样本数量基本一致；从年龄分布来看，样本年龄基本小于 35 岁，其中 25~35 岁占64.5%；从受教育情况来看，主要以本科学历为主；从调查者工龄来看，主要是参加工作 1~10 年的员工，1~5 年的占 37.55%；从职务级别来看，普通员工和基层管理人员为主，其中普通员工占到了 63.3%；从组织性质来看，国有、民营企业为主，其中国有企业占到了 44.4%。

三、信度和效度检验

(一) 组织政治知觉的信度与效度分析

首先对组织政治知觉量表进行 KMO 值和 Bartlett 球形检验。当 KMO 值越接近于 1,表明变量间的共同因子越多,越适合做因子分析(见表 4.7)。

表 4.7 　　　　　组织政治知觉量表的 KMO 值和 Bartlett 球形检验

KMO 值	近似卡方	自由度	显著性检验
0.816	2205.806	120	0

组织政治知觉的 16 个测试题项的 KMO 值是 0.816,符合 KMO 至少大于 0.6 的准则,适合进行因子分析,Bartlett 球形检验的显著性是 0,已达显著水平。因此,组织政治知觉可以做进一步因子分析(见表 4.8)。

表 4.8 　　　　　　组织政治知觉量表的信度分析

因子	题项	组织政治知觉	α 系数
自利行为	1	0.841	0.852
	2	0.839	
	3	0.829	
	4	0.829	
	5	0.828	
	6	0.825	
	7	0.831	
薪酬与晋升	8	0.760	0.798
	9	0.756	
	10	0.747	
	11	0.756	
	12	0.780	
同事关系	13	0.723	0.768
	14	0.712	
	15	0.690	
	16	0.728	

本章研究下一步使用主成分分析法对组织政治知觉的 16 个题项进行探索性因子分析，组织政治知觉有 3 个因子，且 3 个因子的累积总方差解释量有56.094%，大于50%。与原问卷设定的 3 个维度相符，表明调研问卷具有良好的效度。同时，组织政治知觉量表的信度系数为 0.817，符合 Cronbach α 值≥0.70时为高信度的标准（荣泰生，2012）。

随后，用 AMOS 对其进行 CFA 检验。从表 4.9 可以看出，$\chi^2/\text{df} < 2$，RMSEA < 0.05，NFI、RFI、IFI、CFI、GFI 均 >0.9，表明拟合指数较好。

表 4.9　　　　　　　　　　组织政治知觉量表的 CFA 检验

χ^2/df	df	NFI	RFI	IFI	CFI	GFI
1.846	92	0.924	0.901	0.964	0.963	0.951

（二）沉默行为的信度与效度分析

对沉默行为量表进行 KMO 值和 Bartlett 球形度检验。进行因子分析的准则是KMO 值至少要在 0.6 以上，沉默行为量表的 KMO 值是 0.855，说明适合做因子分析（见表 4.10）。

表 4.10　　　　　　沉默行为量表的 KMO 值和 Bartlett 球形检验

KMO 值	近似卡方	自由度	显著性检验
0.855	856.180	10	0

本章研究下一步使用主成分分析法对沉默行为的 5 个题项进行探索性因子分析，沉默行为的解释总方差为 64.079%，大于50%，表明沉默行为量表具有良好的效度。并且，表 4.11 显示沉默行为量表的信度系数为 0.852，符合 Cronbach α 值≥0.70 时为高信度的标准（荣泰生，2012）。

表 4.11　　　　　　　　　　沉默行为量表的信度分析

因子	题项	沉默行为	α 系数
沉默行为	1	0.834	0.859
	2	0.806	
	3	0.832	
	4	0.836	
	5	0.838	

随后，用 AMOS 对其进行 CFA 检验。从表 4.12 可以看出，$\chi^2/df < 2$，RM-SEA < 0.05，NFI、RFI、IFI、CFI、GFI 均 > 0.9，表明拟合指数较好。

表 4.12   沉默行为量表的检验

χ^2/df	df	RMSEA	NFI	RFI	IFI	CFI	GFI
1.824	4	0.045	0.992	0.979	0.996	0.996	0.993

（三）传统性的信度与效度分析

对传统性量表进行 KMO 值和 Bartlett 球形度检验。进行因子分析的准则是 KMO 值至少要在 0.6 以上，表 4.13 中传统性量表的 KMO 值是 0.771，说明适合做因子分析。

表 4.13   传统性量表的 **KMO** 值和 **Bartlett** 球形检验

KMO 值	近似卡方	自由度	显著性检验
0.771	400.363	10	0

本章研究下一步使用主成分分析法对传统性的 5 个题项进行探索性因子分析，传统性量表的解释总方差为 51.041%，大于 50%，表明传统性量表具有良好的效度。并且，表 4.14 显示传统性量表的信度系数为 0.732，符合 Cronbach α 值 ≥0.70 时为高信度的标准（荣泰生，2012）。

表 4.14   传统性量表的信度分析

因子	题项	传统性	α 系数
传统性	1	0.704	0.732
	2	0.648	
	3	0.633	
	4	0.694	
	5	0.735	

随后，用 AMOS 对其进行 CFA 检验。从表 4.15 可以看出，$\chi^2/df < 2$，RM-SEA < 0.05，NFI、RFI、IFI、CFI、GFI 均 > 0.9，表明拟合指数较好。

表 4.15			传统性量表的 CFA 检验				
χ^2/df	df	RMSEA	NFI	RFI	IFI	CFI	GFI
1.805	4	0.045	0.982	0.955	0.992	0.992	0.993

（四）组织支持感的信度与效度分析

首先对组织支持感量表进行 KMO 值和 Bartlett 球形度检验，进行因子分析的准则是 KMO 值至少要在 0.6 以上，组织支持感量表的 KMO 值是 0.919，说明适合做因子分析。

表 4.16　　　　组织支持感量表 KMO 值和 Bartlett 球形检验

KMO 值	近似卡方	自由度	显著性检验
0.919	1842.865	28	0

本章研究下一步使用主成分分析法对组织支持感量表的 8 个题项进行探索性因子分析，组织支持感量表的解释的总方差为 62.438%，大于 50%，表明组织支持感量表具有良好的效度。并且，表 4.17 显示组织支持感量表的信度系数为 0.914，符合 Cronbach α 值 ≥ 0.70 时为高信度的标准（荣泰生，2012）。

表 4.17　　　　　　组织支持感量表的信度分析

因子	题项	组织支持感	α 系数
组织支持感	1	0.900	0.914
	2	0.900	
	3	0.900	
	4	0.904	
	5	0.903	
	6	0.904	
	7	0.906	
	8	0.903	

随后，用 AMOS 对其进行 CFA 检验。从表 4.18 可以看出，$\chi^2/ < 2$，RMSEA < 0.05，NFI、RFI、IFI、CFI、GFI 均 > 0.9，表明拟合指数较好。

表 4. 18　　　　　　　　　　　组织支持感的 CFA 检验

χ^2/df	df	RMSEA	NFI	RFI	IFI	CFI	GFI
1. 459	14	0. 034	0. 990	0. 978	0. 997	0. 997	0. 988

四、共同方法偏差检验

在统计方面，本章研究采用了两种方法。首先，本章研究采用 Harman 单因子检验来探索共同方法偏差的问题。该检验基本假设是：如果存在共同方法偏差的情况，那么对包含所有研究变量的全部条目用 SPSS 进行探索性因子分析时，要么会抽取出一个未旋转因子，要么公因子解释了大部分的变量变异。本章研究有效问卷共 403 份，对其进行 Harman 单因素探索性因子分析，结果显示没有单一因子被析出，且首个因子解释总体方差变异的 0.29，符合研究者（Hair，1998）推荐的小于 0.5 的判断标准。其次，根据研究者（Podsakoff，2003）的建议，分别构建 4 个结构方程模型进行比较分析，结果如表 4.19 所示。

表 4. 19　　　　　　验证性因子分析比较及共同方法偏差检验

模型	χ^2/df	df	RMSEA	NFI	RFI	IFI	CFI	GFI
单因素模型	6. 552	528	0. 118	0. 499	0. 468	0. 540	0. 538	0. 583
二因素模型	5. 777	526	0. 109	0. 560	0. 531	0. 606	0. 604	0. 633
三因素模型	3. 945	514	0. 086	0. 706	0. 680	0. 763	0. 761	0. 768
四因素模型	1. 749	455	0. 043	0. 885	0. 858	0. 947	0. 946	0. 900
五因素模型	1. 749	431	0. 043	0. 891	0. 858	0. 950	0. 949	0. 904

注：单因素：组织政治知觉 + 组织支持感 + 传统性 + 沉默行为。
　　二因素：组织政治知觉 + 组织支持感；传统性 + 沉默行为。
　　三因素：组织政治知觉 + 组织支持感；传统性；沉默行为。
　　四因素：组织政治知觉；组织支持感；传统性；沉默行为。

结果表明，单因素模型的拟合指标都未达到必需的拟合优度，四因素模型的拟合效果（$\chi^2 = 795.796$，df = 455，IFI = 0.947，CFI = 0.946，GFI = 0.900，RMSEA = 0.043）优于其余模型，并且表 4.19 中数据显示四因素模型除了 NFI、RFI 略微小于 0.9 标准以外，其他拟合指标均达到 0.9 判定标准（Cudeck & Browne，1992）。在四因素模型的基础上，构建共同方法偏差潜因子加入五因素模型，并使所有测量项目在方法因子上负荷，模型没有显著变化（$\chi^2 = 753.819$，df = 431，IFI = 0.950，CFI = 0.949，GFI = 0.904，RMSEA = 0.043）。综合上述结果表明：模型卡方变化不显著，可以认为共同方法偏差并不显著，不会对研究结论造成严重影响。

五、相关分析

相关性分析是指对两个及以上的变量进行分析，从而判定两个变量之间是否相关或衡量相关密切程度的分析。在对数据进行回归分析以前，先对数据进行相关性分析。两个变量之间的相关系数绝对值越大表明两者相关程度越高，倘若两者相关系数绝对值大于 0.9，则表明两个变量之间存在多重共线性，应该予以删除。本章研究通过 Pearson 积差相关系数对各变量间的相关程度进行统计检验，变量间相关系数如表 4.20 所示。

表 4.20　　　　　　　　　　　各变量间的相关系数

变量	均值	方差	1	2	3	4	5	6	7	8	9
1 性别	1.50	0.251	1								
2 年龄	27.3	0.327	-0.064	1							
3 学历	1.94	0.499	0.085	-0.169	1						
4 工作年限	3.51	0.696	0.006	0.453	-0.227	1					
5 自利行为	3.048	0.808	-0.024	-0.075	-0.163	0.008	1				
6 薪酬与晋升	2.561	0.715	0.044	-0.016	0.006	0.089	0.169**	1			
7 同事关系	3.030	0.704	-0.073	0.013	-0.029	0.089	0.294**	0.103*	1		
8 组织支持感	3.147	0.771	0.045	-0.038	0.189	-0.146	-0.537**	-0.395**	-0.342**	1	
9 传统性	2.815	0.692	-0.252	0.096	-0.096	0.253	0.434**	0.028	0.363**	-0.369**	1
10 沉默行为	2.932	0.834	0.013	-0.109	-0.109	0.112	0.473**	0.189**	0.394**	-0.476**	0.538**

注：$*p<0.05$，$**p<0.01$（双尾检验）。

从表 4.20 可知如下依存关系。

（1）组织政治知觉的 3 个维度（自利行为、薪酬与晋升、同事关系）与沉默行为具有显著正相关关系（$r=0.473$，$\beta<0.01$；$r=0.189$，$\beta<0.01$；$r=0.394$，$\beta<0.01$）。

（2）组织政治知觉的 3 个维度（自利行为、薪酬与晋升、同事关系）均与组织支持感有显著的负相关关系，（$r=-0.537$，$\beta<0.01$；$r=-0.395$，$\beta<0.01$；$r=-0.342$，$\beta<0.01$）。

（3）组织支持感与员工沉默行为具有显著负相关关系（$r=-0.476$，$\beta<0.01$）。

（4）传统性与沉默行为具有显著正相关关系（$r=0.538$，$\beta<0.01$）。

六、假设检验

各变量之间的相关关系及其联系密切程度可以进一步通过 SPSS 对其进行相关分析，变量之间的前因结果关系需要通过回归分析来验证。接下来本章将通过对 5 个变量的回归分析来验证其因果关系。

（一）组织政治知觉对沉默行为的影响

本章研究探讨的主效应是组织政治知觉 3 个维度对员工沉默行为的影响，即在其他研究变量都不变化的情况下，单独考察自变量对因变量的变化效应。首先加入可能对员工沉默行为有影响的人口特征变量，然后再加入组织政治知觉 3 个维度。由于组织政治知觉各维度均和员工沉默行为呈显著相关关系，因此在对员工沉默行为的回归分析中加入自变量所有维度（见表 4.21）。

表 4.21　　　　　　　　组织政治知觉各维度对沉默行为的回归模型统计

模型	R	R^2	调整 R^2	F	Sig
1	0.246	0.060	0.051	6.387	0
2	0.577	0.333	0.321	28.117	0

从表 4.21 结果可以看出，随着组织政治知觉加入沉默行为回归方程，解释变异量增加，回归方程的解释效果有所上升。

将性别、年龄等人口特征控制变量、自变量组织政治知觉各维度逐步加入方程，从表 4.22 可以看出，组织政治知觉三个维度：自利行为（β = 0.357，p < 0.001）、薪酬与晋升（β = 0.086，p < 0.05）、同事关系（β = 0.271，p < 0.001）分别与沉默行为呈显著正相关关系，假设 1a，1b，1c 成立；同时，表 4.22 中 VIF 值均小于 10，说明组织政治知觉 3 个维度与沉默行为的回归方程不需要考虑多重共线性问题。

表 4.22　　　　　　　　组织政治知觉各维度对沉默行为影响

模型		非标准化回归系数		标准化回归系数	t	Sig.	共线性判断	
		B	标准差				容差	VIF
1	（常量）	0.560	0.268		2.093	0.037		
	性别	0.017	0.095	0.009	0.183	0.855	0.987	1.013
	年龄	-0.360	0.093	-0.212	-3.861	0	0.786	1.272
	学历	-0.177	0.069	-0.129	-2.561	0.011	0.936	1.068
	工作年限	0.208	0.065	0.179	3.224	0.001	0.769	1.300

续表

模型		非标准化回归系数		标准化回归系数	t	Sig.	共线性判断	
		B	标准差				容差	VIF
2	（常量）	0.252	0.230		1.100	0.272		
	性别	0.063	0.081	0.032	0.775	0.439	0.980	1.021
	年龄	-0.262	0.079	-0.154	-3.297	0.001	0.777	1.287
	学历	-0.090	0.060	-0.066	-1.520	0.129	0.905	1.106
	工作年限	0.154	0.055	0.132	2.797	0.005	0.755	1.325
	自利行为	0.357	0.044	0.357	8.042	0	0.858	1.165
	薪酬与晋升	0.085	0.042	0.086	2.039	0.042	0.955	1.047
	同事关系	0.263	0.042	0.271	6.236	0	0.897	1.115

注：因变量为沉默行为。

（二）组织政治知觉对组织支持感的影响

以组织政治知觉及其各维度作为自变量，以员工组织支持感作为因变量，构建模型，对该模型进行线性回归分析，结果如表4.23所示。

表4.23　　　　　组织政治知觉各维度对组织支持感的回归模型统计

模型	R	R^2	调整 R^2	F	Sig
1	0.224	0.050	0.041	5.248	0
2	0.659	0.434	0.457	43.329	0

由表4.23结果可以看出，随着组织政治知觉加入组织支持感回归方程，解释变异量增加，回归方程的解释效果有所提升。

在分析过程中，将性别、年龄等人口特征控制变量，自变量组织政治知觉各维度逐步加入方程，结果如表4.24所示。组织政治知觉3个维度：自利行为（$\beta = -0.419$，$p < 0.001$）、薪酬与晋升（$\beta = -0.302$，$p < 0.001$）、同事关系（$\beta = -0.176$，$p < 0.001$）分别与组织支持感呈显著负相关关系，假设2a，假设2b，假设2c成立。同时，表中VIF值均小于10，说明组织政治知觉3个维度与沉默行为的回归方程不需要考虑多重共线性问题。

表4.24   **组织政治知觉对组织支持感的回归分析**

模型		非标准化回归系数		标准化回归系数	t	Sig.	共线性统计量	
		B	标准差				容差	VIF
1	（常量）	-0.414	0.267		-1.550	0.122		
	性别	0.069	0.095	0.036	0.725	0.469	0.987	1.013
	年龄	0.088	0.093	0.052	0.947	0.344	0.786	1.272
	学历	0.225	0.069	0.165	3.266	0.001	0.936	1.068
	工作年限	-0.153	0.064	-0.132	-2.374	0.018	0.769	1.300
2	（常量）	-0.122	0.210		-0.584	0.560		
	性别	0.051	0.074	0.027	0.696	0.487	0.980	1.021
	年龄	-0.039	0.072	-0.023	-0.534	0.594	0.777	1.287
	学历	0.131	0.054	0.096	2.406	0.017	0.905	1.106
	工作年限	-0.079	0.050	-0.068	-1.571	0.117	0.755	1.325
	自利行为	-0.416	0.041	-0.419	-10.257	0	0.858	1.165
	薪酬与晋升	-0.297	0.038	-0.302	-7.790	0	0.955	1.047
	同事关系	-0.170	0.038	-0.176	-4.409	0	0.897	1.115

注：因变量为组织支持感。

（三）组织支持感的中介效应检验

中介效应是指变量之间的影响关系，自变量和因变量不是直接的因果关系，而是通过至少一个以上的变量影响间接产生的，自变量通过该中介变量产生的间接影响叫做中介效应。目前关于中介效应的检验存在多种方法，研究者（Baron & Kelmy，1986）在学者詹姆斯（James，1984）的研究方法上进一步提出，中介效应的检验过程必须满足4个回归方程：①检验自变量与因变量的显著相关关系；②检验自变量和中介变量具有显著相关关系；③检验中介变量和因变量是否具有显著相关关系；④检验自变量和中介变量共同对因变量的影响关系。当自变量、中介变量、因变量三者呈现相关关系时，中介变量的加入使自变量与因变量之间关系减弱则为部分中介效应，关系消失则为完全中介效应（见表4.25）。

表4.25 **组织支持感对沉默行为作用分析**

模型		非标准化回归系数		标准化回归系数	t	Sig.	共线性统计量	
		B	标准差				容差	VIF
1	（常量）	0.560	0.268		2.093	0.037		
	性别	0.017	0.095	0.009	0.183	0.855	0.987	1.013
	年龄	−0.360	0.093	−0.212	−3.861	0	0.786	1.272
	学历	−0.177	0.069	−0.129	−2.561	0.011	0.936	1.068
	工作年限	0.208	0.065	0.179	3.224	0.001	0.769	1.300
2	（常量）	0.369	0.239		1.548	0.122		
	性别	0.049	0.085	0.025	0.580	0.562	0.986	1.014
	年龄	−0.319	0.083	−0.188	−3.848	0	0.785	1.274
	学历	−0.073	0.062	−0.053	−1.177	0.240	0.912	1.097
	工作年限	0.138	0.058	0.118	2.381	0.018	0.759	1.318
	组织支持感	−0.461	0.045	−0.457	−10.313	0	0.950	1.053

注：因变量为沉默行为。

本部分借鉴研究者（Baron，1986）的中介效应方法，已经证明：组织政治知觉三维度与沉默行为显著正相关，与组织支持感显著负相关，同时，表4.25显示组织支持感与沉默行为具有显著负向关系。

接着，将性别、年龄等人口特征控制变量、组织政治知觉各维度和组织支持感逐步加入方程中，结果如表4.26所示。

表4.26 **组织支持感的中介作用分析**

模型		非标准化回归系数		标准化回归系数	t	Sig.	共线性统计量	
		B	标准差				容差	VIF
1	（常量）	0.560	0.268		2.093	0.037		
	性别	0.017	0.095	0.009	0.183	0.855	0.987	1.013
	年龄	−0.360	0.093	−0.212	−3.861	0	0.786	1.272
	学历	−0.177	0.069	−0.129	−2.561	0.011	0.936	1.068
	工作年限	0.208	0.065	0.179	3.224	0.001	0.769	1.300
2	（常量）	0.252	0.230		1.100	0.272		
	性别	0.063	0.081	0.032	0.775	0.439	0.980	1.021
	年龄	−0.262	0.079	−0.154	−3.297	0.001	0.777	1.287

模型		非标准化回归系数		标准化回归系数	t	Sig.	共线性统计量	
		B	标准差				容差	VIF
2	学历	−0.090	0.060	−0.066	−1.520	0.129	0.905	1.106
	工作年限	0.154	0.055	0.132	2.797	0.005	0.755	1.325
	自利行为	0.357	0.044	0.357	8.042	0	0.858	1.165
	薪酬与晋升	0.085	0.042	0.086	2.039	0.042	0.955	1.047
	同事关系	0.263	0.042	0.271	6.236	0	0.897	1.115
3	（常量）	0.223	0.225		0.995	0.321		
	性别	0.075	0.079	0.038	0.948	0.344	0.979	1.022
	年龄	−0.271	0.078	−0.159	−3.492	0.001	0.776	1.288
	学历	−0.059	0.059	−0.043	−1.012	0.312	0.891	1.122
	工作年限	0.135	0.054	0.116	2.504	0.013	0.750	1.333
	自利行为	0.258	0.049	0.258	5.281	0	0.678	1.476
	薪酬与晋升	0.014	0.044	0.014	0.326	0.745	0.828	1.208
	同事关系	0.222	0.042	0.229	5.271	0	0.855	1.170
	组织支持感	−0.239	0.054	−0.237	−4.431	0	0.566	1.768

注：因变量为沉默行为。

从表格 4.26 可知，回归模型 1，2 在逐步加入控制变量后，自利行为（β = 0.357，p < 0.001）、薪酬与晋升（β = 0.086，p < 0.05）、同事关系（β = 0.271，p < 0.001）与沉默行为具有显著正向影响。回归模型 3 在加入组织支持感之后，组织支持感对沉默行为具有显著影响（β = −0.237，p < 0.001）。根据上述检验方法，表明组织支持感在自利行为维度、同事关系维度和沉默行为之间起部分中介作用，在薪酬与晋升维度与沉默行为之间起完全中介作用，假设 3a，3b，3c 成立。

（四）传统性的调节作用检验

本章关于传统性调节效应检验将借鉴温忠麟等（2005）提出的调节效应检验方法分步进行。在表 4.27 中，第一步，将性别、年龄等人口特征控制变量加入方程；第二步，将解释变量组织支持感放入回归方程，表明组织支持感对沉默行为具有显著影响（β = −0.457，p < 0.001）；第三步，回归模型中加入调节变量传统性，表明传统性加入回归方程后，表明对沉默行为具有显著影响（β = 0.469，p < 0.001）；第四步，在模型 4 中加入组织支持感和传统性的乘积项，其

对沉默行为同样具有显著影响（β = -0.085，p < 0.05），验证了假设4。借鉴研究者（Aiken & West，1991）的做法，本章绘制了不同传统性水平上组织支持感与员工沉默行为之间的关系。从图4.3可以看出，当员工处于较高水平的传统性时，组织支持感对沉默行为的负向影响比低传统性时更为显著。

表4.27　　　　　　　　　　　传统性的调节作用分析

变量	沉默行为			
	M1	M2	M3	M4
性别	0.009	0.025	0.139**	0.132**
年龄	-0.212***	-0.188***	-0.174***	-0.171***
学历	-0.129*	-0.053	-0.069	-0.062
工龄	0.179**	0.118*	0.012	0.010
组织支持感		-0.457***	-0.301***	-0.304***
传统性			0.469***	0.446***
组织支持感*传统性				-0.085*
R^2	0.060	0.259	0.427	0.434
ΔR^2	0.051***	0.250***	0.419***	0.424*
F	6.387	27.733	49.274	43.284

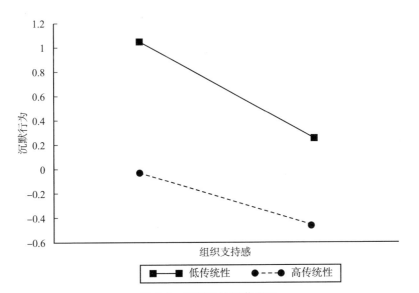

图4.3　传统性的调节作用

第五节　研究结论与展望

　　首先，本章对研究结果进行讨论，探讨组织组织政治知觉、组织支持感、沉默行为和传统性之间的影响机制；其次，根据实证研究结果提出本章研究的理论和实践启示；最后，指出本章研究过程中可能存在的创新点、不足之处以及未来展望。

一、研究结果讨论

　　本章研究研究主要得到如下结论。

　　第一，组织政治知觉 3 个维度（自利行为、薪酬与晋升、同事关系）对沉默行为具有显著正向影响，即员工在组织中感知到的政治行为越多，那么员工就会表现出更多的沉默行为；

　　第二，组织政治知觉 3 个维度（自利行为、薪酬与晋升、同事关系）对组织支持感具有显著负向影响；

　　第三，组织支持感在组织政治知觉 3 个维度和沉默行为之间起到中介作用；

　　第四，员工的传统性增强了组织支持感和员工沉默行为之间的负向关系。

（一）组织政治知觉和员工沉默行为的关系讨论

　　研究发现组织政治知觉与员工沉默行为具有显著正向预测作用，这与刘智强和荆波（2008）以及王颖和梁婷（2016）研究结论相一致。根据资源保存理论，从员工个体角度来看，员工对组织成员争夺资源的行为的感知会引起其消极的心理感知和负面情绪，降低了员工的工作满意度，使员工的自我保护意识增强，出现沉默行为。从组织情境角度来看，组织成员对有限资源的争夺博弈过程，降低了成员间的信任水平，从而降低了员工对组织整体的关心，更加着重于眼前自我利益，引发员工的退缩行为（保留观点）。

　　根据前述理论回顾，组织政治对员工的影响取决于个体对组织政治的主观感知和评价。如果组织规章制度不明确，无法对员工行为做出规制，员工逐利的政治行为就会增加。员工不知道哪些是可以接受，哪些是不可以接受的，会将组织政治视为障碍性压力，产生消极行为。当员工具有自利行为政治知觉时，说明其感到组织中拉帮结派、站队、抱团等威胁性政治行为，会导致其产生负面情绪。员工感知到组织中的政治事件越多，越容易觉得自己的想法和建议不被重视，发言的积极性降低，导致沉默行为的发生。

薪酬与晋升政治知觉反应的是个体对组织内的奖惩体系实际运作的看法，学者们普遍认为组织政策会滋生和保持政治行为的延续（崔勋，瞿皎皎，2014）。员工留在组织中最基本的前提就是能够得到合理的薪资待遇，努力工作能够得到晋升。当员工认为组织中薪酬与晋升存在政治行为时，说明其意识到组织内的奖励并没有完全按照组织规章制度来执行。一旦自己的努力与付出得不到应有的奖励，这就意味着组织对他们贡献的不认可，员工会对组织政治事件形成负面评价，从而产生消极情绪。组织偏离正常奖惩体系的做法进一步助长了员工趋炎附势的行为，在此情形下，付出—回报不匹配降低了员工的工作满意度和组织公平感，员工认为组织不重视其贡献、不关心其情感需求，因此员工离职倾向增加，出于"事不关己高高挂起"心态表现出沉默行为。

同事关系政治知觉与员工的沉默行为存在正向影响，可能是因为同事行为导致"从众"心理，员工认为在组织中出风头和做出头鸟并不是明智之举，期望通过维护和同事之间"表面"的良好关系来给自己塑造脚踏实地、敬业努力的好口碑和好形象。资源保存理论认为，员工会尽力争取资源，在中国人情关系占重要地位的情境下，员工更容易表现出沉默来减少争议。为了在组织中不引起明显冲突，以及更好地融入组织内的小圈子，员工遵循沉默是金的原则，通过表现出"报喜不报忧"甚至不直接揭露组织不足之处，以此来获得组织内成员的普遍认可。

（二）组织支持感的中介效应讨论

本章研究结果表明，组织支持感在自利行为维度、同事关系维度与沉默行为之间起部分中介作用，在薪酬与晋升维度与沉默行为之间起完全中介作用。

基于社会交换理论，人与人之间本质上是一种基于信任的平等互惠关系，一方做出某种行为后，另一方会做出相应的反应和行为。员工从组织中获得物质和情感上的支持时会产生回报组织的义务感。组织政治知觉会破坏个体与组织、同事、上级之间的交换关系，当员工感知到组织中的政治行为时，会认为组织违背了双方之间的互惠原则，组织内部资源的两面性，即基于个人与组织之间的交换关系，个人获得来自组织的资源时需要予以相应的回报。组织支持感传递了组织的期望和对员工个人价值观的认可，当员工感知到组织支持较高时，其会增加自身在组织内的角色外行为；当员工在组织中感知到的组织支持较低时，员工对组织的期望不够明晰，会通过从工作中抽离，或者减少角色外行为来进行自我保护，更多地表现为退出、沉默等行为。

资源保存理论是用来描述个体和组织环境之间资源交互的过程，可以预测个体在资源有限情况下的行为动机。组织政治的核心是利己主义，个体对利益的夺取本质上也是对资源的一种争夺。从该内涵上来说，资源保存理论可以用来解释组织政治知觉的产生（秦晓蕾，杨东涛，2013）。资源包括四种形式——物质资源、人格资源、条件资源和能量资源（Hobfoll，1989），从此意义来看，组织支持感也是一种能量资源，可以作为"资源"的一种操作化形式（张军成，2013）。根据 COR 理论，组织政治知觉作为一种对他人损害自己利益的主观感知，个体为了维护自有资源不得不投入更多资源，从而导致了资源的丧失螺旋效应，加速了能量资源的损耗。个体日益增长的物质精神需求同有限资源之间的矛盾，使得在环境模糊的组织中，组织成员更容易通过暗箱操作来影响资源的实际分配。一旦员工感知到高水平的组织政治行为，就会对组织的公正性产生怀疑。

根据社会交换理论的互惠原则，政治行为的感知会破坏个体和组织之间的互惠关系，员工会由此减少对组织回馈的义务感，更多地表现出组织强制规定的行为，而减少角色外积极行为，包括对公司内部问题的及时指出。根据资源保存理论，组织政治知觉对相关结果变量的影响是由于资源损失引起的（张军成，2013）。个体保护自我资源，同时获取其余资源，政治行为使个体存在资源损失风险，同时影响个体获取其余资源的机会，组织支持感作为一种能量资源，代表一个安全、积极的环境，组织政治知觉使员工认为自己处在一个动态不确定性环境中，付出未必能获得相应回报，降低了成员的组织支持感，从而影响了员工的行为选择。

组织内有价值的稀缺资源（比如预算、办公环境、调任等）会引发竞争，而且不同组织都或多或少的在某些方面存在资源短缺的问题，所以任何组织都不可避免地会出现政治行为，特别是所有人都看重的薪酬与晋升。当员工对组织内加薪与晋升实际执行与规章制度不一致时的政治知觉处于较高水平时，当员工认知到组织内部升职、加薪实际运作与规章制度不一致时，员工认为政治事件是对其利益的损害，同时也表明组织对他们付出的努力和贡献不够重视，员工组织支持感的降低会使员工对如何改善组织的想法持保留态度。

同事关系政治知觉实质上是一种同事间的利益交换行为，分别以获取自我利益最大化为目标，在这种提升自我利益的政治事件中，与同事交往更多地表现出一种政治企图，即为了规避正面冲突引起自身利益的缺失而保持沉默，或者是同事之间故意隐瞒、扭曲关键信息，来误导、迷惑其他成员以达到获利的目的，当员工对复杂的同事关系越敏感，越倾向于将自身与组织之间的雇佣关系视为"交易型"，员工的情感需求并没有得到有效满足，低水平的组织支持感会引起员工在组织内的消极行为，员工沉默行为就是消极行为的一种。

（三）传统性的调节效应讨论

传统性强化了组织支持感对员工沉默之间的负向关系，即相比传统性高的员工，提高组织支持感，更加有利于改善传统性低的员工的沉默行为。个体表现出的行为不仅受到态度的作用，还受到社会规范的影响。社会规范指的是一定的社会情境中，社会期望个体所表现的态度和行为的期望，传统性作为一种隐含的社会规范，没有明文强制个体去做什么，但是对个体行为具有重要的约束作用。传统性强调犹抱琵琶半遮面的"以和为贵"思想，讲究意不直叙，情不直露，在此影响下的高传统性个体，即使在组织支持感不高的情况下，也会更倾向于保留自己的观点。遵从权威、安分守成的社会角色定位会强化组织支持感对员工沉默行为的影响。即使具有高组织支持感的员工，传统性水平较高的员工也更倾向于保持沉默。

二、本章研究启示

(一) 理论启示

1. 丰富了组织政治知觉影响员工行为的研究

通过对现有文献的梳理发现，对组织政治知觉的研究，大多关注的是其对组织公民行为（崔勋，瞿皎皎，2014；2016）、工作绩效（瞿皎皎，曹霞，崔勋，2014）、离职倾向（于桂兰，付博，2015），而关于组织政治知觉对沉默行为的研究还不够丰富。本章研究深入探讨了影响员工沉默行为的组织政治因素，完善了研究者（Ferris，1989）和马超等人（2005）的组织政治知觉模型。本章研究将组织政治知觉视为个体对观察到的政治事件的主观认知，其对沉默行为的影响机制经过一定心理过程的传导，由此加入组织支持感作为中介变量，进一步丰富和扩展了组织政治知觉和员工沉默行为相关领域的研究。本章研究发现，社会交换理论在对组织政治知觉与员工沉默行为的作用上具有较强解释力，可以作为组织政治知觉的理论基础，扩展了该理论的应用范围，并对该理论在其他相关领域的应用提供参考。

2. 丰富了沉默行为的本土化研究

沉默行为是指多数员工在面对组织中现有或者潜在问题时，有意识地选择保留或者过滤自己真实观点的行为（郑晓涛，柯江林，石金涛，郑兴山，2008），员工沉默不仅仅给其带来负面情绪还会影响组织的有效管理决策。在研究组织中员工沉默行为产生原因时，需要考虑所在社会的文化情境的影响，中国文化是影响员工沉默的重要因素，包括传统儒家思想、面子观、集体主义观念以及权力距离的影响。沉默行为的形成是个人特征、领导风格、社会文化组织等多方交互影响的结果，在中国更加明显（段锦云，孙维维，田晓明，2010）。本章研究将传统性纳入研究模型中，验证传统性价值观水平下，个体更倾向于选择缄口不言，有助于在中国情境下更好地理解组织支持感与沉默行为之间的影响机制。

3. 丰富了组织支持感对员工沉默行为影响路径的研究

本章研究提出的组织支持感对组织政治知觉与员工沉默行为关系之解释，其理论价值在于，验证了员工与组织本质上属于一种平等"交换"关系，员工通过辛勤劳动和忠诚来换取组织提供的劳务报酬和情感需求的满足，不公平、不合理的交换会使员工感到不被组织重视。本章研究证实，组织政治知觉是员工组织支持感降低的原因之一。员工认为组织不重视其贡献，不关注他们的利益，使工无法在组织中实现个人价值，从而面对组织存在的问题时更倾向于沉默。这一发现一定程度上填补了组织支持感对沉默行为的影响路径的空白。

（二）实践启示

1. 正视组织中存在的政治行为

本章研究结果揭示，中国企业员工由于受到传统文化价值观的延续影响，仍然存在较为浓重的政治氛围。从个人层面出发，主要存在于领导、下属、同事之间；从制度层面出发，主要包括薪酬、晋升等，不管是国有企业，还是民营企业，组织中都存在一定程度的政治事件。理查德·瑞提和史蒂夫·利维在《公司政治》中认为，公司政治是公司生活中隐秘而又具有决定性的因素，合理的运用可以实现个人的成功。组织内的部门机构在理想状态下可以被视为是相互支持和协力合作的和谐状态，然而每个岗位因为职能划分和所处立场不同，在资源有限情况下，必然会出现一定的争夺行为，一旦组织政治行为实施过多，组织就会硝烟四起。总体而言，组织政治的存在弊大于利，它会激发以个体或者利益小团体为导向的自利性行为。个体会对自己的行为进行分析，当通过这种行为受到嘉奖时，组织成员便会在以后的场景中重复使用这些伎俩来确保再次获利。因此，作为管理者，要正视组织中存在的自利行为，充分引导员工对组织中政治行为的正确认识，合理运用员工的政治知觉，鼓励广大员工的自由民主参与，使员工在提意见时不用顾虑太多外界干扰，从而使管理者能及时发现组织中存在的问题。

2. 多途径增加员工组织支持感

组织支持感在组织政治知觉影响员工沉默行为过程中起到的中介作用，可以解释组织政治知觉带来的不利影响，一定程度上是由组织支持感这种能量资源损耗引起的。因此，鉴于资源保存理论，企业可以考虑如何减少员工资源的损耗或者增加员工资源。在这方面，管理者可以探索组织支持的各方面，比如对福利的完善、工作条件的改善，通过各种途径使员工感受到组织对其的重视。根据马斯洛的金字塔需求层次理论，平时多与员工进行沟通，满足员工的情感需求，在员工工作或者生活遇到困难时，能及时伸出援助之手，从而在一定程度上缓解组织政治对员工带来的消极影响。

3. 加强企业文化建设，正确引导员工行为

组织中存在较为普遍的拉帮结派、徇私舞弊等自利行为以及同事之间追求利益交换的表面和谐，薪酬、晋升的暗箱操作等，这些行为会造成员工的消极情绪，当组织需要员工提供合理化的建议、同事之间互相交流时，员工的负面情绪往往会影响其在组织中的发言。因此管理者应该从源头出发，净化组织内的政治气氛。首先，营造良好的组织文化氛围，倡导成员间的团结、合作；其次，建立公平、合理的绩效考核体系，使员工的奖惩与实际工作能力与业绩相挂钩；最后，加强组织内成员的沟通，给予员工自我展示的平台，使其获得被关注、忠实的自尊感，在活动中与组织建立良好的情感联系。

第五章

组织依恋模式对员工沉默行为的影响机制研究：合作规范的调节作用

第一节　本章研究概要

一、背景

如今全球经济与科技的飞速革新迫使组织无论在战略还是管理上都面临着变革，以便充分发挥资源的效用。在组织具备的各类资源中，目前人力资源的重要性显而易见，任何组织目标、管理问题均需要通过人来实现和解决。人的情感认知和行为动机均存在一定内隐性和复杂性，如何把握员工的心理和行为，成了许多企业经营管理问题的关键所在。正如德国西门子曾说："只要企业管理层知道下属是怎样想的，那就能成为一家伟大的企业。"如何促进员工表达想法，为企业献计献策，充分发挥群众力量增加组织的创新力与活跃度成为组织管理中日益关注的问题。在职场文化中，多数员工为了获得和谐的人际关系，总会信奉"沉默是金""谨言慎行""明哲保身"等信条而保留自身意见。研究者（Milliken & Morrison，2003）在一项关于全职员工沉默的调查中，发现85%的被调查者表示，在工作中至少有一次没有将建议向领导提出，即使是关于非常重要的问题。有学者发现，这种沉默不仅阻碍领导决策的制定（Tangirala & Ramanujam，2008）、工作问题的纠正（Milliken & Lam，2009），还影响员工的工作投入及满意度，导致情绪焦虑与反生产行为（Cortina & Magley，2003）。尤其是当今面对市场经济带来的激烈竞争，工作岗位已不再是包分配的"铁饭碗"，员工时刻面对着调换工作的可能性。员工为了在职场中求生存，便形成了职场中的"羊群效应"，即当员工发现自己的想法是少数，就倾向于退缩，不愿说出想法。尤其是对于组织依恋焦虑较高的员工，他们极力寻求他人认可，对组织情境中的威胁因素及其敏感，同时具有较低的自尊和不安全感，正是他们这种强烈的求生欲与对被接受的渴望使得"羊群效应"尤为凸显。使得很多"懂事"的员工不敢提出不同建议，而是更倾向于模仿身边大部分同事的行为和思考模式。这也加速了组织的同质化，进一步阻碍了组织创新。

在国有企业，呈现出的现象则有所不同。相对于民营企业，国企资源丰富，工作稳定，员工间的竞争压力相对缓和，而其庞大的体制则带来了不少"条条框框"使得员工不得不严格顺从，使得一些个人想法或意见显得非常渺小。正如近期一项针对 439 位非自雇全职员工沉默问题的康奈尔全国社会调查发现的那样，虽有 20% 的个体表示，他们在面对工作问题时会因担心祸从口出而保持沉默，但更多员工（占比 25%）表示其保持沉默的原因是感觉徒劳无益，避免浪费时间与精力，而不是担心有什么后患。在实际工作中，有许多员工在与组织的互动中形成倾向于组织依恋回避的依恋模式，即认为"向组织寻求支持是无用的""公司的事情与我无关"等，具有较低的组织归属感和拥有感，并产生工作倦怠等情绪状态，认为只要完成本职工作，一些工作建议没有必要去提，即使表达了也不会受到重视。在这种消极顺从的情绪氛围下，难以生成组织积极性与发展动力。

可见，员工的"知而不言"会受到不同内在情感认知的影响，依恋理论为进一步解释这种员工心理与行为间关系提供了参考。员工的组织依恋模式作为员工对组织的情感及行为认知，其与员工的沉默行为间会形成怎样的影响机制成为本研究的探索主题。

研究者（Detert & Edmondson）在 2011 年的研究中，将认知心理学的内隐理论引入员工沉默的研究中，基于个体自我保护的无意识动机提出了内隐建言理论，来解释沉默。此后，对影响个体沉默行为相关因素的研究视角逐渐延伸到个体的认知及其人格特征上。内隐理论认为，在个体的认知系统中，其内隐情感和外显状态均能预测其行为，而对于存在一定社会敏感性的沉默行为而言，内隐性因素的预测力要显著强于外显性因素。对此，本章研究将探索个体的组织依恋模式与员工沉默之间的作用机制，即揭示带着一般依恋模式的员工在与组织长期交往、互动中所形成的特定组织依恋模式是如何影响其沉默行为的。

员工沉默行为是个体在组织工作中出现的一种组织行为，也是不同个性特质的个体在与组织日常交互影响下形成的一种行为趋势。作为一种内隐性行为或行为趋势，往往由其内在认知、情感驱动。如何控制或降低员工沉默对组织工作及发展带来的负面影响，探索其内在的这种驱动力是如何形成的，并且又是如何影响个体沉默则成了问题探讨的焦点。本章研究则针对员工沉默的形成因素做出进一步的探索。

二、研究目的

本章研究主要通过探讨员工在工作情境中对组织的依恋模式与其沉默行为之间的关系，以求达到四个具体目的：①探索个体对组织的依恋模式与其沉默之间的关系，揭示两者间相互影响的作用机制；②研究工作不安全感在组织依恋焦虑与员工沉默行为之间的中介作用，构建三者间的内在机制；③检验组织心理所有权在组织依恋回避与员工沉默行为间的中介效应，构建三者间的内在机制；④检验合作规范在组织依恋焦虑与工作不安全感之间、组织依恋回避与组织心理所有权之间的调节作用，以及探索其对工作不安全感和组织心理所有权中介效应的调节作用。

第二节　本章相关文献回顾

一、组织依恋研究综述

（一）依恋理论

依恋理论是在 20 世纪 60 年代，由研究者（Bowlby）首次在精神分析领域提出的，该理论被视作理解人与人之间相互关系的核心框架（Davis et al. , 2016）。最初该理论将视角聚焦于婴儿与母亲的关系上，并将这种母子间的特殊情感联结定义为依恋。该理论认为，人在一个变化的且需要自身不断去适应的环境中，为了生存，会本能地有一种向最初的照料者（一般为亲生母亲）寻求和保持亲密距离的倾向，进而使得婴儿形成一种能与该照料者维持亲近的行为系统（Bowlby，1969）。随着婴儿认知功能的发展，婴儿与照料者间这种反复的交往过程会内化为婴儿内心的活动模型，而这种活动模型又为婴儿的情感认知及行为提供框架，令婴儿对照料人的情感效用和反应性做出期盼，并令其适时地做出某些诱发照料人对其照顾的行为。而这些内部活动模型会逐渐被整合到个体的人格中去，进而影响个体认知、情感及行为（Mikulincer，1998；Mehta，Cowan & Cowan，2009）。

有趣的是，婴儿在这种内部活动模型的驱动下所产生的依恋行为模式是具有个体差异的，研究者（Ainsworth，1978）通过一项实验对婴儿在与其母亲分开又重聚的反应做出观察，并把其反应分为三种：全依恋、反抗型和回避型。全依恋类的个体会因母亲的走开而呈现伤心的情感，但在其返回后便立刻寻求亲近，并能够快速安静下来；反抗型的个体会在母亲离开后表现强烈的不满与反抗，当母亲回来后则在寻求亲密的同时出现愤怒的情绪，且长久不能平复；回避型的个体在母亲离开后呈现紧张，并在其返回后表现出躲避的状态。

依恋理论有一核心概念叫做安全基地，即当个体在受到外界威胁或产生不安时，会寻求被依恋对象的保护，倘若被依恋对象适时给予情感效用性和反应性时，则个体会产生强烈的"安全感"，并将其视为一种安全基地，在此可进行探索及冒险性的活动（Bowlby，1977）。

（二）成人依恋

自依恋理论提出后，其关注的焦点基本聚焦于婴儿心理方面，直到20世纪80年代的中后期，随着人格及社会心理学的参与，令有关依恋问题的探索延伸至成年人的研究领域。

研究者（Bartholomew，1990）依据依恋理论（Bowlby），在研究者（Ainsworth）对依恋行为类型的基础上提出了依恋焦虑和依恋回避两个潜在维度，并开发了一种2×2的成人依恋矩阵（如图5.1所示），该矩阵一个轴为关于自我的模式，即关于个体对自我价值的认知，另一个轴则是关于对他人的模式，即关于个体对他人信任程度，从而产生了4种依恋类型。其中，倾向于安全型依恋的人相信自己是有能力被爱的，同时也能够肯定和相信他人（Mikulincer，1998；Saavedra，Chapman，Rogge，2010）；先占型依恋的人自尊较低，而信任他人；冷漠型依恋的人不相信他人能够帮助自己，并过分的依赖于自己；恐惧型依恋的人则即不信任他人，同时自尊也较低（Bartholomew & Horowitz，1991）。

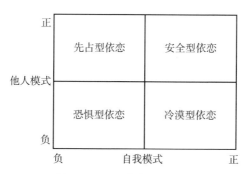

图5.1 2×2成人依恋矩阵

资料来源：Bartholomew K. Avoidance of intimacy：An attachment perspective［J］. Journal of Social & Personal Relationships，1990，7（2）：147－178.

（三）组织情境下的个体依恋模式

随着个体依恋模式研究的不断发展，研究焦点及涉猎领域的拓展，其研究视角关注到了组织情境，并开展了一系列对个体依恋特质与组织相关变量间关系的研究。研究者（Hazan & Shaver）在 1987 年的研究中，将依恋理论用在工作情境中，并证明了员工的依恋类型对其在工作中的行为与态度带来不同的影响。在近年来的探索中，研究者（Richards & Schat, 2011）发现个体依恋模式与离职倾向、助人以及情绪调节有一定相关性。安全型的依恋个体，相对于其他类型的个体而言，对待他人会表现出更大的同情心，且更愿意去帮助他人脱离困境（Mikulincer et al., 2005）。国内学者朱迪和傅强（2016）研究探讨了员工的依恋风格对其建言行为的影响机制，研究发现安全型依恋风格能够通过社会认同正向预测其建言行为，而其他依恋风格则与员工建言呈负相关。

此外，在探讨个体依恋模式中，若从维度角度出发，以往的研究中基本围绕依恋焦虑和依恋回避两个潜在维度进行研究。其中，依恋焦虑程度高的个体对其自身持负面态度，害怕关系受到威胁，通常会过度依赖他人；倾向依恋回避的个体则消极看待他人，不信任他人且否定关系的重要性，并且回避与人之间的亲密性（Brennan et al., 1998；Mikulincer & Shaver, 2005）。

（四）组织依恋

有学者发现，个体依恋模式中除了具有特定的通用模式（也称为一般依恋模式），还会针对不同依恋对象（如伴侣、群体、团队等）形成对应的依恋模式（Ballinger & Rockmann, 2006），也就是说，依恋不仅是一种个体专属且稳定的个人特质，而且也是一种在与被依恋对象相互影响下形成的一种依恋关系或情感认知（Ross & Spinner, 2001）。研究者（Kurdek, 2002）将关注点聚焦在员工对其领导的依恋模式上，并证明员工对领导的依恋模式与其对其他对象（如父母、伴侣）的依恋模式是相独立的，这种依恋模式会影响到双方的关系以及工作场所的绩效。李艳霞和杨永康（2015）在此基础上，依据行动理论和信息处理理论证实了员工对上司的依恋模式结构与其情感承诺之间的关系，发现个体对上级倾向依恋回避时，往往呈现较少的情感承诺，其中正向调节上级的依恋焦虑。研究者（Sujin Lee & Sukanlaya Sawang, 2016）关注了员工对项目团队的依恋模式，探索其与员工跨界合作行为的影响作用。研究表明，当员工具有较高的团队依恋焦虑时，往往更容易感受到团队之间的竞争，进而会试图增加其跨界合作的行为；而当员工对项目团队的依恋回避程度较高时，个体认为不需要得到团队的接受和认可，而不愿去构建团队的外部形象，便表现出较少的跨界合作行为。因而，该研究认为当项目团队的负责人和成员具有较高的团队依恋焦虑时，或许能更好地完成外部工作。

同样，在组织情境下，当员工面对繁重的工作任务，或是不得不做出不确定的工作决策，以及面临紧张的同事关系和工作压力的时候，也会出现像婴儿向照料者寻求照料一般向组织寻求支持的倾向，从中渴望获得条件上的支持或情感上满足，并且不断地在这种相处互动中形成相应的依恋关系和互动模式。正如一些学者证明的，当个体在与工作任务相关的环境下，或是在社会团队中，其对团队、组织的依恋模式会影响其认知、行为和情感（Lee & Ling，2007；Rom & Mikulincer，2003）。因此，国外学者不但探索了不同依恋类型的员工在工作中的行为导向，同时也已关注到员工的组织依恋模式。

1. 组织依恋的定义

组织依恋在学术界的发展还不是很成熟，以至于在国内还属于一个相对陌生的术语，搜索相关的研究文献也寥寥几篇。虽然组织依恋当前越来越受到关注，但对其明确定义在学术界还各执有不同的意见。研究者（Sahu & Pathardikar，2014）认为，组织依恋就是员工对所属企业的一种心理联系，即一种联结和依赖关系；也有学者认为，组织依恋是员工对其所在团队或企业的行为及情感投入（Tsui et al.，1991），研究者（Bolanowski，2007）认为，组织依恋是对组织的一种认同，这种认同应包括战略方向、企业文化、价值观、合法性等，对此有人认定组织依恋与组织认同的意义相似。在国内，研究者（Wu，2011）提到组织依恋是个体对组织的情感性依赖。林秀君（2013）将其总结为带着幼时的母婴依恋以及成人一般依恋的个体在与组织进行长期互动过程中形成的依赖关系。

综合各类学者的说法，可将组织依恋的概念理解为带有一般依恋特质的个体在进入组织后，在领导特质、组织氛围及环境的影响交互下，个体内在形成的相对稳定的情感依恋模式，并且该模式又反过来影响个体在组织环境下的认知、情感和行为。不同于组织承诺的是，组织承诺是种暂时性的情感状态，而组织依恋则是在长期人与环境的交互中形成的相对稳定且更深层的心理联结（Clair，2000），组织承诺是组织依恋模式的驱动下呈现出的行为表现。

2. 组织依恋的类型

研究者（Clair，2000）在成人依恋分类的基础上，把组织视为个体依恋对象，将其划分为安全型、焦虑型和回避型。并认为安全型组织依恋的个体信任组织，且同时被组织信任，且能相对客观看待自我，不害怕被不接受也不过分依赖组织；焦虑型组织依恋的个体担心被组织抛弃，害怕组织不是真正的关心自己，通常渴望依于组织；回避型组织依恋的个体很难信任组织，当组织对个体表现出相对关心的状态时，个体会感到不自在而倾向于拒绝或回避。

林秀君（2013）依据焦虑（对自我积极/消极）和回避（对组织积极/消极）两个维度将类型总结为四类：①焦虑型组织依恋（高焦虑、低回避），即当个体面临挑战或冲突时，由于对自我评价不高，从而希望组织给予关注或帮助，若此时组织未及时给出相应的回应，个体则引起负面情绪，或出现一些略激烈的行为以博得关注；②回避型组织依恋（低焦虑、低回避），即当个体遇到问题或冲突，并寻求组织支持遭到拒绝或阻碍时，会产生防御性心理，从而回避与组织接近，并依靠自身能力去处理问题；③安全型组织依恋（低焦虑、低回避），即当个体面对挑战和冲突时，组织对个体的需求做出了及时的回应，令个体感知到组织的支持并有能力去应对负面的情绪和挑战，从而在与组织间的影响中产生较好的互动关系；④混乱型组织依恋（高焦虑、高回避），即个体在与组织的互动中对自我和组织的评价与信任均持否定态度，在组织中投入的情感较少，且与组织关系相对疏离，应对能力又较弱，但又不善于求助于他人，使得工作完成情况不如人意。此外，这四种类型中焦虑、回避和混乱型依恋均可归为非安全型组织依恋。

3. 组织依恋的测量

由于组织依恋目前的研究并非十分成熟，以至于在测量上仍未出现相对权威且可操作性的量表，因此多数学者采取两种方式进行：①大多数的西方学者以其他变量来代替测量，例如将组织承诺、组织认同、工作投入、工作满意度、缺勤率、离职倾向等变量相结合。②在成人依恋领域中的已有量表上进行改编。在成人依恋量表中，研究者（Brennan，Clark & Shaver，1998）编制的"亲密关系经历量表"（Experiences in Close Relationships Inventory，ECR）是目前国外采用最为广泛的量表，该量表在 2006 年得到了翻译，进一步促进了该量表在国内的广泛使用。在组织依恋研究领域，组织被拟人化为被依恋对象，因而在测量上很多学者选择在该量表上进行改编。研究者（Sujin Lee，2016）就在该量表的基础上改编了一组包含 6 个题项的依恋量表来测量个体组织/团队依恋模式。在国内，也有学者针对我国企业员工的组织依恋构建了维度结构并开发了对应的调查问卷（李晓阳，2011；沈涛，2015；陈玉玲，陈维政，2017），只是目前未得到广泛使用。

4. 组织依恋模式的影响因素

组织依恋是个体与组织长期相互影响中形成的依恋关系（Ross & Spinner，2001），因此在整个相互影响过程中，其中的影响因素就值得探索。由于组织依恋本身相关研究较少，因而在已有文献中对其模式的影响因素的讨论也相当有限。

其中，主要的关注点在于领导风格对个体组织依恋模式的作用。例如变革型领导通常能为员工做好正面示范，可为他们提供适当的引导、安排及照应，能及时地回应员工需求，从而促进员工形成对组织的安全型依恋（Popper et al.，2000）。研究者（Molero，2013）也证明了变革型领导与员工的安全型组织依恋具有正相关关系，并发现被动型领导会增强员工的非安全型组织依恋，而交易型领导则与个体焦虑型组织依恋有一定正向关系。此外，真诚领导通常与员工的安全型组织依恋有正向关系，并与其非安全型组织依恋呈负向关系（Hinojosa et al.，2014；Rahimnia & Sharifirad，2015）。

个体在组织中除了与领导会产生特定对象的依恋交互，同样会与一起共事的同事产生情感上的交互与影响。与青少年和同伴的依恋模式形成类似，个体与同事形成良好的合作及相互促进的关系时，不仅利于其在该过程中得到必要的人际支持，满足自身情感需求，而且进一步促进其工作动力。当然，在这个过程中，被依恋对象并非所有同事，而是在交往过程中具有一定的选择性，刘廷华（2007）认为就像个体在选择同伴、朋友一样，通常会选择一些能够满足自身情感需求，或与自身具有相似价值观与经历，能够激发共鸣的同事作为被依恋的对象。

陈维政和陈玉玲（2017）通过相关研究总结和访谈，探讨了组织依恋在中国情境中的影响因素，并将其归为五类：①领导风格。研究者（Lewin，1939）最早在领导风格上提出的民主式领导、独断式领导和放任式领导被认为与组织依恋存在着更为密切的影响关系，即民主式的领导能够给予下属一定自主权利同时能适时为下属提供一些必要的帮助，因而促进了安全型依恋模式的形成；放任式领导会让员工完全放手去工作，使得员工的独立性不得不提高且与领导、与组织的关系并不密切，从而容易促使回避型依恋模式的形成；独断式领导控制性强，员工为确保自身不犯错，而过于依赖领导的监管，从而易形成焦虑型组织依恋。②人际氛围。当人际氛围处于和谐状态时，就能促进安全型组织依恋的形成；当和谐程度较低时，若人际间的紧密程度较高则易形成焦虑型组织依恋，紧密程度较低时则促进了回避型组织依恋的形成。③组织文化。陈维政和陈玉玲（2017）推测发展式组织文化和团队式组织文化中，员工与组织能够保持一个相互信任且具有良好的情感联结的状态，促使形成安全型组织依恋；市场式组织文化具有一定的目的性和高效性，不关注人的内在情感，易产生回避式的依恋；官僚式组织文化注重秩序规则，加强了员工对领导、对组织的依赖性，强化了焦虑型组织依恋。④组织投入。当组织对组织成员具有较高的物质和发展性投入时，促进了安全型依恋的形成；当两种投入均不高时，员工往往对组织产生不信任感，增强了回避型组织依恋；而倘若组织在对员工的两种投入中只有一种较高时，组织对个体需求回应不稳定，增长了组织依恋焦虑的形成。⑤工作场所特征。实际工作场所中，能够确保员工工作基本要求的健康安全场所和充满舒适和人性化的场所均能产生安全型组织依恋，而会带来一定伤害及威胁的场所则助长了非安全型组织依恋的形成。此外，该研究还提到了个体特质对组织依恋的形成存在很重要的影响作用和调节作用，研究者（Neustadt，2011）认为，个体的大五人格、自尊等特质均对组织依恋模式的形成存在相关关系，而目前在个体的个性特质上的研究更是少之又少。

5. 小结

综上所述，个体依恋相关研究是从婴儿时期与其照料者的依恋模式，随着研究发展，到个体与其他被依恋对象在交往互动中形成不同的依恋关系，再由这种针对人的依恋延伸到对事物，进而到对团队、组织，甚至可能上升到国家、人种等大范围的群体依恋的这样一个发展过程。在组织依恋领域，其研究在国外还未发展得非常成熟，在国内则更是一个陌生的名词。从以上综述中也可看出，在其定义、类型以及维度划分上均未得到相对统一或权威的说法，甚至在测量上部分研究也只是选取相近的变量进行组合，从而生成相对可操作性的问卷进行测量。在组织依恋的研究中，更多且相对被认可的做法还是基于成人依恋的研究基础上，将组织视为一个被员工依恋的对象进行探索，包括在测量量表上也更倾向于在成人依恋量表上进行改编。相对于组织依恋前因变量的研究，其结果变量的研究更少，且大多只是在组织情境下，研究不同依恋模式的个体与其某些组织情感、行为或认知的相关关系，以及研究个体对上级或工作团队的依恋模式。例如焦琳琳（2013）探索了国有组织成员的团队依恋模式对工作绩效的影响关系；杨琴（2017）发现下属对上级的不同依恋模式会影响其创造力。因此，无论是组织依恋的前因变量还是结果变量都存在着很大的研究空白和不足，本章研究则力图针对其结果变量进行进一步探索。

二、工作不安全感研究综述

20 世纪 70 年代，美国开始出现财政困难，政府为减少开支，使得很多企业、工厂、单位面临削减员工人数，某家国立医院因为相关政策的改革使很多病人出院，对医护人员的需求也相应减少。学者（Greenhalgh & Rosenblatt，1984）通过与该医院医护人员的沟通发现，这些员工均对失去工作有着不同程度的担心，通过进一步的访谈和调研发现，这些员工担心的不仅仅是可能失去物质收入和职业发展机会，还担心一些关于心理契约违背方面的问题。这一发现，使得"工作不安全感"出现在学术界的视线中。在国内，随着改革开放的不断深化企业经营环境发生了剧烈变化，民营企业日益崛起，市场竞争日趋激烈，为了提高竞争力，企业不得不采取一些例如业务/人头外包、临时短期雇用、裁员、末尾淘汰制、组织并购重组的措施（Sverke & Hellgren，2002）。这一番改革发展，使得员工不再存在于那个"包分配""铁饭碗"的时代，这一系列的组织变革措施，使得员工在激烈竞争下好不容易谋得一份合适的工作后还面临着淘汰、失业的风险。从而工作不安全感现象在职场中随处可见，近年来也得到了学术界的广泛关注。

（一）工作不安全感的定义

最初研究者（Greenhalgh & Rosenblatt，1984）在研究工作不安全感的含义时，认为其是个体在组织中被迫遇到障碍时，对维持工作的连续性所感到的某种无能为力的感知状态。其中，员工所受到的威胁通常可以分为两个部分，即失去工作特质和工作本身两个维度，并且相比于威胁到工作本身，失去关键性的工作特质所产生的负面作用更大且更容易被忽略。而这种定义被认为存在局限性（Pearce，1998），并被认为是一种以工作视角为基础的定义。研究者（Pearce，1998）将工作不安全感视为一种客观存在。研究者（Elst，2014）则不同，他们认为工作不安全感更是种主观感受，并且与员工对环境的认识和感受相关。综合各类说法，学者（Witte，2005）将工作不安全感视为员工对失业威胁的感知及对其相关方面的担心，其中包括了客观上对可能失业的认知和情感上对失业的担心，突出了一种非自愿和无助感的核心特质。学者（Mohor，2000）也指出工作不安全感不仅是个体的主观感知，同时还是基于客观存在的现实情境。因此，依据此类定义，可把工作不安全感概括为两部分，即个体在组织情境中，对失去工作相关的客观风险认知和情感上对该风险的无力感。

在维度上，工作不安全感可以分为单维和多维，研究者（Hellgren & Sverke，1999）基于以往研究，提出了一个多维概念，即数量和质量两种工作不安全感。其中，数量工作不安全感是个体在组织中，害怕丧失工作，而质量工作不安全感则是指员工感知到自身与领导或与组织间关系将受到损害的程度，即一种主观感知。在国内，有学者依据员工对工作担忧的不同方面，将其划分为工作现状和工作预期（冯卫东，2014），工作现状指员工对当前岗位的影响力、获取的资源、薪酬福利、特征以及所带来的人际关系等方面的担心；而工作预期则是针对工作的稳定性、持续性等等方面的担忧。

（二）工作不安全感的测量

依据上文可知，工作不安全感在维度划分上可以是单维度的也可以是多维度的，因而在量表测量上也以单维度和多维度进行区分。在单维度量表中，主要从整体观的角度出发进行设计，其中使用最为广泛的还是研究者（Caplan，1975）设计的4道题项量表。研究者（Lim，1996）在该量表的基础上，设计了6项目量表测量工作不安全感。此外，研究者（Sverke）在2003年编制了共含3个题项的工作不安全感单维度量表。在多维度量表内，为了相对全面的诠释和测量工作不安全感，研究者（Borg & Elizur，1992）设计了共包含9个题项的双维度量表，认知性和情感性工作不安全感分别由6个和3个题项进行测量。此外，研究者（Hellgren & Sverke，1999）在提出数量和质量工作不安全感两维度后，也设计了相应的双维度量表。在国内，具有代表性的量表还是胡三嫚（2008）分别从失去工作、任务执行、晋升福利、激烈竞争与工作关系五个维度设计的相关不安全感量表。

（三）工作不安全感的前因变量

在个体因素里，研究者（Sverke，2006）发现人口统计学变量中，均对工作不安全感有着不同程度的影响。其中影响最为显著的是个体年龄，通常处于承担家庭生计的员工（一般在30~50岁之间）在更多的现实压力下会有更高的工作不安全感。此外，还有组织的用工类型（编制内的合同工、派遣工或其他临时工）、教育水平、社会地位、人种等因素对工作不安全感均有影响（Fullerton & Wallace，2007）。具体来说，技术工人、技能低的员工、非长期编制内的合同工通常工作不安全感相对更高，并且对应的失业可能性也更大。从个体个性特质及人格方面而言，研究者（Roskies，1993）认为，个体在长期感知到工作不安全感通常会被视为形成一种慢性压力，从而其中的人格因素必须得到重视。有研究表明，个体的内在控制点、自尊、角色模糊均与个体工作不安全感存在相关性（Sverke，2006；Ashford，1989）。

此外，组织及某些外部社会经济环境也对个体工作不安全感有一定影响关系。研究表明，来自组织、家庭及其他社会来源的支持能够给予员工心理安全感，降低工作不安全感，而组织重组并购等变革措施、流程再造、业务及人才外包等政策和措施对组织经营发展及员工个人带来了不确定性的环境，随之增加工作不安全感（Sverke et al.，2006；Ashford et al.，1989；Kinnunen et al.，1994）。从更宏观的层面看，大环境下的就业率、失业率、经济波动、科技发展速度、劳动市场中供给需求等均对工作不安全感有显著的影响作用（Fullerton & Wallace，2007）。

（四）工作不安全感的结果变量

在工作不安全感的结果变量探索中，基本以负面结果为主，并且可从员工和组织两部分进行区分。从个体层面上看，工作不安全感作为一种个体对企业及工作的负面感知，最初会在情绪上得到体现，而在长期影响下会对个体形成内部压力。研究者（Cuyper，2014）通过实证研究证明当员工有较高的工作不安全感时，为了进行印象管理，而有意地产生树榜样行为，进而导致员工情绪耗竭。在情绪背后，员工的身心健康也随之受到影响，研究者（Ferrie & Shipley，2002）证明慢性工作不安全感与较高的发病率有一定关系，研究者（Blyton & Bacon，2001）也指出其与心理疾病也存在显著的正向关系。可见，较高的工作不安全感均负面影响了员工的情绪和身心健康。从组织层面上看，在工作中也带来了不确定性和较低的控制感，使得员工对其工作上的认知、状态、情感均产生负面问题，例如，工作满意度、心理契约、组织承诺以及相关幸福感等（Huang et al., 2010）。周浩和龙立荣（2011）通过配对数据的实证分析，证明个体的工作不安全感与个体的创造力存在着倒"U"形关系，并且该关系受到创造力自我效能的负向调节。在与创造力的关系研究中，张小林等人（2014）证明了员工工作不安全感通过心理资本对个体创造力产生负向关系。

（五）小结

综上所述，工作不安全感是近年来，经济快速发展所呈现出的就业问题，以及企业经营政策方面出现的变革所应运而生的一种组织感知状态。个体的工作不安全感包括了员工对持续保持所在岗位工作状态的担忧和对组织、领导、工作本身情感方面的患得患失。当组织中个体具有一定工作不安全感时，通常伴随绩效降低、离职倾向提高、抗拒管理等，对于员工个体而言，其身心健康、情绪消沉、工作—家庭冲突等问题也不断突出。在工作不安全感的相关研究中，虽已有部分内在机制已得到证明，但仍具有探索空间，尤其是中国背景下，在组织层面的影响机制研究。本章研究就针对该研究空白，进一步补充探索，争取为其相关研究提供更多的理论依据。

三、组织心理所有权研究综述

（一）组织心理所有权的定义及内涵

组织心理所有权最初产生自法学领域所说的所有权，指个体认为某事物（可以是实体也可是非实体）或该事物其中一部分是"他们自己的"这样一种意识状态。心理所有权的关键特征为个体对目标事物所具有的强烈拥有感（Pierce, Kostova, Dirks, 2001）。其中，这里的目标事物可以是特定的某个物品，也可以是某个虚拟的事物，在组织心理所有权中，该目标事物可以是个体所在的整个组织，也可以是组织内其中的某个部分或方面，例如工作项目团队、工作岗位本身、或某样设备，等等。当个体对其所在企业具有较高的所有权时，便会形成"这个组织是属于'我的'组织"的想法，从而就形成了组织心理所有权（王沛、陈淑娟，2005）。

研究者（Pierce, 2001）提出，员工的组织心理所有权来源于个体的三种需求：效能感、自我认同和对立身之地的需求。具体而言，效能感是个体通过自身能力对组织或组织中某一方面进行影响及改变所产生的某些效能感；在这种与组织之间相互影响、相互联系的过程中，个体会对自身形成自我认知并维持这种稳定认知，即为自我认同；同时，个体会对所处组织产生认同，并产生归属感，在这个组织空间内个体会感到安全和舒服，即满足了其对立身之地的需要。在这个组织心理所有权的形成中会受到各种因素的影响，因此下文将对组织心理所有权的影响因素进行总结。

（二）组织心理所有权的前因变量

在组织心理所有权的前因变量相关文献中，通常涉及三个方面。

1. 员工个体因素

有研究表明，从更为显性的个体因素来看，员工的年龄、工龄、职务级别、受教育程度均与组织心理所有权存在一定影响关系（储小平，2005）。从内隐性的个体因素来看，个体的控制源为内控时与组织心理所有权存在相互影响关系（McIntyre，Srivastava & Fuller，2009）。

2. 组织因素

研究证明，组织支持感和各维度对员工组织心理所有权有着不同程度的促进作用（杨连杰，2013）。贾传秋（2012）发现组织公平正向影响着组织心理所有权。此外组织中员工的自主性，以及参与决策程度也均对其有一定影响作用（Wagner，Parker & Christiansen，2003；Han，Chiang & Chang，2010）。

3. 领导特质

领导作为员工在组织中直接面对的引领者，其对员工感知上的影响是最为直观的。例如研究者（Bernhard & O'Driscoll，2011）认为，变革型领导往往能正向促进下属的组织心理所有权；李锡元（2013）认为，变革型领导能通过组织心理所有权间接作用于下属的当责行为。此外，变革型领导，家长式领导、交易式领导均能在不同程度上正向促进员工的组织心理所有权。而权威型领导则负面影响了员工的组织心理所有权，进而在上下级关系的调节下对员工沉默行为产生影响（李锐，凌文轻，柳士顺，2012）。除了这里提到的员工当责行为和沉默行为，组织心理所有权为组织在经营发展过程中还带来了不少影响作用和意义。

（三）组织心理所有权的结果变量

组织心理所有权作为员工在组织工作生活中得到情感上满足的一种表征，其为员工在工作中带来了内在驱动力，从而使得员工的态度、工作行为均往积极的方向呈现，增加了员工的责任感（王沛，陈淑娟，2005），同时学者（Pierce，2001）以及学者（Vandewalle，1995）均认为，个体的心理所有权与其角色外行为呈正向关系，其中可包含员工的组织公民行为、管家行为以及代替组织承担风险等。在探索组织心理所有权与组织公民行为之间的正向关系中，陈浩（2011）

证实了组织认同在其中起到中介作用，薛丽芳（2009）则发现规范与情感承诺间接促进了员工组织公民行为的增加。此外，还有学者发现，个体的组织心理所有权能增强员工对工作目标的自我投入和自我控制，与员工的承诺、工作投入以及职业满意度均有正相关关系（Pierce，1991，2001；Vande Walle et al.，1995）。

（四）小结

综上所述，组织心理所有权是员工在与组织互动中所得到的对组织的个人所得感和拥有感。组织心理所有权相关问题的探索在国外受到一定关注，而国内还并非十分成熟。在已有文献中，许多关系的研究均只是理论假设，并未通过实证进行证明，同时在前因变量和结果变量的影响机制研究中还存在很多研究空白。因此，本章研究在此理论基础上，针对这些不足，进行进一步的探索。

四、合作规范研究综述

合作规范是群体/团队规范从合作角度出发衍生而来的一个维度。群体规范，被定义为合法、合理的且社会或某个群体/团队共享的一种行为标准，以此来评估该群体/团队成员行为的适宜性（Birenbaum & Sagarin，1976）。这种行为规范及标准是在组织或团队的倡导下以及在团队成员长期的实践交互下逐步形成，且受到群体/团队成员的一致认同和遵守。反过来，这种行为标准影响着成员如何相处、如何做出决策和如何克服困难。研究者（Gibbons & Weingart，2001）通过研究证明，群体/团队规范影响着群体/团队内成员的个体绩效，并且这种影响关系取决于工作任务的特质和群体/团队规范的性质。

规范是一种相对稳定且受成员影响的行为模式（Bettenhausen & Murnighan，1991），尤其是群体的合作规范，其反映了群体成员对共同追求、共同目标、共同利益和成员之间的共同性的重视程度（Wagner，1995）。从定义上来说，群体/团队的合作规范是指群体/团队成员间通过相互合作及互动所建立起来的，并且最终影响团队合作行为的一种共同期望和行为导向。

群体/团队合作更多取决于团队任务的特质，但更多的是，团队的目标最初就已明确，只是实现这些目标的方法是由团队自行决定的（Hackman，1987）。研究者（Francis，2001）基于社会分类理论，探索了团队异质性与团队成员对团队合作规范感知的关系，依据对学生群体和在职管理团队的观察调研发现，成员人口统计特征差别越大，其成员在群体/团队中对合作规范的觉知就越低，而随着时间的推移，这种效应逐渐消失。有趣的是，随着时间的推移，相对于同质性的团队，那些团队异质性越高的团队成员对合作规范的感知变化更大，并显现出更加合作的趋势。

在以往的研究中，更多的是以群体/团队规范为焦点进行研究，其中包括群体规范与创新绩效、同事压力、团队合作、团队认同、亲社会行为（Eng，2002；魏光兴，张舒，2017；梁青，杜江，2016；师晓娟，杜青龙，2013）。合作规范作为其中的一种视角或一个维度，是某群体或团队在相互影响与磨合中形成的，这种合作意识与规范最初通常是群体或团队的有意引导，并在成员间长期相处中形成的意识倾向。而这种行为引导或意识倾向是各成员一致接受并遵守的，是能被成员们深刻感知到的。其存在形式可以是客观存在的规范条例，也可以是无形中约定俗成的规范导向，因而在研究与测量上，以群体/团队成员或员工在工作情境中所感知到的合作规范为对象。此外，相对于群体/团队规范而言，在已有研究文献中，合作规范的相关研究寥寥数篇。从理论上来说群体/团队的合作规范与群体/团队规范相似，对组织中的行为、状态、认知及情感具有不同程度的影响作用，这也就构成了相应的研究空白。因此，本章研究关注到该研究不足，并力图对其进行研究补充。

第三节　本章研究假设

一、假设提出

（一）组织依恋焦虑/回避与员工沉默行为

依恋理论指出（Bowlby，1969），人类的基本生存与持续发展具有两大必要的行为机制，即依恋和探索系统。也就是说，当个体的依恋系统是稳定且处于安全状态时，其被依恋的对象可被视为个体能够进行探索与发现活动的安全基地。研究证明，个体与被依恋对象之间要建立安全型的依恋模式，需要满足 4 个条件：①保持亲密，即个体在需要时能够与被依恋对象在客观距离或主观情感上的距离保持亲近；②个体将被依恋对象视为安全港，使得个体在与被依恋对象亲近时能够在情感上得到安慰；③将被依恋对象视为安全基地，当个体在所谓的安全基地内时，能够继续进行探索性、冒险性的活动，从而得到自我发展；④经历分离痛苦（Hazan & Zeifman，1994）。

由以上论述可见，这是一种认为探索依赖于依恋的观点。该依恋过程可用安全基地图式来解释，即当个体在遇到困难、障碍或威胁、刺激时，本能地向其被依恋对象寻求帮助或情感上的安慰，当这个被依恋对象能够及时地出现在身边并提供相应的援助，则与该被依恋对象的亲近能使个体在感到安慰的同时减轻当下的痛苦，进而能够继续且更好地从事其他活动，尤其是一些探索性、冒险性能够实现自身价值的活动。这样的过程也就是个体在压力情境下，从各个方面对被依恋对象的及时响应性与可利用性进行预期（Waters et al.，1998）。因此，当个体呈现安全型依恋模式时，通常会伴随积极性的认知、情绪、态度与行为。正如研究发现，当个体与被依恋对象处于安全性依恋模式时，个体的自我评价提高了，同时个体更倾向于自我表达、以诚待人、较少的谎言与欺骗，同时更愿意寻求与其他对象的亲近，更多地呈现助人与利他行为，促进创造性问题的解决，等等（Baldwin，1994；Pierce & Lydon，1998；Mikulincer & Arad，1999）。

在组织情境下，个体在向组织寻求亲近与依恋的过程中同样存在这样内部机制的形成模式。已有研究发现，在组织情境下，个体的依恋模式与角色外行为有对应的相关关系，例如组织公民行为（Desivilya et al.，2006；Little et al.，2011）、创造力（朱丽娜、李宏利，2015）等。在组织行为中，员工的沉默行为作为一种个体隐蔽性行为，其背后动机往往出于个体对组织的各种担忧与漠视（郑晓涛，2008），即个体并不相信组织能为其提供相应的条件上支持或情感上的鼓励去表达内心的想法。从本质上来说，在组织环境下，将内心真实的想法表达出来，从而解决工作中的实际问题或完善组织的经营发展是一种积极的角色外行为，可视为组织公民行为（Dyne & Lepine，1998）。同时，在该行为过程中会伴随着一定风险，例如被同事贴上负面的标签、在领导面前形成不好的印象，等等，可被视为一种冒险性行为。并且很多沉默个体还认为即使自己表达了内心想法和建议也未必会受到领导和组织的重视，起不到任何效果。这种种原因都会使得员工认为在工作中，表达建议无法达到预期的效果，并可能给自身带来负面影响。而这样的想法都是个体与组织在长期的交往互动中形成的认知，是个体对组织能够及时恰当的为其提供良好回应的质疑，体现了个体对组织的不安全依恋。朱迪和傅强在2016年研究中，通过实证分析证明员工的安全依恋模式、反依恋模式、过度依恋模式会对社会认同产生对应的影响，并且通过社会认同对个体建言产生进一步的作用，同时受到上级辱虐管理的正向调节作用。基于此，本研究认为个体对组织的依恋模式与员工的沉默行为具有相关关系，即得到假设1。

假设1：个体的组织依恋模式与员工沉默具有相关关系。

员工的组织依恋模式从衡量维度上看，通常可划分为员工对组织的依恋焦虑和依恋回避。其中，组织依恋焦虑是指员工对可能与组织分离或者被其抛弃的担忧程度（Brennan，Clark & Shaver，1998），即组织依恋焦虑程度较高的员工对自身能力等各个方面持消极看法，自尊较低，常常担心所处组织、部门或团队不是真正地接纳自己，害怕失去与组织的亲密关系，对组织及其成员过度依赖。依恋回避是指员工与所处组织、部门或团队的亲密度以及该员工在情感方面的独立性，即组织依恋回避程度较高的员工对组织及组织内其他个体（领导、同事）的亲密关系持消极态度，他们否定人际关系的重要性，并且回避情感上的亲密性（Mikulincer，Shaver，2005）。

研究者（Richards，2011）在关于依恋焦虑与依恋回避的研究中，证实其在一定程度上能够预测个体的积极与消极的情感、离职意愿与组织公民行为。当员工对组织的依恋模式倾向于依恋焦虑时，该员工会担心不被组织接受，被组织中其他成员孤立。当面对组织中一些问题需要指正或有些完善工作的想法需要表达时，这类员工会考虑到他人的利益、感受而迟疑，若表达存在会被贴负面标签，从而被视为异己者的风险时，该员工则更倾向于"明哲保身""沉默是金"的策略。因此，本研究推测当员工对组织的依恋模式倾向于依恋焦虑时，通常表现出较频繁的沉默行为。此外，当员工对组织具有较高的依恋回避时，该员工回避与所处组织、部门或团队亲近，拒绝组织或团队成员身份，在工作中的思维角度均以个人出发，行为也以自我立场为中心。面对工作中的某些问题或组织经营发展上的一些建议，也会因为与组织关系较远而认为没有必要去表达或认为即使表达也达不到预期的效果。对此本研究推测，当个体对组织的依恋模式倾向于依恋回避时，员工的沉默程度也同样越高。综上所述，可得到假设1a和1b。

假设1a：组织依恋焦虑与员工沉默行为具有显著的正向关系。

假设1b：组织依恋回避与员工沉默行为具有显著的正向关系。

（二）组织依恋焦虑与工作不安全感

依恋理论认为，个体在经历各种人际交往问题的过程中，相对于非安全型依恋个体，依恋模式是安全型的个体会更有优势。当安全型的个体在受到刺激或遇到阻碍，并需寻求外部支持时会采取安全基地策略。这种策略属于一种初级的依恋策略，也就是在个体受到伤害，需要被保护并寻求被依恋对象亲近的这样一种天生的依恋策略（Bowlby，1982，1969），也被称为"安全策略"。在组织情境下，依恋安全型个体对自我的能力以及组织中的人际关系、相处模式均较满意（Fraley & Davis，1998），通常能与组织中的其他成员在保持尊重与相互独立的基础上，维持一种亲近关系，并且相互信任与忠诚（Feeney et al.，1994），能以一颗接纳、宽容的态度对待所在组织、部门及团队中的一些不足与问题，同时能够热忱、积极地投入工作。

非安全型个体（依恋焦虑或依恋回避维度得分较高的个体）在受到刺激或威胁时通常采用的却是次级的依恋策略。这类次级策略也被称为激活策略（Cassidy & Kobak，1998），即应保持敏感状态，通过尽可能地亲近被依恋对象来得到安全感。其中，包括过度激活和去激活策略，是个体在与被依恋对象长期交互过程中，采取安全基地策略但未得到预期效果后个体为了得到相应的安全感，减少当下情感上的痛苦或压力，更好地克服眼前的问题和挑战，以适应当前环境所需采取的防御性策略。其中，过度激活策略是对人际关系及依恋关系中威胁性的信号过度敏感与警觉，对被依恋对象过度的关注的这样一种情绪调节策略；而去激活情绪调节策略则是通过压抑及回避来强制性的抑制系统激活，这种次级策略（Mikulincer & Shaver，2003）。

通常来说，依恋模式倾向于依恋焦虑的个体在面对威胁时会不自觉地采取过度激活的策略（Bartholomew & Horowitz，1991）。在组织情境下，倾向于组织依恋焦虑模式的员工在与组织的每一次交互中，都会觉察到威胁，并且夸大这种威胁的潜在负面结果，以及对该威胁的负面情绪，增加对该威胁担心的考虑频率，令这种负面情绪与结果在记忆中保持活跃度（Shaver & Mikulincer，2002）。久而久之，该类员工便形成了长期的焦虑情绪、过度关注所在组织、团队及其他成员，因害怕被孤立和不接受，而对于一些看似被其他成员排斥的感知更为敏感。正是这种对不被组织及组织成员接受和被孤立的感知越强，在这个工作没有万全保障的经济大背景下，就越担心自己失去工作（O' Reilly，2009）。员工的组织依恋焦虑作为不安全依恋模式，其背后本身就带有低自尊的表现（Bartholomew & Horowitz，1991），而低自尊也与安全感有着密切的预测关系（牛宙等，2014）。

从工作不安全感的含义出发，其与组织情境下的各类负面情绪都有着一定联系。胡三嫚等人（2007）在工作不安全感的相关探索中，证明数量性工作不安全感与个体焦虑、忧虑存在着正向关系，而质量性工作不安全感与低自尊存在密切关系。综上所述，本研究推测员工的组织依恋焦虑较高时，更容易感受到失去工作的风险和危机，从而得到假设2。

假设2：组织依恋焦虑与工作不安全感具有显著的正向关系。

（三）组织依恋回避与组织心理所有权

由上述个体的依恋策略可知，对组织持有安全型依恋模式的员工，在与组织的长期交互过程中，能够了解到组织及其中的成员是具有良好意图，并能给予自己一定帮助与情感支持的，同时也相信自己在组织的协助下有能力克服工作中的困难和障碍，工作中的压力是可以通过自身学习和努力得以管理的，即形成这样一系列的"安全基地脚本"（Waters et al.，1998），得以采取安全策略来应对组织中的问题。组织依恋模式倾向于依恋焦虑的员工，则因内在的恐惧与焦虑，以采用次级依恋策略中过度激活的策略来面对与组织间的互动关系与问题。

对于倾向于组织依恋回避的员工，在与组织的长期交互过程中，因常常未能得到组织的及时支持，认为向组织寻求亲近是没有意义的，形成与组织亲近的惰性和抑制性，进而导致其依恋策略倾向于回避亲密关系，依靠个人去克服障碍并压抑当下的压力感和痛苦，也就是上文所说的去激活策略（Cassid & Kobak，

1998）。依据已有研究，组织依恋回避得分较高的员工在与组织及相关团队和其他成员之间的亲密关系中，通常呈现出较低的亲密以及情感投入，对于自身的负面情绪和自我评价均受到抑制，并将这种负面的情绪和评价投射向外部（Dozier & Kobak，1992；Fraley & Shaver，1997）。

组织心理所有权作为一种员工在组织情境中体验到的归属感和拥有感，在其形成条件中就表明了，员工需要在组织工作中通过一种控制和影响力来获得自身的效能感（Pierce，Kostova & Dirks，2001）。并且杨连杰在 2013 年的研究中也证明了组织支持感及其各个维度对员工组织心理所有权有着不同程度的促进作用。而组织依恋回避模式的形成正是在一种缺乏组织支持感、归属感的情境下形成的依恋模式。在该模式的驱动下，个体因认为难以得到组织的回应，自身缺乏对组织的影响力和控制感，而倾向于与组织保持距离，减少归属感，以压抑内在的失落感、焦虑、失控感等负面情绪，即去激活策略。因此，本研究推测倾向于组织依恋回避的员工通常呈现出较低的组织心理所有权，即得到假设 3。

假设 3：组织依恋回避与组织心理所有权具有显著的负向关系。

（四）工作不安全感的中介作用

资源保存理论认为（Hobfoll，1989）组织中的成员总是在尽力维护、保持与获取被他们视为重要的资源，而这些资源的损失（包括实际损失与潜在损失）会使其感到威胁。其中的重要资源可以包括个体特质、条件、能量以及获取资源的方法与手段。在组织情境下，由于组织资源有限，当员工在与组织及其他成员的互动下，感知到自身资源可能受到损失，或者获取资源的渠道及机会会变少，并且在这种资源减少的过程中还得不到预期的回报，则员工就会产生不安全感。并且当员工处于资源损失的主导状态时，资源的损耗使得员工对保护现有资源的意识更多于获取其他资源的意识。

员工对组织的依恋模式倾向于依恋焦虑的情况下，该个体面对工作中的一些问题或障碍，不自觉的会采取过度激活策略，进而过分的关注事件发展过程中的负面情况，强化被孤立、被不接受的焦虑和恐惧等负面情绪。在这个过程中，员工的条件资源和能量资源因过度敏感而受到损耗，同时产生对其岗位及其工作所对应的相关特质，例如职位晋升等，受到威胁的一种主观感受，提高了工作不安全感（Rosenblatt & Greenhalgh，2010）。在这种威胁感和工作不安全感的驱使下，不仅能量资源受到损耗，当前的工作岗位、经济地位等物质资源也存在损失的风险，使得员工不得不采取保护现有资源为主导的策略。而表达个体内心的真实想法是一种将个体知识性资源提供给组织及相关成员的行为，属于一种资源消耗的行为。而在表达建议与想法的同时，也面临着实现预期效果和未得到预期效果的不同结果，若未得到预期效果，则可能存在被忽视、造成负面影响、给他人带来负面境遇的风险，这是种可能会带来更多资源损耗的冒险性行为。在这种情况下，员工更会出于防御而保持沉默，以尽可能地保护好现有资源。

对于安全型组织依恋的员工（组织依恋焦虑和组织依恋回避维度得分均低的个体）而言，在与组织互动下形成的安全依恋特质成为该员工的特征资源，在面对组织工作中的种种挑战，通常采取安全依恋策略，并在此过程中将这种特征资源转化为个体能量资源（郭薇等，2011），例如表现为较高的工作安全感。在获得资源增值后，依据资源"增值螺旋"效应，个体更愿意将现有资源输出以获得其他新的资源，例如通过表达内在的看法与建议使得问题得以解决，组织经营得以完善，并从该过程中获取组织或领导的认可、更多的组织支持、自我价值的提升等其他资源。而对于潜在的资源损耗风险，该员工的现有资源也有能力抵御。

在已有相关研究中，张璇等人（2017）基于社会交换理论，证明了个体工作不安全感在其心理契约破裂与员工沉默之间的正相关中起到间接效应，并且这种间接效应受到上下级关系的正向调节。可见，员工的工作不安全感对其沉默的相关探索中具有密切的作用关系。基于上述理论综述，本研究推测个体的组织依恋焦虑通过工作不安全感对员工沉默产生影响，即得到假设4。

假设4：工作不安全感在组织依恋焦虑与员工沉默行为之间起中介作用。

（五）组织心理所有权的中介作用

资源保存理论从投入与产出比的角度出发，认为当个体在投入大量被其视为重要的资源，但结果却未得到适当的回应时，个体会产生资源失衡的感知，造成情绪耗竭（Hobfoll，1989）。正如组织依恋回避在形成过程中，员工在寻求组织支持时总是未得到预期回应，而使其对组织的积极认知、个人情感等条件资源和能量资源均受到损耗，形成"向组织寻求帮助没有用处"的回避认知。进而在去激活策略的驱使下，当其面对资源失衡及情感耗竭的感知时，为压抑这种负面情绪及相关影响而采取回避与组织间的情感互动，降低组织心理所有权。当个体对组织的归属感和拥有感降低后，相应的责任感也随之降低（Pierce，2001）。在评估资源的投入产出比时，由于个体处于资源耗损的主状态而倾向于降低资源投入，通过采取资源保存的策略以抵御不必要的损失。对于表达个人意见这种输出更多资源且存在负面风险性的行为，员工自然会避免产生，且在个体保持沉默的背后，更多的是对组织经营活动的一种漠视和消极顺从。

此外，在组织心理所有权和沉默行为的相关研究中，研究者（Pierce，2001）认为心理所有权就意味着个体在组织中具备如知情权、发言权等权利，这种权利感和归属感将会引发员工的信息搜寻、组织公民行为等行为。并且组织心理所有权与组织承诺（Mayhew et al.，2007）、工作满意度等正面的工作态度以及工作绩效、知识分享（Han et al.，2010）、组织公民行为（Van Dyne & Pierce，2004；吕福新等，2007）等行为趋势的正向关系均得到相关实证研究的证实。此外，李锐等人（2012）在探讨组织心理所有权与沉默行为、上下级关系、权威领导与集体主义倾向之间的关系中，证明了当上下级关系对组织心理所有权与沉默之间的负相关存在显著的调节效应。对此，基于以往的研究可以看出组织心理所有权与沉默之间存在着直接和间接的作用机制，结合上文的理论综述，本研究推测当员工对组织的依恋回避维度较高时，组织心理所有权则会随之降低进而对员工的沉默行为产生影响，即得到假设5。

假设5：组织心理所有权在组织依恋回避与员工沉默行为之间起中介作用。

（六）合作规范的调节作用

依恋理论（Bowlby，1969）提到个体在婴儿时期所形成的依恋表征随着年龄的增长，在接触不同的被依恋对象中产生不同的内部工作模式，即依恋模式。也正如相关学者证明的那样，个体的依恋模式并不是一成不变的，而是受到具体关系、情境的影响（Sibley & Overall，2010；Klohnen et al.，2005；Carnelley & Rowe，2007）。对此，依恋理论在后续的相关研究中，依恋模式启动的概念越来越受到关注。依恋启动是利用情境要素激活某种依恋模式的方式，来对该模式和相关要素做出实时观察，其反映了个体依恋系统的发展变化及其依恋模式与外部环境的交互作用（王斐等，2016）。依恋启动可被划分为威胁情境与安全基地启动两类。其中，威胁情境启动是个体在感受到威胁后则自动且在无意识状态下激活了其安全依恋的系统，即需要向被依恋对象需求亲近等后续一系列过程，其存在于依恋理论的核心假设之上（Birgegard & Granqvist，2004；Crisp et al.，2009）。而安全基地启动则是通过某些情境因素来刺激个体的安全依恋特征，增加个体的安全感。这整个过程以个体被依恋对象为中心，包括个体与被依恋对象之间的积极心理特征和互动经验，例如当个体在此过程中发觉被依恋对象有时也可接近且能够支持自己，则个体能够体验到相应的积极情绪（郭薇等，2011）。研究者（Mikulincer & Shaver，2007）认为，通过安全基地启动能使非安全型依恋的个体体验到安全依恋相关的感受，消除威胁所带来的负面效应，并将这种积极的影响延伸至个体的记忆、对自我和他人的认知、自我调节以及情绪调节的策略。

在组织环境下，员工带着各自原有的一般依恋模式与所处组织、部门及团队进行长时间的互动，并形成不同的且相对稳定的依恋关系。并且这种组织依恋模式在反应个体与组织之间关系的同时，也受到组织情境的影响（陈琳等，2015）。对此，组织情境中的各类要素在无形中也成为依恋启动过程中的一个启动要素，并且这种启动过程通常存在一定反复性。本研究在探索组织依恋模式与工作不安全感、组织心理所有权和员工沉默行为的内在机制过程中，针对该模型关系的影响因素，将焦点关注于组织情境中的合作规范。合作规范是组织成员通过合作互动所形成的一种行为导向，是组织成员认为其所在组织、部门或团队在多大程度上重视和强调团队合作行为，并极力营造和谐的合作氛围。其中，对合作的这种重视可以体现在有形的规范条例中，也可以体现在无形的领导作风、促进合作的组织结构以及日常分配任务的惯例，此外这种对团队合作的重视是得到员工深刻认同和感知的。

团队合作是团队成员间为了实现团队共同的利益和目标而共同努力的行为，是个体间一种积极的相互依赖倾向（赵章留，齐海英，2005），团队合作过程体现了个体间协作的最高程度（朱智贤，1989）。团队合作间的关系与依恋关系类似，需建立在相互依赖与信任，并且双方能有效沟通的基础之上（朱丽莎，祝卓宏，2016）。当非安全型组织依恋的员工（组织依恋焦虑或组织依恋回避维度得分较高的个体）在部门或团队合作过程中，感知到其所处部门或团队具有较高的协作意识，成员间乐于相互协助与相互分享时（即个体能感知到较高的合作规范），会在合作工作中呈现出一定安全型依恋特质，对在组织中呈现出依恋焦虑或依恋回避特质起到缓解作用。具体来说，对于组织依恋模式倾向于依恋焦虑的员工而言，在与部门或团队其他成员进行和谐的合作行为时，在贡献自身价值的同时获得了情感上的交流，一定程度上缓解了对被孤立、被不接受的焦虑感和过度激活的感知与行为的产生，降低了对工作不安全感的过度感知，进而降低对表达建议和想法的过分顾虑。因而本研究推测，合作规范在组织依恋焦虑与工作不安全感之间起到负向调节关系，并且负向调节了工作不安全感对组织依恋焦虑与员工沉默间的中介效应，即得到假设6a和假设7a。此外，当员工的组织依恋回避程度较高时，该员工通过与其他成员的合作，能够体验到相互协作和相互分享所带来的被支持感，从而可能更愿意打开个人内心，与团队、组织亲近，降低采取去激活策略的动力，一定程度上缓解了较低的组织归属感和拥有感，进而减少对表达意见的抗拒。因此，本研究推测合作规范在组织依恋回避与组织心理所有权之间起到负向调节关系，并且负向调节了组织心理所有权对组织依恋回避与员工沉默行为间的中介效应，即得到假设6b和假设7b。

假设6a：合作规范负向调节了组织依恋焦虑与工作不安全感之间的正向关系。

假设6b：合作规范负向调节了工作不安全感在组织依恋焦虑与员工沉默行为之间的中介作用。

假设7a：合作规范负向调节了组织依恋回避与组织心理所有权之间的负向关系。

假设7b：合作规范负向调节了组织心理所有权在组织依恋回避与员工沉默

行为之间的中介作用。

二、假设模型

依据上文提出的假设，可知本研究推测倾向于组织依恋焦虑的员工，在过度激活策略的驱动下，对组织关系中的潜在威胁及其可能带来的负面结果过于敏感，从而提高了其工作不安全感，并且为了保护现有资源、避免招致负面结果而趋于沉默；倾向于组织依恋回避的员工，在去激活策略的驱动下，为了抑制组织中潜在威胁所带来的负面情绪及影响，而主动回避与组织的亲密，拒绝组织成员身份，降低组织心理所有权，进而为了防止资源不必要的损失而趋向于保留自身意见。此外，在这些心理变化过程中，合作规范作为组织情境中可激活安全型依恋因素，能够起到负向调节作用。因此，得到本研究关于组织依恋模式与员工沉默的假设模型（如图5.2所示）：

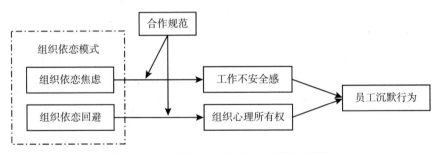

图5.2 组织依恋模式与员工沉默研究模型

第四节 实证研究设计

一、问卷测量

员工沉默：本研究在员工沉默行为的测量上采用研究者（Tangirala & Ramanujam）在2008年编制的单维度量表，题项共有5项，分别从工作中的5个角度去测量个体的沉默行为。并依据里克特7点计分法，要求被测者在"1 = 完全不符合，2 = 不符合，3 = 不太符合，4 = 中间立场，5 = 比较符合，6 = 符合，7 = 完全符合"中根据自身工作的实际情况选择数值。其中，选择的数值越高代表该被测者在工作中的沉默行为程度越高，分值越低则相反。

组织依恋焦虑/回避：研究者（Sujin Lee，2016）在研究员工对上司依恋模式的测量中，在研究者（Brennan，1998）编制的量表基础上改编了包含6个题项的测量量表，本研究在采用该量表进行测量过程中，将测量对象及情境设为组织情境，即要求被测者将视角聚焦于当前所在的企业，来回答6个题项。其中，组织依恋焦虑包含3个题项，具体如"我经常担心这个公司不是真正地接纳我""我担心这个公司不如我关心它那样关心我""我常常需要确保我在这个公司中是受到重视的"。此外，组织依恋回避同样包含3个题项，具体如"我发现我很难让自己依赖这个公司""我感觉我难以完全信任这个公司""我很难向这个公司中的成员寻求帮助"。测量依据里克特7点计分法进行，要求被测者从"1＝完全不符合"到"7＝完全符合"中根据实际情况进行选择。其中，分值越高代表被测者的组织依恋焦虑/回避的程度越高，分值越低则相反。

工作不安全感：工作不安全感的测量采取研究者（Sverke，2003）编制的单维度量表，其中题项包含3项，具体有"我担心在我想辞职前就不得不离开我的工作岗位""在未来的一年里，我有一种会被解雇的风险""我对在不久的将来我可能会失去工作而感到不安"。测量上里克特7点计分法要求被测者从"1＝完全不符合"到"7＝完全符合"中根据实际感受进行选择。其中，得分越高代表被测者对工作的不安全感程度越高，得分越低则相反。

组织心理所有权：本书采用研究者（Dyne，2004）编制的单维度7个题项量表来对组织心理所有权进行测量，例如"对于这个公司，感觉我拥有很高的个人所有权""公司里的大多数人都感觉这公司是我们自己的公司"等。其中，为了降低同源误差，在该变量测量中设置了反向题，例如"对我来说，很难认为这个公司是我的"。测量同样采取里克特7点计分法，并且分值越高代表被测者的组织心理所有权程度越高，分值越低则相反。

合作规范：本书通过研究者（Chatman & Flynn）在2001年编制的单维度量表来测量合作规范，其中共包含5个题项，例如"在与同事共事过程中，我们相互合作的程度是很高的""公司里，大多数同事都愿意为了集体的利益而牺牲自己的利益"等。为了降低同源误差，在该变量的测量中同样设置了反向题，如"我和同事之间的协作很少，工作任务都是领导单独分配的"。计分测量上与其他变量相同，采取里克特7点计分法进行。并且分值越高代表被测者所处工作环境中合作规范程度越高，分值越低则合作规范程度越低。

二、数据统计与分析方法

本研究通过EXCEL 2007、SPSS 20.0和AMOS 22.0对问卷数据进行整理和统计分析。首先通过EXCEL 2007将信息录入并整理，去除无效问卷后导入SPSS

20.0 做描述性统计分析，同时结合 AMOS 22.0 将各个变量数据做信效度分析、相关性分析和回归分析。通过这一系列数据分析，来检验组织依恋焦虑与员工沉默行为、组织依恋回避与员工沉默行为之间的关系；验证工作不安全感在组织依恋焦虑与员工沉默行为之间的中介效应，以及组织心理所有权在组织依恋回避与员工沉默行为之间的中介效应；分别证明合作规范对组织依恋焦虑与工作不安全感之间和组织依恋回避与组织心理所有权之间的调节作用；以及分别证明合作规范对工作不安全感在组织依恋焦虑与员工沉默行为之间中介效应的调节作用，和对组织心理所有权在组织依恋回避与员工沉默行为之间中介效应的调节作用。

三、样本选取及分布

（一）样本选取

本研究的调查问卷以线上电子问卷与线下现场填写问卷相结合的方式进行发放和回收，为了保证样本数据的有效性，在进行数据统计分析前，对问卷数据进行整理，将无效问卷进行剔除，其中剔除标准如下。

不符合调查对象的问卷（问卷中，"职业"一栏为全日制学生、创业者等非在职员工）；

存在较多缺失值的问卷（一份问卷中 10% 以上的选项没有作答）；

存在连续 6 题以上的答案是相同的问卷；

前后存在明显逻辑问题的问卷（针对问卷中的反向计分题）；

现场答题时，被测者答题速度明显过快，且不认真读题所得到的问卷；

电子问卷中，答题时间在 80 秒以下的问卷。

本次调查问卷一共收到 397 份，依据以上标准进行调整后得到 336 份有效问卷，有效回收率为 84.63%。

（二）描述性统计分析

为了了解总体样本的分布及人口统计变量分类下的例如平均数（M）、标准差（SD）等相关数据，本研究首先对性别、年龄、工龄、职业、职务级别、教育背景、行业、企业性质进行了频率分析（见表 5.1）。由该描述性统计分析结果可见，该样本基本情况如下：从性别上看，男性占比 41.1%，女性占比 58.9%，被测者中女性相比于男性略微偏多；从年龄上看，主力集中于 26～30 岁之间，占比 51.8%，此外 30 岁以上正好占 1/4，18～25 岁间的样本相对较少，占 23.2%；工龄方面，样本相对年轻化，有 36% 的被测者工龄在 3～5 年之间，其次是 6～20 年，占比 26.8%，20 年以上和 2 年以下分别占 19% 和 18.2%；在职业类型中，占比均在20%以下，从事行政后勤及客服的最多，占18.5%，其次是14.9%的市场公关人员，专业人士占13.7%，管理咨询人员和人力资源管理人员均占11.9%，财务和生产分别占比7.7%和7.1%，最后的14.3%来自其他职业；在职务级别上，70.2%的基层人员成为调查的主力军，中高层管理人员占比29.8%；学历方面，以本科及以上（75.3%）的为主，大专及以下（24.7%）的为辅；从行业上看，除了16.7%来自其他行业外，最多的还是新兴行业——IT领域（14.3%），其次是同样热门的金融行业（11.9%），此外还有10.1%来自服务业，8.9%来自通信类行业，7.7%来自医疗，7.1%的教育培训，服装贸易和房地产行业均占比6.5%，制造类和批发零售业分别占比5.4%和4.8%；企业性质中，52.4%来自民营企业，国有企事业单位占比28.6%，最后的19%来自其他类企业，例如外资企业等。从整个样本分布来看，每种分类的样本数均在总样本数的5%以上，最小组与最大组的差异均不多于4倍，样本分布相对合理如表5.1所示。

表5.1 样本频率分析结果

人口统计特征	具体指标	频数（人）	频率（%）
性别	男	138	41.10
	女	198	58.90
年龄	18~25岁	78	23.20
	26~30岁	174	51.80
	30岁以上	84	25.00
工龄	2年以内	61	18.20
	3~5年	121	36.0
	6~20年	90	26.80
	20年以上	64	19.00
职业	财务/审计人员	26	7.70
	生产/技术/研发人员	24	7.10
	销售/市场/公关人员	50	14.90
	客服/行政/后勤	62	18.50
	其他	48	14.30
	管理/顾问/咨询人员	40	11.90
	人力资源管理人员	40	11.90
	专业人士	46	13.70

续表

人口统计特征	具体指标	频数（人）	频率（%）
职务级别	基层人员	236	70.20
	中高层管理人员	100	29.80
教育背景	大专及以下	83	24.70
	本科及以上	253	75.30
行业	IT/软硬件服务	48	14.30
	服装/贸易/进出口	22	6.50
	教育/培训	24	7.10
	通信/网络设备/电子技术	30	8.90
	制造业/生物工程/医疗设备	18	5.40
	银行/保险/证券/风险基金	40	11.90
	医疗/护理/保健/卫生	26	7.70
	房地产/物业/商业	22	6.50
	批发/零售	16	4.80
	服务业	34	10.10
	其他	56	16.70
企业性质	国有企业/政府/事业单位	96	28.60
	民营企业	176	52.40
	其他	64	19.00

其次，本研究对总样本中的连续变量做出描述性统计分析，结果可见表 5.2。结果显示，该样本的偏度绝对值均在 1 以内，峰度绝对值均在 7 以内，且标准差均大于 1.2，即比较值小于 5，因此该数据符合理想状态，且呈正态分布。

表 5.2　　　　　　　　　　　样本描述统计分析结果

	N	极小值	极大值	均值（M）	标准差（SD）	偏度	峰度
员工沉默 1	336	1	7	3.130	1.372	0.460	-0.283
员工沉默 2	336	1	7	3.300	1.480	0.355	-0.546
员工沉默 3	336	1	7	3.400	1.535	0.445	-0.379
员工沉默 4	336	1	7	3.430	1.536	0.310	-0.562

	N	极小值	极大值	均值（M）	标准差（SD）	偏度	峰度
员工沉默 5	336	1	7	2.960	1.358	0.566	− 0.005
组织依恋焦虑 1	336	1	7	3.070	1.551	0.508	− 0.457
组织依恋焦虑 2	336	1	7	3.280	1.449	0.355	− 0.221
组织依恋焦虑 3	336	1	7	3.790	1.454	0.038	− 0.249
组织依恋回避 1	336	1	7	3.340	1.461	0.147	− 0.707
组织依恋回避 2	336	1	7	3.030	1.451	0.325	− 0.699
组织依恋回避 3	336	1	7	2.920	1.441	0.413	− 0.554
组织心理所有权 1	336	1	7	4.680	1.797	− 0.362	− 0.745
组织心理所有权 2	336	1	7	4.660	1.537	− 0.354	− 0.613
组织心理所有权 3	336	1	7	4.570	1.686	− 0.274	− 0.557
组织心理所有权 4	336	1	7	4.650	1.593	− 0.262	− 0.419
组织心理所有权 5	336	1	7	4.590	1.611	− 0.102	− 0.651
组织心理所有权 6	336	1	7	4.650	1.789	− 0.353	− 0.794
组织心理所有权 7	336	1	7	4.560	1.561	− 0.110	− 0.462
合作规范 1	336	1	7	4.280	1.809	− 0.051	− 0.880
合作规范 2	336	1	7	4.250	1.514	− 0.072	− 0.456
合作规范 3	336	1	7	4.330	1.536	− 0.036	− 0.451
合作规范 4	336	1	7	4.210	1.430	− 0.246	0.131
合作规范 5	336	1	7	4.150	1.437	− 0.177	0.247
工作不安全感 1	336	1	7	3.060	1.457	0.199	− 0.548
工作不安全感 2	336	1	7	3.180	1.655	0.254	− 0.693
工作不安全感 3	336	1	7	2.810	1.617	0.559	− 0.690
有效的 N（列表状态）	336						

四、数据分析及假设检验

（一）信效度分析

在信效度检验中，本研究首先针对相关变量分别进行可靠性分析，结果可见表 5.3。

表5.3   各相关因子量表的信度分析

因子	题项	校正的项总计相关性	Cronbach's Alpha
员工沉默	1	0.722	0.879
	2	0.709	
	3	0.749	
	4	0.665	
	5	0.718	
组织依恋焦虑	1	0.755	0.886
	2	0.835	
	3	0.745	
组织依恋回避	1	0.738	0.863
	2	0.753	
	3	0.726	
组织心理所有权	1	0.755	0.899
	2	0.762	
	3	0.650	
	4	0.664	
	5	0.657	
	6	0.742	
	7	0.704	
工作不安全感	1	0.711	0.822
	2	0.666	
	3	0.659	
合作规范	1	0.798	0.889
	2	0.716	
	3	0.744	
	4	0.670	
	5	0.739	

1. 员工沉默行为信效度分析

在信效度检验中，通过可靠性分析得到员工沉默量表的 Cronbach's Alpha 为 0.879（表5.4），达到不错的内部一致性，同时校正后的项总计相关系数均大于 0.5，即该量表具有较高的可靠性。

表 5.4　　　　　　　　　员工沉默行为量表的 KMO 值与巴特利球形检验

KMO 值	近似卡方	df	Sig.
0.847	841.127	10	0

此外，由表5.4可见，员工沉默行为5个题项的 KMO 值为0.847，处于（0.8，0.9）这一较好的区间内，同时，巴特利球形检验的显著性小于0.001，已达到显著水平，因此该变量适合进行因子分析。通过主成分分析法进行进一步探索性因子分析，数据显示该量表只有一个因子，与量表原本的设计相同，总方差解释量为67.631%，即该变量的标准化因素负荷量（AVE）为0.676，大于0.5，且该变量的 AVE 根号值大于该变量与其他变量的相关，说明该量表具有较好的收敛效度和区分效度。

表 5.5　　　　　　　　　　员工沉默行为量表的 CFA 检验

CMIN/DF	RMSEA	NFI	RFI	IFI	CFI	GFI
1.434	0.036	0.997	0.983	0.999	0.999	0.997

最后，对该量表进行结构效度检验，结果如表5.5所示，卡方自由度之比小于2，RMSEA 小于0.05，NFI、RFI、IFI、CFI、GFI 均大于0.9，证明量表的拟合指数较好。

2. 组织依恋焦虑/回避信效度分析

在组织依恋焦虑/回避的信效度检验中，得到该量表中两维度的 Cronbach's Alpha 系数分别为0.886和0.863，均达到不错的内部一致性，同时校正后的项总计相关系数均大于0.5，即该量表具有较高的可靠性。

表 5.6　　　　　　　组织依恋焦虑/回避量表的 KMO 值与巴特利球形检验

KMO 值	近似卡方	df	Sig.
0.790	1127.932	15	0

此外，组织依恋焦虑/回避6个题项的 KMO 值为0.79，符合 KMO 至少大于0.6的标准，同时，巴特利球形检验的显著性小于0.001，达到显著水平，因此本研究通过主成分分析法进行进一步探索性因子分析。数据显示该量表有两个因子，与量表原本的设计相同，且该两个因子的累积总方差解释量为80.255%，大于50%。同时经进一步计算得到组织依恋焦虑和组织依恋回避的 AVE 分别为0.778和0.75（表5.7），均大于0.5，且 AVE 根号值均大于该维度与其他变量

的相关，表明该量表具有较好的收敛和区分效度。

表 5.7   组织依恋焦虑/回避量表的 CFA 检验

CMIN/DF	RMSEA	NFI	RFI	IFI	CFI	GFI
1.748	0.047	0.998	0.977	0.995	0.995	0.987

最后，对该量表进行结构效度检验，卡方自由度之比小于 2，RMSEA 小于 0.05，NFI、RFI、IFI、CFI、GFI 均大于 0.9，因此该量表具有较好的拟合指数。

3. 组织心理所有权信效度分析

组织心理所有权量表的整体 Cronbach's Alpha 为 0.899，达到不错的内部一致性，同时校正后的项总计相关系数均大于 0.5，即该量表具有较高的可靠性（见表 5.8）。

表 5.8   组织心理所有权量表的 KMO 值与巴特利球形检验

KMO 值	近似卡方	df	Sig.
0.899	1161.715	21	0

其次，在做因子分析前，需对组织心理所有权进行 KMO 值与巴特利球形检验。根据该检验准则，KMO 至少大于 0.6，由表 5.9 可见，组织心理所有权 7 个题项的 KMO 为 0.899，同时，巴特利球形检验在 0.001 的水平上显著，因此适合进一步做因子分析。本研究通过主成分分析法进行进一步的探索性因子分析，数据显示该量表只有一个因子，与量表设计一致，且该因子总方差解释量为 62.483%，即该变量的 AVE 为 0.625，大于 0.5，并且该变量的 AVE 根号值大于该变量与其他变量的相关，说明该量表的收敛效度和区分效度较好。

表 5.9   组织心理所有权量表的 CFA 检验

CMIN/DF	RMSEA	NFI	RFI	IFI	CFI	GFI
1.24	0.027	0.991	0.979	0.998	0.998	0.991

最后，利用 AMOS 22.0 对该量表进行结构效度检验，结果如表 5.9 所示，卡方自由度之比小于 2，RMSEA 小于 0.05，NFI、RFI、IFI、CFI、GFI 均大于 0.9，因此该量表具有较好的拟合指数。

4. 工作不安全感信效度分析

在对工作不安全感做信效度分析中，得到该量表的整体 Cronbach's Alpha 为

0.822（表5.10），达到不错的内部一致性，同时校正后的项总计相关系数均大于0.5，即该量表具有较高的可靠性。

表5.10　　　　　　工作不安全感量表的 KMO 值与巴特利球形检验

KMO 值	近似卡方	df	Sig.
0.716	366.108	3	0

此外，还需对工作不安全感量表进行因子分析，首先本研究对其进行了KMO 值与巴特利球形检验。根据该检验准则，KMO 值至少大于0.6，由表5.10可见，工作不安全感3个题项的 KMO 为0.716，同时，巴特利球形检验显著性小于0.001，实现显著水平，因此可进行因子分析。本研究通过主成分分析法进行进一步的探索性因子分析，数据显示该量表只有一个因子，与量表设计一致，且该因子总方差解释量为74.038%，即该变量的 AVE 为0.74（见表5.14），大于0.5，且该变量的 AVE 根号值大于该变量与其他变量的相关，说明该量表具有较好的收敛效度和区分效度。

由于工作不安全感量表只有3个题项，通过 AMOS 22.0 计算所得到的自由度（df）为0，被视为饱和模型，因此不对该量表做验证性因子分析。

5. 合作规范信效度分析

首先，对合作规范进行可靠性分析，由表5.3可知该量表的整体 Cronbach's Alpha 为0.889，达到不错的内部一致性，同时校正后的项总计相关系数均大于0.5，即该量表具有较高的可靠性。

其次，本研究对合作规范进行 KMO 值与巴特利球形检验。根据该检验准则，KMO 值至少大于0.6，由表5.11可见，合作规范5个题项的 KMO 为0.878，同时，巴特利球形检验在0.001的水平上显著，该量表可进一步做因子分析。本研究通过主成分分析法进行进一步的探索性因子分析，数据显示该量表只有一个因子，与量表设计一致，且该因子总方差解释量为69.498%，即该变量的 AVE 为0.695，大于0.5，且该变量的 AVE 根号值大于该变量与其他变量的相关，说明该量表具有较好的收敛效度和区分效度。

表5.11　　　　　　合作规范量表的 KMO 值与巴特利球形检验

KMO 值	近似卡方	df	Sig.
0.878	900.929	10	0

最后，利用 AMOS22.0 对该量表进行结构效度检验，结果如表5.12所示，

卡方自由度之比小于 2，RMSEA 小于 0.05，NFI、RFI、IFI、CFI、GFI 均大于 0.9，且接近饱和，因此该量表具有较好的拟合指数。

表 5.12   合作规范量表的 CFA 检验

CMIN/DF	RMSEA	NFI	RFI	IFI	CFI	GFI
1.022	0.008	0.995	0.989	1.000	1.000	0.995

（二）共同方法偏差检验

在共同方法偏差的检验中，本研究首先通过 SPSS20.0 采用 Harman 单因子检验的方式来进行检验。其检验假设为：在存在共同方法偏差的情况下，对整个模型中所有研究变量的所有条目进行探索性因子分析时，会抽取出一项未旋转因子，或者是首个公因子解释了 50% 以上的变量变异（Hair，1998）。本研究对所有变量和条目进行了 Harman 单因素探索性因子分析，结果未出现被抽取出单一因子，且首个因子解释总体方差变异的 28.505%，小于 50% 的判断标准。

其次，本研究根据研究者（Podsakoff，MacKenzie，Lee，2003）的建议，通过 AMOS22.0 构建了 6 个模型并进行比较。结果如表 5.13 所示，单因素模型的拟合指标都未达到必需的拟合优度，六因素模型的拟合效果（CMIN = 465.909，DF = 266，NFI = 0.913，IFI = 0.961，CFI = 0.960，GFI = 0.909，RMSEA = 0.047）优于其他模型，虽其 RFI 略小于 0.9 的标准以外，但其他拟合指标均达到学者（Cudeck & Browne，1992）提出的 0.9 的判定标准。此外，本研究在六因素模型的基础上，加入共同方法偏差的潜变量，并使所有测量题项（标识变量）在该潜变量上负载，构成七因素模型。结果显示，七因素模型具有更好的拟合度（CMIN = 362.448，DF = 240，NFI = 0.933，RFI = 0.909，IFI = 0.976，CFI = 0.976，GFI = 0.927，RMSEA = 0.039），而其卡方变化并不显著，因此可以认为共同方法偏差对研究结果所产生的影响尚可接受。

表 5.13   验证性因子分析比较及共同方法偏差检验

模型	CMIN/DF	DF	RMSEA	NFI	RFI	IFI	CFI	GFI
单因素模型	10.845	285	0.171	0.425	0.345	0.449	0.445	0.498
双因素模型	9.497	284	0.159	0.498	0.426	0.526	0.522	0.544
三因素模型	7.431	282	0.139	0.610	0.551	0.644	0.641	0.619
四因素模型	6.617	279	0.129	0.657	0.600	0.693	0.690	0.643
五因素模型	4.166	274	0.097	0.788	0.748	0.830	0.828	0.792

续表

模型	CMIN/DF	DF	RMSEA	NFI	RFI	IFI	CFI	GFI
六因素模型	1.813	266	0.047	0.913	0.894	0.961	0.960	0.909
七因素模型	1.510	240	0.039	0.933	0.909	0.976	0.976	0.927

注：单因素：组织依恋焦虑 + 合作规范 + 工作不安全感 + 组织心理所有权 + 沉默行为 + 组织依恋回避。
　　双因素：组织依恋焦虑 + 合作规范 + 工作不安全感 + 组织心理所有权 + 沉默行为；组织依恋回避。
　　三因素：组织依恋焦虑 + 合作规范 + 工作不安全感 + 组织心理所有权；沉默行为；组织依恋回避。
　　四因素：组织依恋焦虑 + 合作规范 + 工作不安全感；组织心理所有权；沉默行为；组织依恋回避。
　　五因素：组织依恋焦虑 + 合作规范；工作不安全感；组织心理所有权；沉默行为；组织依恋回避。
　　六因素：组织依恋焦虑；合作规范；工作不安全感；组织心理所有权；沉默行为；组织依恋回避。

(三) 相关分析

本书在进行回归分析前，通过 Pearson 相关初步检验各个变量之间的线性相关，从而为进一步探讨各变量间关系奠定基础。相关分析结果显示如表 5.14，本研究除 6 项控制变量外，共 6 个变量（5 个构念），其中 6 个变量的均值介于 3.016 和 4.624 之间，标准差介于 1.197 和 1.355 之间，且相关系数均不大于 0.9，初步可判断变量间不存在多重共线性问题。同时还可得出以下依存关系：

组织依恋焦虑和组织依恋回避均与员工沉默行为呈显著的正相关关系（r = 0.322，p < 0.01；r = 0.465，p < 0.01），即当员工对组织的依恋焦虑或依恋回避程度越高，则呈现沉默行为的概率就越高，反之则相反；

组织依恋焦虑与工作不安全感的正相关关系显著（r = 0.378，p < 0.01），即当员工的组织依恋焦虑程度越高时，其工作不安全感程度也越高，反之则相反；

组织依恋回避与组织心理所有权呈现显著的负相关关系（r = − 0.193，p < 0.01），即当员工的组织依恋回避程度越高则其内心的组织心理所有权就越低，反之则相反；

工作不安全感与员工沉默行为呈显著的正相关关系（r = 0.313，p < 0.01），即当员工工作不安全感越强，其更多的呈现沉默行为，反之则相反；

组织心理所有权与员工沉默行为呈显著的负相关关系（r = − 0.253，p < 0.01），即当员工的组织心理所有权越高时，则更愿意表达自身想法进而减少沉默行为的出现，反之则相反。

(四) 假设检验

上文通过相关分析来初步探索两两变量之间的联系密切程度，其中到底存在何种关系还需通过逐步回归的方式进一步检验。同时，为了进一步排除变量之间存在多重共线性问题，本研究在回归的同时做了容忍度和 VIF 检验。

表 5.14　变量间的相关系数

变量	AVE	均值	标准差	N	1	2	3	4	5	6	7	8	9	10	11	12
1 性别	1	1.590	0.493	336	1											
2 年龄	1	2.020	0.695	336	-0.013	1										
3 工龄	1	2.470	0.998	336	0.124*	0.638**	1									
4 职务级别	1	1.300	0.458	336	-0.039	0.358**	0.289**	1								
5 教育背景	1	1.750	0.432	336	-0.085	-0.224**	-0.445**	0.011	1							
6 企业性质	1	1.900	0.684	336	-0.143**	-0.059	-0.061	0.100	-0.080	1						
7 员工沉默	0.676	3.244	1.197	336	0.027	0.015	0.294**	-0.283**	-0.537**	-0.029	0.822					
8 组织依恋焦虑	0.778	3.379	1.340	336	-0.050	0.100	0.093	-0.061	-0.132*	0.209**	0.322**	0.882				
9 组织依恋回避	0.750	3.097	1.285	336	-0.094	0.005	0.096	-0.114*	-0.222**	0.145**	0.465**	0.409**	0.866			
10 组织心理所有权	0.625	4.624	1.307	336	0.026	-0.072	-0.121*	-0.010	0.216**	-0.152**	-0.253**	-0.253**	-0.193**	0.790		
11 工作不安全感	0.740	3.016	1.355	336	-0.068	-0.049	0.023	-0.027	-0.167**	0.237**	0.313**	0.378**	0.318**	-0.674**	0.860	
12 合作规范	0.695	4.247	1.291	336	0.009	-0.059	-0.026	-0.006	-0.035	-0.026	0.102	0.174**	0.097	0.024	0.163**	0.834

注：** 在 0.01 水平上显著相关，* 在 0.05 水平上显著相关。
变量间同对角线上的值为该变量的 AVE 根号值。

1. 组织依恋焦虑/回避对员工沉默行为的影响

本研究检验的主效应是组织依恋焦虑和组织依恋回避对员工沉默行为的影响，即在其他变量均不变的情况下，只检验自变量对因变量的影响效应。本研究首先将检验组织依恋焦虑对沉默行为影响，先将员工沉默行为的题项加总值加入因变量栏，再将可能影响主效应的人口统计学变量，即控制变量，放入自变量栏，随后将组织依恋焦虑项目加总值放入第二层自变量栏，进行逐步回归分析，结果可得表 5.15 和表 5.16。

表 5.15　　　　　　　　组织依恋焦虑对员工沉默行为的回归模型统计

模型	R	R 方	调整 R 方	F	Sig.	Durbin – Watson
1	0.640	0.410	0.399	38.124	0	2.105
2	0.687	0.472	0.460	41.836	0	

表 5.16　　　　　　　　组织依恋焦虑对员工沉默行为的回归分析表

模型		非标准化系数		标准回归系数	t	Sig.	共线性统计量	
		B	标准误差				容差	VIF
1	（常量）	6.539	0.426		15.344	0		
	性别	-0.164	0.106	-0.068	-1.553	0.121	0.949	1.054
	年龄	-0.291	0.098	-0.169	-2.961	0.003	0.550	1.817
	工龄	0.355	0.074	0.296	4.816	0	0.474	2.111
	职务级别	-0.791	0.122	-0.303	-6.496	0	0.826	1.210
	教育背景	-1.242	0.134	-0.448	-9.244	0	0.763	1.311
	企业性质	-0.063	0.076	-0.036	-0.825	0.410	0.940	1.064
2	（常量）	5.848	0.419		13.954	0		
	性别	-0.143	0.100	-0.059	-1.427	0.155	0.947	1.055
	年龄	-0.343	0.094	-0.199	-3.670	0	0.546	1.832
	工龄	0.341	0.070	0.284	4.873	0	0.473	2.113
	职务级别	-0.697	0.116	-0.267	-5.985	0	0.812	1.232
	教育背景	-1.193	0.128	-0.430	-9.349	0	0.760	1.316
	企业性质	-0.164	0.074	-0.094	-2.205	0.028	0.895	1.117
	组织依恋焦虑	0.231	0.037	0.259	6.183	0	0.918	1.089

注：因变量为员工沉默行为。

由表 5.15 和表 5.16 可见，变量的容差均在 0.1 以上，且 VIF 均小于 5，证明没有共线性问题存在，Durbin - Watson 值在 2 前后，说明数据没有自我相关的现象。并且由表5.15可看出，随着组织依恋焦虑加入员工沉默行为的回归方程中，解释变异量从41%增加到了47.2%，解释效果得到显著性提高。此外，从表5.16的模型1中可看出，在控制变量中，年龄、工龄、职务级别和教育背景均在0.001或0.01水平上显著，说明该4个变量对员工沉默具有影响作用。在模型二中，组织依恋焦虑对应的 t 值为6.183，大于1.96，sig. 小于0.001，即为显著，即组织依恋焦虑对员工沉默行为具有正向影响作用，且该影响作用显著，因此假设1a得到证明。

在对组织依恋回避对沉默行为影响的检验中，本研究采取相同步骤进行验证，其结果可得表5.17和表5.18。

表5.17　　　　　　　组织依恋回避对员工沉默行为的回归模型统计

模型	R	R 方	调整 R 方	F	Sig.	Durbin - Watson
1	0.640	0.410	0.399	38.124	0	2.089
2	0.715	0.512	0.501	49.112	0	

表5.18　　　　　　　组织依恋回避对员工沉默行为的回归分析

模型		非标准化系数		标准回归系数	t	Sig.	共线性统计量	
		B	标准误差				容差	VIF
1	（常量）	6.539	0.426		15.344	0		
	性别	-0.164	0.106	-0.068	-1.553	0.121	0.949	1.054
	年龄	-0.291	0.098	-0.169	-2.961	0.003	0.550	1.817
	工龄	0.355	0.074	0.296	4.816	0	0.474	2.111
	职务级别	-0.791	0.122	-0.303	-6.496	0	0.826	1.210
	教育背景	-1.242	0.134	-0.448	-9.244	0	0.763	1.311
	企业性质	-0.063	0.076	-0.036	-0.825	0.410	0.940	1.064
2	（常量）	5.172	0.422		12.252	0		
	性别	-0.074	0.097	-0.031	-0.769	0.443	0.937	1.068
	年龄	-0.264	0.090	-0.153	-2.944	0.003	0.550	1.819
	工龄	0.312	0.067	0.260	4.623	0	0.471	2.124
	职务级别	-0.665	0.112	-0.254	-5.939	0	0.811	1.233
	教育背景	-1.073	0.124	-0.387	-8.648	0	0.742	1.347
	企业性质	-0.141	0.070	-0.081	-2.009	0.045	0.923	1.083
	组织依恋回避	0.312	0.038	0.335	8.262	0	0.904	1.107

注：因变量为员工沉默行为。

表中可见，变量的容差均在 0.1 以上，且 VIF 均小于 5，因此无须考虑数据共线性的问题，Durbin – Watson 值为 2.089，接近 2，数据也不存在自我相关的现象。其中，从表 5.17 可看出，组织依恋回避加入员工沉默行为的回归方程中后，解释变异量从 41% 增加到了 51.2%，方程解释效果有一定提高，且改变量显著；在表 5.18 的模型 1 中可看出，组织依恋回避的 t 值为 8.262，大于 1.96，sig. 小于 0.001，即为显著，也就是组织依恋回避对员工沉默行为的正向影响作用显著，因此假设 1b 得到证明，即假设 1 得到验证。

2. 组织依恋焦虑对工作不安全感的影响

将工作不安全感的题项加总加入因变量栏，再将控制变量放入自变量栏，随后将组织依恋焦虑项目加总放入第二层自变量栏，进行逐步回归，结果可得表 5.19 和表 5.20。

表 5.19　　　　　　　　组织依恋焦虑对工作不安全感的回归模型统计

模型	R	R 方	调整 R 方	F	Sig.	Durbin – Watson
1	0.295	0.087	0.070	5.214	0	2.029
2	0.440	0.193	0.176	11.240	0	

表 5.20　　　　　　　　组织依恋焦虑对工作不安全感的回归分析

模型		非标准化系数		标准回归系数	t	Sig.	共线性统计量	
		B	标准误差				容差	VIF
1	（常量）	3.637	0.600		6.056	0		
	性别	−0.157	0.149	−0.057	−1.053	0.293	0.949	1.054
	年龄	−0.165	0.138	−0.085	−1.191	0.235	0.550	1.817
	工龄	0.049	0.104	0.036	0.473	0.637	0.474	2.111
	职务级别	−0.087	0.172	−0.029	−0.504	0.614	0.826	1.210
	教育背景	−0.492	0.189	−0.157	−2.599	0.010	0.763	1.311
	企业性质	0.428	0.108	0.216	3.975	0	0.940	1.064
2	（常量）	2.607	0.586		4.445	0		
	性别	−0.125	0.140	−0.046	−0.894	0.372	0.947	1.055
	年龄	−0.243	0.131	−0.125	−1.856	0.064	0.546	1.832
	工龄	0.028	0.098	0.020	0.284	0.777	0.473	2.113
	职务级别	0.054	0.163	0.018	0.332	0.740	0.812	1.232
	教育背景	−0.419	0.179	−0.133	−2.345	0.020	0.760	1.316
	企业性质	0.278	0.104	0.140	2.677	0.008	0.895	1.117
	组织依恋焦虑	0.345	0.052	0.341	6.585	0	0.918	1.089

注：因变量为工作不安全感。

由表5.19和表5.20可见，变量的容差大于0.1，且VIF均小于5，不存在共线性问题，Durbin – Watson值在2前后，说明数据没有自我相关的现象。组织依恋焦虑加入员工沉默的回归方程后，解释变异量从8.7%增加到了19.3%，并且改变量显著，方程的解释变异量增加，解释效果有所提高。在控制变量中，教育背景与企业性质对个体工作不安全感具有显著的影响作用。此外，组织依恋焦虑对应的t值为6.585，大于1.96，sig. 小于0.001，即为显著，因此组织依恋焦虑对工作不安全感具有正相关关系，且该相关关系显著，假设2得到证明。

3. 组织依恋回避对组织心理所有权的影响

将组织心理所有权的题项加总加入因变量栏，再将控制变量和将组织依恋回避分别放入第一层和第二层自变量栏，进行逐步回归，结果得到表5.21和表5.22。

表 5.21　　　　　　　　　组织依恋回避对组织心理所有权的回归模型统计

模型	R	R 方	调整 R 方	F	Sig.	Durbin – Watson
1	0.261	0.068	0.051	4.021	0.033	2.126
2	0.291	0.085	0.065	4.348	0	

表 5.22　　　　　　　　　组织依恋焦虑对工作不安全感的回归分析

模型		非标准化系数		标准回归系数	t	Sig.	共线性统计量	
		B	标准误差				容差	VIF
1	（常量）	4.181	0.585		7.150	0		
	性别	0.076	0.145	0.029	0.522	0.602	0.949	1.054
	年龄	-0.030	0.135	-0.016	-0.225	0.822	0.550	1.817
	工龄	-0.064	0.101	-0.049	-0.637	0.525	0.474	2.111
	职务级别	0.067	0.167	0.024	0.402	0.688	0.826	1.210
	教育背景	0.550	0.184	0.182	2.985	0.003	0.763	1.311
	企业性质	-0.267	0.105	-0.140	-2.550	0.011	0.940	1.064
2	（常量）	4.784	0.631		7.583	0		
	性别	0.036	0.145	0.014	0.250	0.803	0.937	1.068
	年龄	-0.042	0.134	-0.022	-0.316	0.752	0.550	1.819
	工龄	-0.045	0.101	-0.035	-0.449	0.654	0.471	2.124
	职务级别	0.012	0.167	0.004	0.069	0.945	0.811	1.233
	教育背景	0.476	0.186	0.157	2.565	0.011	0.742	1.347
	企业性质	-0.233	0.105	-0.122	-2.217	0.027	0.923	1.083
	组织依恋回避	-0.138	0.056	-0.136	-2.439	0.015	0.904	1.107

注：因变量为组织心理所有权。

由表 5.21 和表 5.22 可见，变量的容差大于 0.1，VIF 均小于 5，Durbin - Watson 值在 2 前后，不存在共线性问题，且数据没有自我相关的现象。当组织依恋回避加入回归方程后，解释变异量从 5.1% 增加到了 6.5%，并且改变量显著，方程的解释变异量有一定增加。控制变量中，教育背景和企业性质分别在 0.01 和 0.05 的显著水平上对组织心理所有权产生影响。此外，组织依恋回避对应 t 的绝对值为 2.439，大于 1.96，sig. 小于 0.05，即为显著，因此组织依恋回避与组织心理所有权具有显著的负相关关系，假设 3 得到证明。

4. 工作不安全感对员工沉默的影响

在检验工作不安全感与员工沉默行为的回归分析中，可以得到表 5.23 和表 5.24。

表 5.23　　　　　　　工作不安全感对员工沉默行为的回归模型统计

模型	R	R 方	调整 R 方	F	Sig.	Durbin - Watson
1	0.640	0.410	0.399	38.124	0	2.093
2	0.680	0.463	0.451	40.369	0	

表 5.24　　　　　　　工作不安全感对员工沉默行为的回归分析

模型		非标准化系数 B	标准误差	标准回归系数	t	Sig.	共线性统计量 容差	VIF
1	（常量）	6.539	0.426		15.344	0		
	性别	-0.164	0.106	-0.068	-1.553	0.121	0.949	1.054
	年龄	-0.291	0.098	-0.169	-2.961	0.003	0.550	1.817
	工龄	0.355	0.074	0.296	4.816	0	0.474	2.111
	职务级别	-0.791	0.122	-0.303	-6.496	0	0.826	1.210
	教育背景	-1.242	0.134	-0.448	-9.244	0	0.763	1.311
	企业性质	-0.063	0.076	-0.036	-0.825	0.410	0.940	1.064
2	（常量）	5.767	0.429		13.432	0		
	性别	-0.131	0.101	-0.054	-1.294	0.197	0.945	1.058
	年龄	-0.256	0.094	-0.149	-2.720	0.007	0.548	1.825
	工龄	0.345	0.071	0.288	4.889	0	0.473	2.112
	职务级别	-0.773	0.116	-0.296	-6.637	0	0.826	1.211
	教育背景	-1.138	0.130	-0.411	-8.770	0	0.747	1.338
	企业性质	-0.154	0.075	-0.088	-2.057	0.040	0.897	1.115
	工作不安全感	0.212	0.037	0.240	5.672	0	0.913	1.095

注：因变量为员工沉默行为。

由表 5.23 和表 5.24 可见，变量的容差大于 0.1，VIF 小于 5，Durbin - Watson 值在 2 前后，不存在共线性问题，且数据没有自我相关的现象。在工作不安全感加入回归方程后，解释变异量从 41% 增加到了 46.3%，并且改变量显著，方程的解释变异量增加，解释效果提高。此外，工作不安全感对应 t 的绝对值为 5.672，大于 1.96，Sig. 值小于 0.001，即为显著。因此，工作不安全感与员工沉默之间存在显著的正向关系。

5. 组织心理所有权对员工沉默的影响

组织心理所有权与员工沉默行为的回归分析可得到表 5.25 和表 5.26。

表 5.25　　　　　　　组织心理所有权对员工沉默行为的回归模型统计

模型	R	R 方	调整 R 方	F	Sig.	Durbin - Watson
1	0.640	0.410	0.399	38.124	0	2.054
2	0.656	0.431	0.419	35.478	0	

表 5.26　　　　　　　组织心理所有权对员工沉默行为的回归分析

模型		非标准化系数		标准回归系数	t	Sig.	共线性统计量	
		B	标准误差				容差	VIF
1	（常量）	6.539	0.426		15.344	0		
	性别	-0.164	0.106	-0.068	-1.553	0.121	0.949	1.054
	年龄	-0.291	0.098	-0.169	-2.961	0.003	0.550	1.817
	工龄	0.355	0.074	0.296	4.816	0	0.474	2.111
	职务级别	-0.791	0.122	-0.303	-6.496	0	0.826	1.210
	教育背景	-1.242	0.134	-0.448	-9.244	0	0.763	1.311
	企业性质	-0.063	0.076	-0.036	-0.825	0.410	0.940	1.064
2	（常量）	7.111	0.451		15.780	0		
	性别	-0.154	0.104	-0.063	-1.479	0.140	0.948	1.055
	年龄	-0.295	0.097	-0.171	-3.052	0.002	0.550	1.817
	工龄	0.346	0.073	0.289	4.771	0	0.473	2.113
	职务级别	-0.782	0.120	-0.299	-6.526	0	0.826	1.211
	教育背景	-1.167	0.134	-0.421	-8.711	0	0.743	1.347
	企业性质	-0.100	0.076	-0.057	-1.312	0.190	0.922	1.085
	组织心理所有权	-0.137	0.040	-0.149	-3.460	0.001	0.932	1.073

注：因变量为员工沉默行为。

由表5.25和表5.26可见，变量的容差大于0.1，VIF小于5，Durbin – Watson值在2前后，不存在共线性问题，且数据没有自我相关的现象。组织心理所有权在加入回归方程后，解释变异量从41%增加到了43.1%，并且改变量显著，方程的解释变异量增加，解释效果提高。此外，工作不安全感对应t的绝对值为3.46，大于1.96，sig.小于0.01，即为显著。因此，组织心理所有权与员工沉默行为呈显著的负相关关系。

6. 工作不安全感的中介效应检验

中介效应是变量之间的一种因果关系，即自变量并非直接影响因变量，而是通过一个及以上个变量间接性的作用于因变量，这种间接效应则为中介效应。本研究根据研究者（Baron & Kenny，1986）对中介检验的方法对工作不安全感在组织依恋焦虑与员工沉默之间的中介效应进行检验。该检验方法应当满足4个条件：①自变量与因变量的相关呈显著；②自变量与中介变量显著相关；③中介变量与因变量的相关呈显著；④在自变量与因变量的关系分析中，中介一旦加入后，自变量对因变量的影响不再呈显著（即完全中介）或显著性降低（即部分中介）。上文中已对自变量与因变量、自变量与中介变量、中介变量与因变量的关系进行证明，即满足上述前3条条件，因而本研究将针对最后一条条件进行检验。

本研究首先对工作不安全感的中介效应进行检验。步骤如下：将员工沉默行为放入因变量栏，将控制变量放入自变量栏后，再将自变量——组织依恋焦虑放入第二层自变量栏，最后将中介变量——工作不安全感放入第三层自变量栏。通过逐步回归可得表5.27。

表5.27　　　　　　　　　　　　工作不安全感的中介效应分析

模型		非标准化系数		标准回归系数	t	Sig.	共线性统计量	
		B	标准误差				容差	VIF
1	（常量）	6.539	0.426		15.344	0		
	性别	− 0.164	0.106	− 0.068	− 1.553	0.121	0.949	1.054
	年龄	− 0.291	0.098	− 0.169	− 2.961	0.003	0.550	1.817
	工龄	0.355	0.074	0.296	4.816	0	0.474	2.111
	职务级别	− 0.791	0.122	− 0.303	− 6.496	0	0.826	1.210
	教育背景	− 1.242	0.134	− 0.448	− 9.244	0	0.763	1.311
	企业性质	− 0.063	0.076	− 0.036	− 0.825	0.410	0.940	1.064

续表

模型		非标准化系数		标准回归系数	t	Sig.	共线性统计量	
		B	标准误差				容差	VIF
2	（常量）	5.848	0.419		13.954	0		
	性别	-0.143	0.100	-0.059	-1.427	0.155	0.947	1.055
	年龄	-0.343	0.094	-0.199	-3.670	0	0.546	1.832
	工龄	0.341	0.070	0.284	4.873	0	0.473	2.113
	职务级别	-0.697	0.116	-0.267	-5.985	0	0.812	1.232
	教育背景	-1.193	0.128	-0.430	-9.349	0	0.760	1.316
	企业性质	-0.164	0.074	-0.094	-2.205	0.028	0.895	1.117
	组织依恋焦虑	0.231	0.037	0.259	6.183	0	0.918	1.089
3	（常量）	5.453	0.422		12.911	0		
	性别	-0.124	0.098	-0.051	-1.263	0.207	0.945	1.058
	年龄	-0.306	0.092	-0.178	-3.331	0.001	0.540	1.851
	工龄	0.337	0.068	0.281	4.917	0	0.473	2.114
	职务级别	-0.705	0.114	-0.270	-6.185	0	0.812	1.232
	教育背景	-1.129	0.126	-0.408	-8.969	0	0.747	1.338
	企业性质	-0.206	0.073	-0.118	-2.801	0.005	0.876	1.142
	组织依恋焦虑	0.179	0.039	0.200	4.597	0	0.811	1.233
	工作不安全感	0.151	0.039	0.171	3.921	0	0.807	1.240

注：因变量为员工沉默行为。

表 5.27 中的数据显示，模型 2 中组织依恋焦虑对员工沉默行为的正向影响关系达到正向显著（$\beta = 0.259$，$\rho < 0.001$），模型三中加入工作不安全感后得到其与沉默行为呈显著的正相关关系（$\beta = 0.171$，$\rho < 0.001$），并且组织依恋焦虑与员工沉默行为的回归系数由 0.259 降低为 0.2，证明了工作不安全感在组织依恋焦虑与员工沉默之间存在部分中介的作用，即假设 4 得到验证。

7. 组织心理所有权的中介效应检验

在检验组织心理所有权的中介效应中，通过同样的逐步回归分析得到表 5.28。

表 5.28　　　　　　　　　　　　组织心理所有权的中介效应分析

模型		非标准化系数		标准回归系数	t	Sig.	共线性统计量	
		B	标准误差				容差	VIF
1	（常量）	6.539	0.426		15.344	0		
	性别	-0.164	0.106	-0.068	-1.553	0.121	0.949	1.054
	年龄	-0.291	0.098	-0.169	-2.961	0.003	0.550	1.817
	工龄	0.355	0.074	0.296	4.816	0	0.474	2.111
	职务级别	-0.791	0.122	-0.303	-6.496	0	0.826	1.210
	教育背景	-1.242	0.134	-0.448	-9.244	0	0.763	1.311
	企业性质	-0.063	0.076	-0.036	-0.825	0.410	0.940	1.064
2	（常量）	5.172	0.422		12.252	0		
	性别	-0.074	0.097	-0.031	-0.769	0.443	0.937	1.068
	年龄	-0.264	0.090	-0.153	-2.944	0.003	0.550	1.819
	工龄	0.312	0.067	0.260	4.623	0	0.471	2.124
	职务级别	-0.665	0.112	-0.254	-5.939	0	0.811	1.233
	教育背景	-1.073	0.124	-0.387	-8.648	0	0.742	1.347
	企业性质	-0.141	0.070	-0.081	-2.009	0.045	0.923	1.083
	组织依恋回避	0.312	0.038	0.335	8.262	0	0.904	1.107
3	（常量）	5.641	0.453		12.444	0		
	性别	-0.071	0.096	-0.029	-0.739	0.461	0.936	1.068
	年龄	-0.268	0.089	-0.156	-3.018	0.003	0.550	1.820
	工龄	0.307	0.067	0.256	4.599	0	0.471	2.125
	职务级别	-0.664	0.111	-0.254	-5.984	0	0.811	1.233
	教育背景	-1.027	0.124	-0.370	-8.267	0	0.728	1.375
	企业性质	-0.164	0.070	-0.094	-2.339	0.020	0.909	1.100
	组织依恋回避	0.299	0.038	0.321	7.908	0	0.888	1.127
	组织心理所有权	-0.098	0.037	-0.107	-2.682	0.008	0.915	1.093

注：因变量为员工沉默行为。

结果显示，模型 2 中组织依恋回避对员工沉默行为的正向影响关系达到正向显著（$\beta = 0.335$，$\rho < 0.001$），模型三中加入组织心理所有权后得到其与沉默行为呈显著的负相关关系（$\beta = -0.107$，$\rho < 0.001$），并且组织依恋回避与员工沉默行为的回归系数由 0.335 降低为 0.321，证明了组织心理所有权在组织依恋回

避与员工沉默行为之间存在部分中介的作用，即假设 5 得到验证。

8. 合作规范的调节作用检验

本书按照调节效应检验的标准对合作规范的调节效应进行检验。先将所有变量进行标准化，并分别生成组织依恋焦虑/回避与合作规范的交互项（乘积）。最后进行多元逐步回归分析，即将工作不安全感和组织心理所有权分别加入因变量，并依次加入对应的控制变量、自变量（组织依恋焦虑/回避）、调节变量（合作规范）和自变量与调节变量的交互项（组织依恋焦虑×合作规范/组织依恋回避×合作规范），从而检验自变量与调节变量交互项的作用是否显著，具体数据见表 5.29。

表 5.29　　　　　　　　　　　合作规范的调节效应分析

变量		工作不安全感				组织心理所有权			
		Mode1	Mode2	Mode3	Mode4	Mode5	Mode6	Mode7	Mode8
控制变量	性别	−0.057	−0.046	−0.046	−0.040	0.029	0.014	0.013	0.015
	年龄	−0.085	−0.125	−0.114	−0.098	−0.016	−0.022	−0.020	−0.015
	工龄	0.036	0.020	0.023	0.014	−0.049	−0.035	−0.034	−0.038
	职务级别	−0.029	0.018	0.012	0.026	0.024	0.004	0.002	0.006
	教育背景	−0.157*	−0.133*	−0.128*	−0.126*	0.182**	0.157*	0.159*	0.157*
	企业性质	0.216***	0.14**	0.149**	0.131*	−0.14*	−0.122*	−0.12*	−0.125*
自变量	组织依恋焦虑		0.341***	0.32***	0.305***				
	组织依恋回避						−0.136*	−0.14*	−0.159**
调节变量	合作规范			0.101*	0.099			0.038	0.036
交互项	组织依恋焦虑×合作规范				−0.114*				
	组织依恋回避×合作规范								−0.056
	R	0.295	0.440	0.451	0.464	0.261	0.291	0.294	0.298
	R^2	0.087	0.193	0.203	0.215	0.068	0.085	0.086	0.089
	调整 R^2	0.070	0.176	0.184	0.193	0.051	0.065	0.064	0.064
	ΔR^2	0.087***	0.107***	0.01*	0.012*	0.068**	0.017*	0.001	0.003
	F	5.214	11.240	10.428	9.923	4.021	4.348	3.863	3.540
	Durbin－Watson	2.069				2.141			

注：＊＊＊在0.001水平上显著相关，＊＊在0.01水平上显著相关，＊在0.05水平上显著相关。

首先，检验的是合作规范对组织依恋焦虑与工作不安全感之间的调节效应，如表 5.29 所示，模型 4 中，组织依恋焦虑与合作规范的交互项与工作不安全感显著相关（$\beta = -0.114$，$\rho < 0.05$），说明合作规范在组织依恋焦虑与工作不安全感之间起到负向调节的作用。根据学者（Aiken 与 West，1991）的建议，通过简单坡度分析可进一步检验调节效应。本研究绘制了组织依恋焦虑与工作不安全感在合作规范不同水平上的关系线性图，结果如图 5.3 所示。

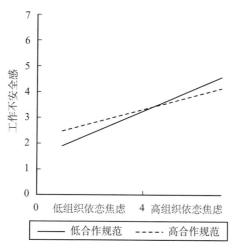

图 5.3 合作规范对组织依恋焦虑和工作不安全感的调节

相比于低合作规范，高合作规范下的关系更趋于平缓，线性斜率减小，即在高合作规范的调节下，每增长一个单位的组织依恋焦虑随之增长的工作不安全感相对减少。因此，合作规范对组织依恋焦虑与工作不安全感之间的正向关系起到负向调节作用，假设 6a 成立。

其次，在检验合作规范对组织依恋回避与组织心理所有权之间的调节效应中，模型 8 显示，组织依恋回避与合作规范的交互项与组织心理所有权不显著（$\beta = -0.56$，$\rho > 0.05$），因此合作规范对组织依恋回避与组织心理所有权之间的负向调节作用未得到证明，即假设 7a 不成立。

9. 被调节的中介效应检验

本研究根据研究者（Preacher，Rucker & Hayes，2007）的方法来检验有调节的中介效应。检验的标准有 4 条：①自变量与因变量的关系显著；②自变量与调节变量的交互作用在与中介变量的回归中显著；③中介变量与因变量的关系显著；④当调节变量高低程度不同时，中介变量的中介效应强度不同。

首先，在检验合作规范负向调节了工作不安全感对组织依恋焦虑与员工沉默行为的中介作用中，由于在上述假设检验验证了组织依恋焦虑与员工沉默行为的正相关关系，即假设 1a，使得条件 1 得到满足；同时，条件 2 在假设 6a 的证明下得到满足；条件 3 在工作不安全感与员工沉默行为的正向关系检验中得到满足。为了满足条件 4，本研究依据研究者（Preacher，2007）的建议，采用了条件间接效应检验程序。

表 5.30　　　　　　　　　合作规范的条件间接效应检验

		间接效应	95% 置信区间	
工作不安全感	M − SD	0.0956	0.0421	0.1656
	M	0.0667	0.2930	0.1155
	M + SD	0.0378	0.1200	0.0887

由表 5.30 可见，在 95% 的置信区间中，未出现一个区间包括 0，因此间接效应并不显著，说明虽然合作规范调节了组织依恋焦虑与工作不安全感的负向关系，但对工作不安全感对组织依恋焦虑与员工沉默行为关系的中介作用并没有起到显著的调节作用，即假设 6b 不成立。

此外，由于合作规范对组织依恋回避与组织心理所有权之间的调节作用，即假设 7a，未得到证明，不满足条件间接效应中的条件 2，因此，该条件间接效应也不显著，即假设 7b 不成立。

第五节　研究结论与展望

本节主要分为三个部分，首先，针对组织依恋模式、员工沉默行为、工作不安全感、组织心理所有权和合作规范之间作用机制的检验结果进行讨论；其次，基于得到的实证结果针对相关的研究理论以及组织实践提出相应的启示与建议；最后，针对本研究的研究模型及相关理论中的不足和研究展望进行讨论。

一、研究结论及模型修正

本研究通过理论综述与实证检验主要得到以下结论。

组织依恋模式与员工沉默行为存在显著的影响关系，组织依恋焦虑和组织依恋回避分别与员工沉默存在显著的正向关系。即当员工对组织依恋的模式倾向于依恋焦虑时，其呈现出沉默行为的概率就越高；而当员工对组织的依恋回避维度得分较高时，其在组织中的沉默水平也同样越高。

组织依恋焦虑与工作不安全感呈显著的正相关关系，并且工作不安全感在组织依恋焦虑与员工沉默之间起到部分中介的作用。即当员工对组织的依恋焦虑程度越高，其所感受到的工作不安全感就越强，进而增加其在组织中的沉默水平。

组织依恋回避与组织心理所有权呈显著负相关关系，并且组织心理所有权在组织依恋回避与员工沉默之间起到部分中介的作用。即当员工的组织依恋回避程度越高时，其感受到的组织心理所有权就越低，进而使得其在组织中的沉默水平也就越高。

合作规范在组织依恋焦虑与工作不安全感之间的正向关系中存在负向调节的作用。即当员工感知到所处组织、部门或团队是重视团队合作的，强调相互协作与分享的，则组织依恋焦虑与工作不安全感之间负向关系强度得到减缓。

（一）组织依恋模式与员工沉默关系的结论

本研究通过实证检验证明组织依恋焦虑、组织依恋回避与员工沉默行为之间均呈现正相关关系。该结果与朱迪和傅强（2016）在研究员工一般依恋风格与建言行为之间关系的结果相类似。

依据依恋理论，人类若要生存并保持持续的发展状态就必须建立相对稳定且安全的依恋系统，即满足人类生存最基本的生理及心理安全需求，从而支撑其建立完善的探索系统，来维持进一步的创新与发展，这也被称为安全基地行为，即进一步满足人类精神及价值实现上的需求。更微观地说，将视角转到组织情境中的个体，只有当个体在与组织交往过程中建立了安全型的依恋模式，员工才有相应的能量资源——例如积极的情绪、态度及动力，去尝试一些带有探索性、冒险性的工作以及完成一些积极的角色外行为，例如表达内心真实的想法与建议以便更好地解决工作中的问题或促进组织的经营发展。相反，组织依恋焦虑与组织依恋回避作为非安全型组织依恋模式的表征维度，均会与更高的沉默水平有着密切的关系。

（二）工作不安全感的中介效应结论

本研究在探讨组织依恋焦虑、工作不安全感和员工沉默行为中，通过实证验证了组织依恋焦虑与工作不安全感呈显著的正相关关系，并且工作不安全感在组织依恋焦虑与员工沉默之间起到部分中介的作用。

依恋理论认为，具有不同依恋模式的个体在面对其感知到的威胁时，会在其依恋模式的驱动下，无意识地做出认知、态度及行为上的反应策略。安全型依恋个体采取的是初级依恋策略，也被称为安全策略，即向被依恋对象寻求亲近以及物质或情感上的支持和安慰，这是一种人与生俱来的依恋策略；而倾向于依恋焦虑的个体则会通过过度激活策略来时刻觉察亲密关系及所处环境中的威胁；依恋回避程度较高的个体则采取次级策略（激活策略）中的去激活策略，来回避、抑制依恋系统激活，强行减少对威胁及相关负面状态所带来的压力、痛苦等情绪状态的感知。在组织情境下，组织依恋焦虑程度较高的个体在面对一些工作问题或关系上的障碍时，本能的会开启过度激活的状态，对组织环境及人际情境中的潜在威胁过于敏感，并夸大这种显性或隐形威胁带来的负面结果，增强了不安全感，其中包括对失业的恐惧与担心。而这种工作不安全感的增强，使得员工能量资源受到损耗，且物质资源也存在损耗的风险，基于资源保护理论，个体在这种资源损耗占主导的情况下更倾向于保存资源，表达真实建议与想法作为一种能量资源损耗的行为自然会被减少。

（三）组织心理所有权的中介效应结论

本研究在探讨组织依恋回避、组织心理所有权和员工沉默行为中，通过实证验证了组织依恋回避与组织心理所有权呈显著的负相关关系，并且组织心理所有权在组织依恋回避与员工沉默之间起到部分中介的作用。

上一小节提到，依据依恋理论，依恋回避程度较高的个体在面对威胁或压力时，会采取次级策略（激活策略）中的去激活策略，以强迫性的回避亲密关系，减少对威胁及相关问题所带来的负面感知，单靠自己去解决与面对问题和压力。在组织情境下，组织依恋回避程度较高的个体，在去激活策略的驱使下，呈现出较低的亲密以及情感投入，对组织的心理所有权就越低。从资源保存理论的视角看，组织的心理所有权的降低是能量资源的一个损耗过程，个体同样会倾向于保护资源而在组织中更多地呈现出沉默行为。

（四）合作规范的调节效应结论

本研究在检验合作规范的调节作用时，发现合作规范在组织依恋焦虑与工作不安全感关系中具有显著的负向调节作用，但并不显著调节工作不安全感的中介作用，同时在组织依恋回避与组织心理所有权之间以及组织心理所有权的中介作用中合作规范均未呈现显著的调节作用。

根据依恋理论对安全基地启动的研究阐述可知，个体不仅具有一般依恋模式，通过与不同被依恋对象的互动可形成不同的依恋模式，并且这些依恋模式虽然相对稳定，但并不是一成不变的，而是同时会受到其他情境及关系因素的影响而变化，即个体的依恋模式不完全是个体的一种特质，其具有情境性和可塑性。安全基地启动属于依恋模式启动中的一种，是通过某些情境性因素来激活个体的安全依恋特征，从而增加个体的安全感。在许多研究实验中，学者们会通过呈现一些与安全依恋相关的语言、文字、图片等方式，激活被试的安全依恋特质，进而唤起与安全依恋有关的感受、记忆、对自我和他人的积极评价、对自我和情绪上的调节策略等（Mikulincer & Shaver, 2007）。在实际的组织环境下，组织通过有意营造合作氛围，促进合作行为产生的一些合作规范令组织成员在和谐的合作环境下激活其安全依恋相关的感知同样能起到一定安全基地启动的作用。正如本研究证明合作规范能够缓解组织依恋焦虑对工作不安全感的负向作用。

而针对合作规范对组织依恋回避与组织心理所有权之间的调节作用，以及其对工作不安全感、组织心理所有权中介作用的调节效应（即假设6b和假设7a）并不显著现象，本研究通过对安全基地启动相关文献的进一步探索发现，安全基地启动虽然能唤起个体的安全基地脚本，减少相应的防御行为，但这种作用通常存在一定短暂性，缺乏连续性（Shaver & Mikulincer, 2008）。也就是说，当进行一定安全基地启动行为时，对激发个体当下的积极情绪具有一定作用，而对于相对稳定的情感认知以及行为导向，例如组织心理所有权、员工沉默行为，若要其调节作用显著，则还必须要考虑到启动行为的反复性、启动方式的有效性等其他复杂因素。在组织情境下，通过引导并形成合作规范虽然能够使员工在多次合作下体验到与安全依恋相关的情绪，但要对个体相对稳定的情感认知甚至是行为产生一定影响还需要在长期反复的过程中恰到好处的对个体安全依恋进行激活（例如经常在员工急切需要条件或情感上的支持时给予回应），同时还要结合其他情境因素加以作用。因此，本节研究推测这也是合作规范在调节工作不安全感的中介效应、组织依恋回避与组织心理所有权之间的关系以及组织心理所有权的中介效应时，并未得到显著的原因所在。此外，本研究还推测，对于组织依恋焦虑较高的个体而言，在过度激活策略的驱使下，对关系及情境中的事物均过于敏感，因而在团队合作下对一些积极的情绪和感受相对于倾向组织依恋回避的员工来说可能也会更敏感，从而使得合作规范在调节组织依恋焦虑与工作不安全感关系过程中得以显著。

（五）研究模型修正

依据上述实证检验所得到的检验，本研究将对最初的假设模型进行修正，其修正后的模型如图5.4所示。

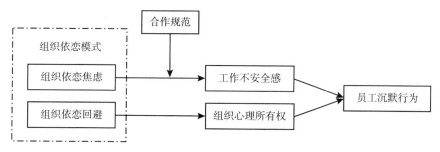

图 5.4　修正后的组织依恋模式与员工沉默研究模型

二、研究意义及启示

(一) 理论意义

1. 丰富了员工沉默影响因素的研究

组织沉默继建言行为研究的不断完善后开始进入学术界的视野，近年来得到了不少国内外学者的重视。在企业经营管理中，员工沉默基本被认为会带来负面影响，例如较低的组织认同、组织承诺、组织归属感、工作主动性、工作压力、工作倦怠感、工作满意度等 (Avery & Quinones, 2002; Vakola & Bouradas, 2005; Nevin Deniz & Aral Noyan, 2013)。而对于实际的企业管理而言，探索影响员工沉默行为的各类因素及其形成，以从其来源入手进行有效管理才更有价值。在对员工沉默前因变量的已有研究中，相对集中在更为显性的外在因素上，例如领导风格、组织政策及结构等。沉默行为作为一种具有内隐特性的行为倾向，从员工内在动机入手的相关研究相对较少。因此本研究从员工对组织的情感认知切入，引入心理学领域中对个体依恋的相关研究，研究了组织依恋焦虑与组织依恋回避两个维度分别对工作不安全感、组织心理所有权产生影响，进而影响沉默的作用机制，为其形成的研究做出补充。

2. 揭露了部分组织依恋与员工沉默影响机制

个体依恋最初是心理学中精神分析领域的概念，其研究探索个体婴儿时期与被依恋对象 (通常是母亲) 之间的互动关系，这种互动及依赖关系会进一步内化为个体的一种人格特质，形成一般依恋模式，从而影响个体与他人的关系中的认知、情绪和行为。随着社会及人格心理学家们的介入，依恋的相关探索延伸至成人阶段，并且发现人的依恋模式并不是一成不变的，而是个体带着自身特有的一般依恋模式在与不同被依恋对象的互动中会产生不同的依恋模式。研究者 (Hazan & Shaver, 1987) 将依恋理论用于工作情境，探索不同依恋类型的员工在工作中的态度和行为差异，由此带动了一系列个体依恋在组织情境中的相关研究，并产生了组织依恋的研究。组织依恋在国内还相对陌生，在少数的已有研究中，出现了部分对组织依恋形成机制的研究，而对其结果变量的研究则更鲜有，因此本研究基于成人依恋的相关研究，将组织拟人化，结合工作不安全感与组织心理所有权，探索个体对组织的依恋模式与其沉默之间的内在机制，并对相关研究的不足做出补充。

3. 将依恋理论应用与组织行为领域，对理论扩展做出进一步补充

依恋理论是成人依恋的基本理论，该理论被认为是理解人际关系的核心框架 (Davis et al., 2016)，该理论认为人为了生存与维持成长，会本能地去亲近可被依恋的对象，并形成相应的行为系统。该理论在组织情境中的应用很少，即使是在组织依恋的研究中，将其作为研究支撑理论的也相对较少。因而，本研究基于该理论的核心观点与重要研究，引入组织依恋的相关研究，结合资源保存理论来支撑本研究模型，形成本研究理论方面可能的创新点。具体而言，本研究通过该理论中"探索依赖于依恋"的观点，提出并检验了组织依恋模式与员工沉默行为之间的关系；利用"依恋策略"的相关研究，分别发现了组织依恋焦虑与工作不安全感以及组织依恋回避与组织心理所有权之间的关系；结合了资源保存理论分别阐述了工作不安全感和组织心理所有权的中介作用；依据"安全基地启动"相关理论，证明了合作规范对组织依恋焦虑与工作不安全感之间的调节作用。

（二）实践启示

1. 关注员工情感状态，给予恰当支持

本研究发现带有一般依恋模式的员工在与组织环境的长期互动下会形成相对稳定的组织依恋模式，而当该组织依恋模式为非安全型依恋（即组织依恋焦虑或组织依恋回避程度较高）时，会在该依恋模式特有的激活策略驱动下，通过增加工作不安全感或是降低组织心理所有权进而提高沉默水平。

因而，在组织实际管理过程中，领导应当对下属的情感状态有一定了解，当下属面临一些工作问题时，应尽可能及时且适当地给予帮助与支持。具体来说，对于一些依恋焦虑感较高的个体，在其遇到障碍时能给予更多的情感鼓励，需要时可给予力所能及的条件性帮助；当其努力克服困难后，适当表示称赞，以增强其安全感；面对该个体为了寻求支持而呈现出一些相对激进的行为（例如与他人发生争执、出现罢工矿工等可被视为"孩子哭着要奶喝"的行为）时，尽可能不急于责骂，看清该行为背后的动机，给予相应的支持，再根据情况做出适当的处理。而对于一些依恋焦虑回避较高的员工，在其遇到问题时尽可能及时提供一些条件性的帮助以更好的克服困难，同时给予情感上的互动与回应，令其感受到他人能够出于好意来帮助他克服困难；当其对组织中的活动或一些工作问题显示出没有兴趣或关注度不高时，可尝试加强与其沟通，促进情感交流，构建良好的关系。在这个管理过程中，关键在于能了解下属的情感状态，在需要的时候给予一定支持，使得员工在与组织互动过程中形成更倾向于安全型的组织依恋模式。

2. 倡导团队合作，营造和谐合作氛围

本研究通过实证分析，证明合作规范负向调节组织依恋焦虑与工作不安全感的正向关系。

因此，企业在日常管理过程中，可通过构建促进团队合作的组织结构、制定团队合作的工作规范、建立融入合作元素的组织文化等方式促进员工团队合作意识、营造和谐的合作氛围。在促进员工团队合作的过程中，不仅是为了团队合作

下所带来的高效业绩，而且更是为了使员工在合作中体验积极的情感互动，构建团队意识。良好的团队协作，具有相互支持、相互沟通，实现优势互补的作用，组织依恋焦虑较高的个体能够在此过程中缓解被不接受、被抛弃的恐惧情绪，得到一定情感安慰，而缓解负面情绪的感知。

3. 正视组织沉默问题，给予员工探索的资源

本研究发现组织依恋焦虑或组织依恋回避程度较高的个体，即非安全型组织依恋的个体，因情感依恋上缺乏所需的安全感及归属感（也可视为必需的能量资源），而在组织工作中存在较高的沉默水平。

一个组织中，沉默行为非常普遍，当组织感受到组织的沉默氛围时，首先应当正视，其次针对不同的沉默动机采取相应的缓解策略。对于组织依恋焦虑感较高的员工，要令其更多地表达想法，可从两方面入手。一方面，从情感上给予鼓励，令其感受到自己是被接受，自己有能力提出合理的建议。并且在组织中营造起建言的氛围，个体在这种氛围的感染下为了与其他成员保持一致，也会具有表达的动力。另一方面，构建匿名建言的渠道，为员工提供表达渠道的同时，降低个体在建言中遭到其他负面影响的风险，即减少了资源再一次损耗的可能性。而对于组织依恋回避较高的个体，则更多的是通过情感上沟通与互动，以令其感受到他人的好意，提高其归属感，以拉近个体与组织距离。同时在工作中可授予一定决策权力给有一定能力的个体或邀请其共同参与决策，提升其参与感和责任感，以令其更乐意为企业经营奉献一份建议和力量。

第六章

关于职业幸福感的研究

第一节 职业特征与职业幸福感之间关系的纵向研究

一、问题的提出

习近平同志在同全国劳动模范代表座谈时的讲话指出："实现我们的发展目标，不仅要在物质上强大起来，而且要在精神上强大起来。"其主旨既与社会经济发展的规律契合，也与国内外对幸福感的重视不谋而合。也是对近年来企业实际中出现的机械、功利、短期的陷阱——"仅仅为提高业绩而用 HR 管理工具"做法的一种警示。员工，特别是职业生涯初期的年轻员工，其职业价值观已逐渐过渡到心理时代，追求心理体验、满足与幸福感（李小英，2008）。研究者、实践者应将管理视角从聚集外部激励因素（比如金钱、考核工具）转向员工内在动因激发，关注组织绩效的同时，更应该强调员工的成长与发展，因此，提升员工职业幸福感（同时必然带来组织竞争优势的提升）的研究具有重要的理论意义和现实意义。

本节研究以职业生涯初期员工为例，他们正处于由青春后期向成人期的迈进，这一时期标志着他们刚刚走向独立、成熟，其工作价值观与"70 后""80 后"很不相同，此阶段的职业幸福感对他们的整个职业生涯周期的幸福感起着极其重要的影响。而且，目前随着社会的迅速发展和科技的高速进步，随着知识和信息为主导的新经济时代的到来，他们的职业生涯面临着各种竞争所带来的压力与挑战，职业管理的任务越来越多地落实到个人头上。而大学阶段是职业生涯探索阶段的后期，是职业探索与进入组织的衔接阶段。因此，对于职业生涯初期员工而言，应该在大学阶段明确职业意识、自我管理意识、确立目标，高校也应该从心理学角度认识大学生的职业生涯发展规律，充分认识个体在不同阶段心理发展的特征，有利于帮助大学生把握职业生涯发展的规律，规划好他们的人生（李申亮等，2008）。总之，职业生涯初期员工的职业幸福感问题显得尤其重要。

二、方法

(一) 研究对象

本研究选取浙江省一些企业的新进员工作（工龄 3 年以内，基本上都具有大学本科学历）即处于职业生涯初期的任职者为研究被试。由于研究时间持续 1.5 年，时间跨度较长，每次测试的人数都略有不同。第一次测试时间为 2016 年 1 月，测试样本为 208 名企业年轻员工，平均年龄 25.4 岁；第二次测试时间为 2016 年 6 月，共 206 人，平均年龄为 25.3 岁；第三次测试时间为 2016 年 12 月，共 202 人，平均年龄为 24.8 岁；第四次测试时间为 2017 年 4 月，共 200 人，平均年龄为 25.2 岁。被试样本、流失样本在性别、年龄与研究变量（职业特征、职业幸福感）的差异上不显著（p > 0.05），故可以继续相关研究。

(二) 研究工具

第一部分是职业特征的测量。职业特征概念的提出，目前还比较少见，多数研究等同于工作特征概念（朱奕蒙，2013），即研究者（Demerouti，2001）提到的工作要求—资源（JD–R）模型，即"尽管员工在不同的组织中，有不同的工作环境，但这些工作环境的特征都可以归为两类：工作要求和工作资源。无论每个职业工作的具体要求和资源是什么，这个模型都可以应用到各种职业环境中"。本研究认为，职业特征是指职业本身的客观属性，尤其是能够带给任职者需求满足的客观属性，包含职业本身的特性、职业的周边环境、职业报酬、安全感、人际关系、学习新知识和发展的机会、反馈、自主性、挑战感等。胡湜、顾雪英（2014）提出的工作资源概念，接近于职业特征。它是指工作中具有实现工作目标、减少工作需求以及生理和心理上的消耗，促进个人成长、学习和发展的因素，诸如工作控制、社会支持、参与、反馈、奖酬和工作稳定等（吴伟炯，刘毅，路红，谢雪贤，2012）。"中国幸福小康指数"调查显示"影响职业幸福感的十大因素"排行榜。该调查得出的十大因素（收入、个人能力体现、个人发展空间、职场人际关系、个人兴趣的实现、福利、工作为自己带来的社会声望、领导对自己的看法、职位高低、单位实力）实际是显示了职业的特征。本研究结合以上的研究成果，提出"薪酬的公平性、能力体现、结果的可控"三个职业特征，均以任职者的感知为准，通过自我评价来测量。采用 Cronbach 系数对量表进行了信度检验，采用因子分析对量表进行了效度检验。经检验，该子量表的信度系数是 0.85。

第二部分是对职业幸福感的测量方法，参考了学者（Warr，1990）开发的工作情景中的幸福感量表和学者（Baldschun，2014）提出的职业幸福感六维度模型，并结合职业生涯初期企业职员的特征，修改了相关的措辞。由于在成熟量表的基础上进行了较多地修订，采用 Cronbach 系数对量表进行了信度检验，该子量表的信度系数是 0.82。

第三部分是控制变量，人口学特征和岗位性质等常见的控制变量。性别：男1，女2。教育程度：中专及以下1，大专2，本科3，硕士及以上4。工龄：3年以下1，3~5年2，6~10年3，10年以上4。岗位性质：研发1，管理2，营销3，物流4，客服5，其他6。

（三）数据处理

研究对被试进行了4次间隔时间基本相同的测量，这四次测量的结果分别编码为1、2、3、4。在实际测量之前，研究人员将本研究具体的研究目的、注意事项告知被试，并保证被试在独立、真实的情况下认真填写问卷。在此基础上，采用 SPSS17.0 和多层线性模型 HLM6.0 对纵向数据进行处理和分析。

三、分析结果

（一）职业幸福感的变化趋势

经过 1.5 年时间，对 200 名左右新进人员进行了 4 次问卷调查，得到的数据结果显示，随着时间推移，新进人员职业幸福感的平均得分呈现逐步上升的趋势，并且在第 3 次测试以后上升趋势较为明显（如图 6.1 所示）。

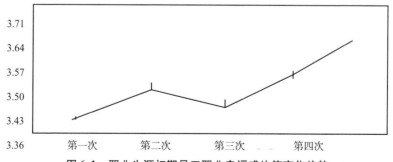

图 6.1 职业生涯初期员工职业幸福感均值变化趋势

（二）各变量初测数据的相关分析

为明确各个变量之间的相关关系，本研究对控制变量、职业特征变量、职业幸福感等变量的第一次测量所测的数据进行了相关分析，具体结果如表 6.1 所示。

表 6.1　　　　　　　　　变量的相关系数、均值及标准差

变量	均值	标准误	1	2	3	4	5	6
1	性别	1.6	0.48					
2	年龄	25.4	0.24	0.12				
3	教育程度	2.35	0.02	0.05	0.06			
4	岗位性质	3.53	0.57	0.04	0.34 *	0.36 **		
5	职业特征	3.55	0.56	0.03	0.24 *	0.25 *	0.44 **	
6	职业幸福感	3.44	0.52	0.04	0.26 *	0.24 **	0.33 **	0.64 **

注：*** 表示 $p < 0.001$，** 表示 $p < 0.01$，* 表示 $p < 0.05$。

（三）新进人员职业幸福感的基本线性成长模型

以职业幸福感为因变量，构建零模型进行分析，结果显示，SD = 0.16，df = 285，$\chi^2 = 612.01$，$p < 0.001$。由此可知，被试个体之间存在的变异是显著的，可见，此被试群体所显示的数据符合建立多层回归模型的条件，并应先建立线性生长模型（见表 6.2）。

表 6.2　　　　　　　　新进人员职业幸福感线性生长模型

固定部分	系数	标准误	t 值
基本模型			
截距	3.61	0.05	74.66 **
斜率	0.05	0.03	2.18 *
随机部分	方差	χ^2	
基本模型			
截距	0.31	524.35 ***	
斜率	0.08	365.02 ***	

注：*** 表示 $p < 0.001$，** 表示 $p < 0.01$，* 表示 $p < 0.05$。

从表6.2可知,从第一次测量到第四次测量的1.5年时间里,新进人员职业幸福感的得分呈现上升趋势,其斜率系数为0.05。从随机部分得知,截距及斜率方差分别为0.31和0.08,在新进人员个体间变异异常显著,这说明新进人员个体间的职业幸福感变化趋势差异显著。

此外,性别、年龄、岗位性质3个变量与职业幸福感之间关系并不显著($p > 0.05$)。为了能够从控制变量之外为寻找和确定个体间差异的影响要素,我们进一步分析职业特征对新进人员职业幸福感的影响。因此,用时点1职业特征的数据来解释上述出现的变异。

(四)新进人员职业特征三因子对职业幸福感的影响模型

如前所述,本书首先构造模型1,以职业特征可导致职业幸福感知的3个因子——薪酬的公平性、能力体现、结果的可控来解释斜率和截距之间的差异,即建构新进人员职业特征三因素对职业幸福感影响的理论模型(见表6.3)。

表6.3　　　　新进人员职业特征感知对职业幸福感变化的参数估计结果

固定部分	系数	标准误	t 值
模型1			
薪酬公平			
截距	0.02	0.02	1.58
斜率	0.01	0.01	0.73
能力体现			
截距	0.05	0.02	4.75 **
斜率	0.02	0.01	2.74 **
结果可控			
截距	0.01	0.02	0.59
斜率	0.02	0.01	0.73
随机部分	方差	χ^2	R^2 变化
模型1			
截距	0.24	474.55 ***	21.5%
斜率	0.07	352.448 ***	13.2%

注: *** 表示 $p < 0.001$, ** 表示 $p < 0.01$, * 表示 $p < 0.05$。

模型1显示了薪酬的公平性、能力体现、结果的可控对于职业幸福感变化趋势的影响。从统计分析的结果可以看出:将薪酬的公平性、能力体现、结果的可控 3 个职业特征加入模型后，截距和斜率的方差分别变成 0.24 和 0.07，3 个特征共解释截距 25%［(0.32 - 0.24)/0.32］的方差和斜率 12.5%［(0.08 - 0.07)/0.08］的方差，这说明职业特征的 3 个特征能解释职业幸福感 4 的 22.6% 截距方差和 12.5% 的斜率方差。从固定部分判断，能力体现对新进人员职业幸福感的截距和斜率的预测效应较为显著系数分别为 0.05 和 0.02。这表明现阶段的职业幸福感受到前期的职业特征中的能力体现的影响很大。可以这么说，对于新进人员的职业幸福感上升的主要原因在于职业特征中具有 "能力能够很好实现" 的特点。那些感知自己的职业具有此特征的、在职业中得到发挥、体现的被试，在未来一段时间内的职业幸福感会呈现上升趋势。

四、讨 论

经过上文的实证分析，主要结论有：职业生涯初期的任职者的职业幸福感从时点 1 到时点 4 的 1.5 年时间内上升趋势显著。在职业生涯初期，任职者对职业充满激情和兴趣，任职者内在的主观的心理促进其职业发展。企业应该关注新进员工的专业成长与发展，分配与其能力、专长相匹配的工作，使员工能够在职业活动中深切地感受到自己的能力能够得到发挥和提升带来的成就感。同时给予培训、晋升的机会，使任职者获得更好工作的知识、技能和职业能力，促进职业幸福感的良好发展趋势。

研究还发现：薪酬的公平性、能力体现、结果的可控 3 个职业特征中，能力体现对职业幸福感的截距和斜率的预测效应最显著，该职业特征是职业生涯初期员工的职业幸福感存在变异的重要原因。能力体现的是组织在对待员工和进行人—岗匹配过程中的体现。

职业幸福感发展趋势还取决于员工所处组织的薪酬制度的公平性。公平的薪酬体系能够帮助员工，尤其是职业生涯初期员工完善自身的职业规划。薪酬制度建立的初衷就是为了发挥员工激励作用，而激励作用的前提就是建立在公正的基础上，只有当员工认为薪酬是公平的，才会产生满意并激发员工努力工作，从而获得职业幸福感。如果企业内部收入差距远远高于国际标准且理由不充分、不合理或不被员工所理解和接受，则会造成激励和约束作用的缺失，在很大程度上也造成了人才的流失，更谈不上员工的职业幸福感。

当然，这些职业特征都是以员工的感知为测量依据。所以，归根结底，职业幸福感与任职者自身因素关系很大。随着以知识和信息为主导的新经济时代的到来，组织的稳定性下降，企业组织的兼并、裁员、破产或倒闭层出不穷。职业管理的任务更多地落实到个人头上，因此，职业幸福感的来源并不完全取决于组织的职业发展措施，员工自己的主观能动性也相当重要，比如职业自我管理显得尤其重要。自我职业管理是个人洞察自己和劳动力市场状况，形成职业目标和实现步骤，在职业生涯历程中获得反馈和职业提升的过程。

新进员工是为组织中的新鲜血液，其对于职业特征的感知较为敏感，与其他年龄段的员工相比，他们的职业幸福感与组织的利益更为休戚相关（孙灵希，腾飞，2013）。组织也应该更加关注这个群体的职业幸福感问题。

第二节　工作—家庭冲突与职业幸福感之间的关系
——职业特征的调节作用

一、问题的提出

习近平同志在同全国劳动模范代表座谈时的讲话指出："实现我们的发展目标，不仅要在物质上强大起来，而且要在精神上强大起来。"在物质丰富的今天，人们已经不再只是简单地追求工作，而且还追求如何才能工作得好、工作得幸福。工作场所不再仅仅要满足人们存活和延续生命的需要，更要为个体提供良好的工作生活环境，促进个体的不断完善和发展。这种完善是对更高层次的追求——职业幸福感。2015 年"中国幸福小康指数"对众多职业者进行职业幸福感的调查，可见，职业幸福感话题引起了社会关注。而在现代社会中，人生的大部分时间是在工作中度过的，职业生涯跨越人生中精力最充沛、最美好的青春年华，职业成为绝大多数人生活的重要组成部分，职业幸福感决定了人生幸福。

工作—家庭冲突是指工作和家庭两个方面的不相容，从而给个体带来角色间转换的冲突与压力。尽管研究者从不同视角和运用不同理论对工作—家庭冲突给出不同定义，但学术界最普遍接受的是研究者（Greenhaus & Beutell，1985）的观点，即"工作—家庭冲突是一种角色间冲突，它是指工作和家庭两个方面的角色压力，在某种程度上的不协调，这样一种角色的参与就会因另一个角色的要求变得很难实现"。工作—家庭冲突方面的研究，更多是集中在其结果变量，即工作—家庭冲突产生的后果是研究者重点关注的。包括工作相关结果变量（工作满意度、组织承诺、离职意向、缺勤、工作表现、职业满意度）、非工作结果变量（生活满意度、婚姻满意度、家庭满意度、家庭表现、休闲满意度）和压力相关结果（心理压力、生理症状、压抑、物质滥用、工作相关的压力、家庭相关的压力）（Byron，2005；Ford et al.，2007；Major，Klein，Ehrhart，2002；高中华，赵晨，2014）。娄玉琴（2008）用经济学理论验证了个体在寻求市场发展机会是，需要平衡角色冲突，工作—家庭冲突对员工生活幸福感和心理健康常常会产生不利的影响。其中王丹、刘希宋等学者（2009）用社会学理论研究工作—家庭冲突，强调工作—家庭冲突中的角色冲突、角色认同及角色转换，主要从角色冲突的视角分析冲突的表现形式、产生原因。洪艳萍等（2013）研究发现职业女性面临较普遍的工作—家庭冲突，工作—家庭冲突显著影响职业女性的主观幸福感，并且，基于时间的工作—家庭冲突与基于压力的工作—家庭冲突对其主观幸福感有非常显著负向作用（t = − 2.61，p < 0.01；t = − 0.129，p < 0.05）。既然工作—家庭冲突对许多工作领域的结果变量会产生影响，则可以想象对职业幸福感的影响会比较大。同时，笔者发现，在当今中国社会，不仅仅是女性面临更多的工作—家庭冲突，已婚员工均有此倾向。因此，本研究采用已婚员工对研究对象，并探索工作—家庭冲突与职业幸福感的关系。

职业特征概念的提出，目前还比较少见，多数研究等同于工作特征概念（朱奕蒙，2013），即学者（Demerouti，1995）提出的工作要求—资源（JD−R）模型，即"尽管员工在不同的组织中，有不同的工作环境，但这些工作环境的特征都可以归为两类：工作要求和工作资源。无论每个职业工作的具体要求和资源是什么，这个模型都可以应用到各种职业环境中"。本研究认为，职业特征是指职业本身的客观属性，尤其是能够带给任职者需求满足的客观属性，包含职业本身的特性、职业的周边环境、职业报酬、安全感、人际关系、学习新知识和发展的机会、反馈、自主性、挑战感等。胡湜、顾雪英（2014）提出的工作资源概念，接近于职业特征。它是指工作中具有实现工作目标、减少工作需求以及生理和心理上的消耗，促进个人成长、学习和发展的因素，诸如工作控制、社会支持、参与、反馈、奖酬和工作稳定等（吴伟炯，刘毅，路红，谢雪贤，2012）。"中国幸福小康指数"调查显示"影响职业幸福感的十大因素"排行榜。该调查得出的十大因素（收入、个人能力体现、个人发展空间、职场人际关系、个人兴趣的实现、福利、工作为自己带来的社会声望、领导对自己的看法、职位高低、单位实力）实际是显示了职业的特征。本研究结合以上的研究成果，提出"工作生活边界清晰程度、薪酬的公平性、能力体现"3个职业特征。第一个特征代表的是职业的一种客观属性，描述职业履行过程中，当离开职业场所，任职者的身心是否可以完全脱离出来。后两个职业特征代表的是职业的回报性质，描述的是职业的社会环境特征，往往与任职者所在组织有一定的关系。

综合以上理论和实证研究，我们提出假设如下：

（1）工作生活边界清晰程度这一职业特征影响了职业幸福感。

（2）工作—家庭冲突是工作生活边界清晰程度职业特征与职业幸福感之间的中介作用。

（3）职业特征（薪酬公平和能力体现）调节了工作—家庭冲突与职业幸福

感之间的关系。

本次调查以已婚员工为例，了解已婚员工的工作—家庭冲突、职业特征和职业幸福感之间的关系。旨在预测已婚员工职业幸福感提升的途径，为企业的职业管理献计献策，以期为今后企业有针对性地进行职业管理改革和进一步改进职业管理人力资源开发工作提供有价值的参考。本研究的理论模型如图 6.2 所示。

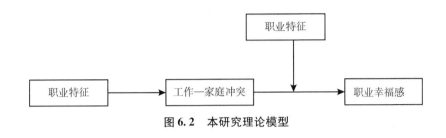

图 6.2　本研究理论模型

二、研究方法

（一）调查对象

本次调查共回收有效问卷 132 份，主要来自不同类型的企业，具体的样本分布数据如表 6.4 所示。

表 6.4　　　　　　　　　　　　　样本基本情况表

	基本信息	频数（人）	频次（%）
性别	男	41	31.06
	女	91	68.93
子女状况	已婚，无孩	18	13.63
	已婚，有一孩 12 岁以下	27	20.45
	已婚，有两孩 12 岁以下	75	56.81
	已婚，孩子均 12 岁以上	12	9.09
组织性质	国有企业	46	0.35
	民营企业	37	0.28
	外企	32	0.24
	机关事业单位	17	0.13

（二）研究工具

第一部分是职业特征的测量。由于对职业特征的测量目前无现成的已有研究结果。本研究根据假设提出 4 个具体的职业特征。"薪酬的公平性、能力体现、工作生活边界清晰程度"。该量表基本是自开发。前面两个特征侧重对职业回报属性的刻画，第三个特征侧重对职业本身特点的刻画。以一般量表不同的是，这些特征是相对独立的指标，他们的总分并不说明什么问题。因此，这几个指标可以单独运用。在本研究，工作生活边界清晰程度用作前因变量。薪酬的公平性、能力体现合并理解为职业特征中的社会环境特征，用作调节变量。

第二部分是对职业幸福感的测量方法，参考了学者（Warr，1990）开发的工作情景中的幸福感量表和学者（Baldschun，2014）提出的职业幸福感六维度模型，并结合职业生涯初期企业职员的特征，修改了相关的措辞。由于在成熟量表的基础上进行了较多的修订，该量表的得分越高说明该被试的职业幸福感的水平越高。采用 Cronbach 系数对量表进行了信度检验，该子量表的信度系数是 0.82。

第三部分是对工作—家庭冲突的测量。该子量表结合了学者（Carlson，2000）构建的量表和学者（Netemeyer，1996）提出的双维度量表以及学者（Greenhaus，1985）提出的六维度量表，具体的问卷措辞充分考虑研究对象的特点和中国文化背景。采用 Cronbach 系数对量表进行了信度检验，该子量表的信度系数是 0.85。

以上各个子量表均以任职者的感知为准，通过自我评价来测量。各项目均采用 Likert 五点量表，从 1~5 分别代表完全不符合、较不符合、不确定、较符合、完全符合，问卷调查对象根据自身情况对其打分，其得分的高低反映出该变量的水平高低。

第四部分是控制变量，人口学特征和组织性质等常见的控制变量。性别：男 1，女 2。教育程度：中专及以下 1，大专 2，本科 3，硕士及以上 4。工龄：3 年以下 1，3~5 年 2，6~10 年 3，10 年以上 4。组织性质：国企 1，民营 2，外企 3，机关事业 4。

有研究表明，育有小孩的家庭，工作—家庭冲突更为显著（李晔，2003），因此子女状况也作为本研究的控制变量。子女状况如下区分：无孩定为 1，有 1 个 12 岁以下孩子定为 2，两个及以上 12 岁以下孩子定为 3，孩子均已大于 12 岁定为 4。

本研究问卷发放采用网络和纸质相互结合的方法，将数据全部输入电脑后，主要采用 SPSS17.0 与 AMOS18 对数据进行分析和验证。

三、研究结果

（一）共同方法偏差检验

由于本研究采用自我评价的问卷法收集和测量相关变量的信息，且信息来源单一（由被试单方提供），因此，需要进行共同方法偏差检验。采用单因素检验法，即通过验证性因素分析，检验单因素模型与四因素（职业特征分成两个因素，一个作为前因变量，一个作为调节变量）模型的拟合指数差异，以此判断是否存在"单一因素解释了所有的变异"。结果显示，四因素模型拟合指数显著优于单因素模型（见表6.5），可见，本研究中不存在非常严重的共同方法偏差。

表6.5 验证性因素分析结果

模型	χ^2	Df	RMSEA	RMR	CFI	TLI
四因素模型	95.45	59	0.04	0.02	0.98	0.98
三因素模型 a	650.01	63	0.15	0.08	0.77	0.72
三因素模型 b	422.07	63	0.13	0.06	0.87	0.82
三因素模型 c	393.52	63	0.13	0.06	0.88	0.83
三因素模型 d	388.25	63	0.13	0.05	0.88	0.85
单因素模型	1285.63	66	0.22	0.12	0.52	0.44

（二）验证性因子分析

本研究结合3个关键变量，构建了6个模型。其中，三因子模型有四个，包括三因子模型a（薪酬公平＋能力体现＋工作生活边界清晰程度，工作—家庭冲突，职业幸福感）三因子模型b（薪酬公平＋能力体现＋工作—家庭冲突，工作生活边界清晰程度，职业幸福感）三因子模型c（薪酬公平＋能力体现＋职业幸福感，工作生活边界清晰程度，工作—家庭冲突）和三因子模型d（工作生活边界清晰程度＋工作—家庭冲突，薪酬公平＋能力体现，职业幸福感），采用AMOS18.0，进行验证性因素分析，从区分效度和收敛效度两方面来检验量表的结构效度，通过对这些模型的对比验证发现，四因子（薪酬公平＋能力体现，工作—家庭冲突，工作生活边界清晰程度，职业幸福感）模型契合度最好（见表6.5），说明本研究4个的关键变量的测量存在良好的区分效度，将职业特征分成两个独立的变量也是可行的。

（三）描述性统计和相关分析

本章研究采用Pearson相关系数来描述变量间的相关性，表6.6列出了描述性统计和相关分析的结果。

表 6.6 工作—家庭冲突、职业特征、职业幸福感的相关分析

	工作—家庭冲突	职业特征 1	职业特征 2	职业幸福感
工作—家庭冲突	1			
职业特征 1	-0.35^*	1		
职业特征 2	-0.31	0.43^{**}	1	
职业幸福感	-0.43^{**}	-0.23^{**}	0.43^{**}	1

注：** 显著水平为 0.01；* 显著水平为 0.05。

通过表 6.6 可知，职业特征 1 与工作—家庭冲突呈负相关关系，职业特征 1 与职业幸福感呈负相关关系，工作—家庭冲突与职业幸福感呈负相关关系。

（四）假设检验

为了检验职业特征对职业幸福感的影响以及工作—家庭冲突的中介作用和职业特征的调节作用，本研究对数据进行了层级回归分析。

首先是主效应检验。职业特征 1（工作生活边界清晰程度）对职业幸福感的影响。以职业幸福感为因变量。模型 3 是控制变量对职业幸福感的回归模型。模型 4 是加入自变量职业特征后对职业幸福感的回归模型，通过表 6.7 可知，在模型 6 中，自变量对应变量具有显著的负向影响（β = -0.23），因此，假设（工作生活边界清晰程度这一职业特征影响了职业幸福感）得到了数据支持。

表 6.7 层级回归分析结果

变量	工作—家庭冲突		职业幸福感					
	模型 1	模型 2	模型 3	模型 4	模型 5	模型 6	模型 7	模型 8
控制变量								
教育程度	0.03	0.03	0.03	0.02	0.03	0.03	0.02	0.02
组织性质	0.04	0.04	0.04	0.05	0.02	0.02	0.02	0.00
子女个数	0.04	0.10	0.10	0.04	0.10	0.09	0.08	0.08
工龄	0.05	0.03	0.03	0.02	0.03	0.02	0.02	0.07
职业特征 1		-0.35^*				-0.23^*		-0.18^*
工作—家庭冲突			-0.22^{**}	-0.34^{**}			-0.43^{**}	-0.31^{**}
职业特征 2				-0.11^{**}	-0.09			
职业特征 1、2 交互					-0.19^{**}			

续表

变量	工作—家庭冲突		职业幸福感					
	模型 1	模型 2	模型 3	模型 4	模型 5	模型 6	模型 7	模型 8
模型统计量								
R^2	0.02	0.17	0.18	0.21	0.02	0.08	0.14	0.16
调整后 R^2	0.02	0.14	0.04	0.03	0.02	0.06	0.12	0.08
F 统计值	2.07	71.31	5.64	17.81	2.07	24.55	60.52	40.12

注：** 显著水平为 0.01；* 显著水平为 0.05。

其次是中介作用验证，即工作—家庭冲突在工作生活边界清晰程度这一职业特征和职业幸福感之间是否存在中介效应，在模型 2 中，工作生活边界清晰程度这一职业特征对工作—家庭冲突具有显著的负向影响（β = -0.35）。假设（工作生活边界清晰程度这一职业特征对工作—家庭冲突具有预测）得到了数据支持。同时，在模型 7 中，工作—家庭冲突对职业幸福感具有显著的负向影响（β = -0.43）。假设（工作—家庭冲突对职业幸福感具有显著的负向影响）得到的数据支持，加入中介变量工作—家庭冲突之后，在模型 8 中，工作生活边界清晰程度这一职业特征对职业幸福感的影响系数虽然比模型 6 的影响系数低，但继续显著。此外，工作—家庭冲突对职业幸福感仍然具有显著的负向影响。因此假设（关于工作—家庭冲突的中介作用）得到了支持。为了进一步验证工作—家庭冲突在职业特征与职业幸福感之间的中介作用，本研究采用了 PRODCLIN 对其中中介效应的显著性进行分析，发现 95% 的置信区间为 [-0.45, -0.12]。即工作—家庭冲突在职业特征 1 与职业幸福感之间起着中介效应是显著的。关于中介作用的假设得到进一步支持。

最后是调节作用的验证。职业特征 2（薪酬公平性和能力体现两者合并归纳为职业的社会环境特征）在工作—家庭冲突和职业幸福感之间是否具有调节效应，为了消除共线性，在构造职业特征 2 和工作—家庭冲突的交互项是本研究将职业特征 1 和职业特征 2 分别进行了标准化处理，在模型 4 中加入调节变量职业的社会环境特征之后，工作—家庭冲突对职业幸福感仍然具有显著的负向影响，但是在模型 5 中，职业特征 1 与职业特征 2 交互之后，工作—家庭冲突对职业幸福感具有显著的负向影响。这说明了职业的社会环境（职业特征 2）越高，员工工作—家庭冲突对职业幸福感的负向影响就越弱，关于调节作用的假设得到支持。为了进一步解释职业特征 2 的调节作用的研究，下文进行了调节效应图的绘制。

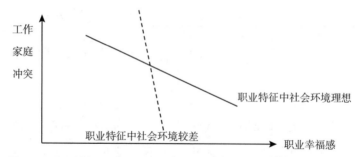

图 6.3 职业特征 2 对工作—家庭冲突与职业幸福感关系的调节效应

由图 6.3 可知，职业特征 2 的水平比较高的情况下即职业特征中的社会环境比较理想时，工作—家庭冲突对职业幸福感的影响比较小（直线比较平缓）。职业特征 2 的水平比较低的情况下，即职业特征中社会环境比较差时，工作—家庭冲突对职业幸福感的影响比较大（直线比较陡峭）。

四、讨论和启示

（一）讨论

针对职业幸福感，虽然已经做了一些研究，并且也提到了不少相关变量，包括自变量、中介变量等（职业幸福感是结果层面的变量），但尚存在一些研究空间，本研究填补了一些研究空隙。具体有以下几点：

第一，在研究对象上，已有职业幸福感研究主要针对教师群体，极少研究针对其他群体（如公务员、导游、科研人员）。因此，关于职业幸福感的研究，其对象有待扩展。本研究针对非特定的已婚员工群体，可以说一定程度扩展了研究对象。

第二，也有研究涉及部分职业幸福感的影响因素（如工作压力、自我效能感、领导风格等）和少量的调节变量、中介变量，职业幸福感这一复杂的概念，影响其因素纷繁复杂，需要进一步挖掘，职业幸福感模型（尤其是影响它的内外部因素）有待丰富。考虑职业特征、工作—家庭冲突等变量之间的关系，目前也是唯一的。另外，对职业特征的界定与衡量，本研究具有一定的开创性。

第三，在工作—家庭冲突方面的研究比较多，尤其针对女性。但是，该领域的研究关注的结果变量集中在工作满意度、组织承诺、离职意向、缺勤、工作表现、非工作结果变量（生活满意度、婚姻满意度、家庭满意度、家庭表现、休闲满意度）和压力相关结果（心理压力、生理症状、压抑、物质滥用、工作相关的压力、家庭相关的压力等）。总之，以职业幸福感为结果变量的研究基本未见，类似的职业满意度偶尔有见。因此工作—家庭冲突与职业幸福感的关系，尚属具有开创性。

（二）启示：企业对已婚员工的职业管理对策

1. 引导企业树立职业自我管理的观念

随着以知识和信息为主导的新经济时代的到来，组织的稳定性下降，企业组织的兼并、裁员、破产或倒闭层出不穷。职业管理的任务更多地落实到个人头上，职业自我管理显得尤其重要。每个人都应该树立职业自我管理观念，在日常生活中，加强职业的危机感，勤奋进取，精益求精，积极动脑思考，从多种方面多种途径找到职业成功的方法，提升职业幸福感。

2. 关怀员工

支持构建和谐家庭。家庭，是员工忙碌之余的温馨港湾，是员工的加油站，对员工职业成功、事业目标具有很大的影响力。坚持"以人为本"企业管理理念，重视员工的职业管理的企业，应该重视个人发展的需求的同时鼓励和引导员工建设和谐家庭、幸福家庭，从而员工提升职业幸福感。具体可以采取以下措施：一是企业可以有针对性地开展富有人性化的家庭帮助计划，比如创造条件帮助有小孩员工解决子女就读学校和接送小孩上学，安排弹性工作制；二是在岗位变动、工作地点变化、提拔任用时，充分考虑员工的家庭实际情况、征询个人意愿，让员工倍感自我决策的自由和人文关怀的温暖，以便全心全意为企业奉献聪明和才智，并提升职业幸福感。

3. 组织提供公平的薪酬和给予员工体现能力的机会

当一个人胜任能力无法达到其职位、岗位要求无法展现自己能力时，容易产生紧张感甚至是茫然不知所从，即使花更多时间在工作上但效率也不一定会高。这样可能造成两种结果，一方面是自己很累又没有成绩，容易产生失落感；另一方面是经常被领导批评、同事指责而产生失败感。因此，员工所在组织在工作分配注意其特长、爱好、专业等与之匹配，必要时采取有针对性、阶段性的胜任力培养与训练，使员工达到岗位所需具备的能力素质、业务水平，充分展现自己的能力，能够提高员工的职业幸福感。

（三）研究不足与未来研究展望

本研究采用单一来源的自我评价方法收集相关变量的信息，虽然经过单因素法进行了共同方法偏差检验，但不能完全排除共同方法偏差，今后需通过增多资料收集来源等方法以增强研究信度。同时，本研究使用"职业特征"这一概念，虽有一定的开创新，但对此概念的系统性、严谨性还有待进一步研究。

五、结论

本章研究从已婚员工工作—家庭冲突对职业幸福感的影响为切入,在此基础上,探讨已婚员工工作—家庭冲突、职业特征和职业幸福感之间的关系。本章研究采用自编和参考相结合的办法设计问卷,对 132 名在职已婚员工进行了工作—家庭冲突、职业特征和职业幸福感方面的调查。结果表明,在职已婚员工的工作—家庭冲突水平受到职业特征(工作生活边界清晰程度)影响,工作—家庭冲突对职业幸福感具有预测性。并且,职业特征(能力体现、薪酬公平性合并为职业的社会环境特征)在工作—家庭冲突与职业幸福感之间起着调节作用。如果能力体现与薪酬公平性的水平比较高即职业的社会环境比较理想,工作冲突对职业幸福感的负向预测作用会有所下降。反之,如果能力体现与薪酬公平性的水平比较低,工作—家庭冲突对职业幸福感的负向预测作用会有所增大。

第三节　人—岗匹配对职业幸福感的影响
——以自我效能感为调节

一、引言

(一)研究背景

随着社会主义市场经济和知识经济的发展,企业之间的竞争日趋激烈。在此情势下,企业之间的竞争逐步转向人才之间的竞争,人才成为企业发展的核心竞争力,企业若想求得生存发展,必须吸引并留住更多的人才。在这种情况下,员工对职业的幸福感对员工能否留在企业构成重要影响,因此,员工的职业幸福感的高低成为关乎企业发展的重要因素。

但是,人与岗位的低匹配度很有可能使得员工的能力无法在岗位上得到最大限度发挥,从而导致其职业幸福感降低。人—岗匹配是岗位管理的核心,是岗位管理的起点和终点。因此,如果企业能够关注人员和岗位匹配对企业的影响,那么满足岗位需求的人才将被安排在相应的岗位上。《求是》杂志社旗下《小康》杂志开展的"2018 中国幸福小康指数"调查显示,80.9% 的受访者认为"从事自己适合的职业"能带来幸福感。这一数据也论证了员工与岗位之间的高匹配程度，将大大提升员工的职业幸福感，最终对公司的发展产生积极影响。

自我效能感则是个体对自身完成某项任务或职业的信心程度，它在个体面对职业压力、解决职业难题和体验职业幸福感的过程中有非常重要的作用。因此，在人—岗匹配与职业幸福感的研究中引入自我效能感在调节作用方面进行进一步的解释具有一定的理论与实践意义。

综上所述，本章研究了企业中人—岗匹配与员工职业幸福感在自我效能感调节作用下的关系。通过问卷调查的形式搜集数据，对三者之间的关系进行研究，构建并检验其作用机制模型。

（二）研究目的

第一，通过文献研究，总结了人与岗位匹配与自我效能感、人与岗位匹配与职业幸福感、自我效能感与职业幸福感之间关系的研究成果，评论需要进一步探讨的问题。

第二，从员工的个人角度，探讨人—岗匹配、自我效能感和职业幸福感之间的关系。对人—岗匹配、自我效能感、职业幸福感进行相关和回归分析，探讨自我效能感在人与岗位之间的匹配与职业幸福感关系中的作用。构建人—岗匹配和职业幸福的研究模型。

第三，在梳理国内外相关文献的基础上，结合本章研究的实证研究，从自我效能感的角度提出了提高员工职业幸福感的管理策略，为企业的人力资源管理工作提供一定的参考。

（三）研究结构

本节研究共设有五个环节，具体内容及论文结构如下：

第一环节，引言。主要介绍了论文的研究背景，研究目的和框架。

第二环节，文献综述。本章节主要对人—岗匹配、自我效能感及职业幸福感的概念进行阐述，并对三者之间的相互关系进行梳理和界定。

第三环节，研究设计与方法。本章节主要基于文献整理和理论分析提出本研究的相关假设，并基于该假设构建本研究的理论模型。同时，解释了本研究中使用的研究方法。

第四环节，问卷分析。本章节主要包括对收集到的数据的描述性统计分析、问卷的可靠性分析、变量之间的相关分析和回归分析，最后验证前文所提出的假设。

第五环节，结果讨论。本章在实证分析的基础上，总结了研究成果，探讨了本研究的理论和实践意义，最后提出了本节研究的不足之处和展望。

二、本节文献综述

(一) 职业幸福感综述

1. 职业幸福感概念界定

幸福感这一概念在近年受到越来越多的研究学者的关注，这是因为每个人对社会的感受不仅对个人的生存发展，也对社会的发展具有显著的作用。当前社会快速发展，工作与生活密不可分，甚至占据人们生活的重心，个人在工作中感受到的幸福感程度对其在社会生活中感受到的幸福感程度起着决定性的作用。因此，职业幸福感的概念也逐步受到学术界的关注。

职业幸福感体现的是员工个体的主观感受，通过对以往的文献进行回顾发现，国内外不同学者对职业幸福感概念的界定存在一定的区别，本章研究将其归纳如表6.8所示。

表6.8 职业幸福感概念的界定

学者 (年份)	定义
赖特和克罗班扎若 (Wright & Cropanzano, 2000)	职业幸福感是个人工作中的主观幸福感，指的是员工对所有职业相关事务的看法和情感的积极和消极体验
束从敏 (2003)	职业幸福感是指人们在人格发展、任务实现和生命维持等人类活动中经历的幸福
约翰等人 (John et al., 2004)	职业幸福感是指个体对自己职业的各个方面的积极评价，它包含了情感、动机、行为、认知和身心幸福5个方面的内容
葛喜平 (2010)	职业幸福感是一种主观感受，是员工对其职业和职业地位的评价和满足

基于上述定义，本章研究将职业幸福感定义为职业幸福感是指个人对其职业和职业相关事宜感到满意的程度。

2. 职业幸福感影响因素

职业幸福感受到诸多因素的影响，一直以来所被认同的影响因素包括工作环境、工作内容、人际关系等外部影响因素，以及个人对职位的认知及兴趣等内部影响因素。随着研究的深入，许多学者提出了更深层次的因素，如挑战型—阻碍型时间压力、个体人力资本。

从不同的角度出发，可以将这些影响因素分为不同的类别。苗元江等人 (2009) 将影响其分为个人动机、工作性质、收入、人际关系、组织支持和压力六类。葛喜平 (2010) 则从主客观角度出发，将其划分为客观的环境因素与主观的个体因素两大类别。他将工作条件、工作压力、工作职责等与工作本身相关的内容归为环境因素；将个体对职业价值的认同及工作兴趣等归为个体因素。吴贵明（2015）做了更具体的描述，分别从个体资源特征、工作资源特征和个人—组织适配性3个方面进行分析。其中，个体资源特征主要包括个人的人力资本、社会资本与心理资本；工作资源特征主要由工作需求、工作控制与组织支持构成；个人—组织适配性方面则囊括了工作嵌入、薪酬满意度与职业发展等内容。

3. 职业幸福感模型

为了进一步加深对个体职业中的幸福感的认知和测量，国内外一些学者根据不同的起点构建了职业幸福模型，主要包括以下4种类型。（见表6.9）。

表6.9　　　　　　　　　　　　职业幸福感模型

学者（年份）	维度
瑞夫（Ryff，1989）	自我接纳、环境控制、自治、与他人的积极关系、个人成长、人生目标
瓦尔（Warr，1994）	情绪快乐、野心、自主、能力、全面维度
范霍恩等人 （Van Horn et al.，2004）	情感幸福、专业幸福、社会幸福、认知幸福、身心幸福
姜艳（2006）	认知疲劳、就业动机、人际关系、身体健康、成效感

有研究者（Ryff）的职业幸福感模型不仅关注了情绪和动机方面，还关注了行为方面；研究者（Warr）建立的模型更加注重个人工作环境中的职业幸福感。因此，相对研究者（Warr）来说，研究者（Ryff）对职业幸福感的理解更为全面。而研究者（Van Horn）等人则在学者（Ryff）和学者（Warr）的基础上提出了更加全面的维度，因而得到了大多数学者的支持。国内学者对职业幸福感模型的构建还处于起步阶段，但也提出了一些创新。

在本章研究中，职业幸福维度的划分基于学者（Van Horn，2004）开发的模型，由于认知幸福维度具体描述所体现出的个体状态与身心健康维度较为相似，如难以集中精神等。因此，通过整理，将认知幸福归纳为身心幸福的维度，最终形成情感幸福、职业幸福、社会幸福和身心幸福4个维度。

（二）人—岗匹配综述

科学管理之父泰勒首先提出人与岗位匹配的理论：只要所从事的职业适合员工，就能成为优秀的工人，因而应该依据工作岗位的需要挑选适合它的员工。从那以后，人—岗匹配的概念引起了许多学者的关注与研究。1995年，研究者

（Schneider）提出了"吸引—挑选—摩擦"框架理论（attraction-selection-attrition），认为人和岗位之间互相吸引的原因是因为人和岗位一些相似或甚至相同的特征。随着研究的不断深入，研究者（Cable，1996）提出用"要求—能力"和"需要—供给"的概念来解释人和岗位匹配的问题。前者认为个人具有该职位所需的能力，就完成了人和岗位的匹配，而后者则认为该职位满足个人的愿望、需求或偏好时，人和岗位就达成了匹配。

通过对文献的回顾和总结，本章研究将人—岗匹配定义为人—岗匹配是指员工的个人属性与其所从事岗位的属性之间的一致性水平，它包括要求—能力匹配和需要—供给匹配两种形式。

（三）自我效能感综述

著名的美国心理学家（Bandura，1977）首先提出了自我效能感（self-efficacy）的概念，即个人对自己能否完成某项职业的自信心。之后，许多学者从不同角度研究了自我效能感，因此，不同学者对自我效能感的定义不同，主要归纳如表6.10所示。

表6.10   自我效能感概念的界定

学者（年份）	定义
班度拉（Bandura，1986）	自我效能感是指个体在一定程度上完成某项活动的能力的判断、信念或主体自我感觉和感受
阿什顿、韦布（Ashton，Webb，1986）	自我效能感是指个体对特定环境作出反应的心态
张春兴（1991）	自我效能感是指对个人进行某种职业的能力以及可以达到职业的程度的主观评价
杨心德，徐钟庚和陈朝阳（1993）	自我效能感是指个人行为对其行为结果的有效或无效的自我体验
周勇，董奇（1994）	自我效能感是指个人对自己的活动能力有信心的程度
边玉芳（2003）	自我效能感是指个人对自己是否有能力实现组织目标的信心

从自我效能感概念的发展中可以找到两个特征：一是自我效能感与特定的行为或职业相关，而不是个人行为中普遍存在的共同特征；二是自我效能感不是涉及技能本身，而是涉及个人利用所拥有的技能来完成职业行为的自信水平的能力，这属于个人认知范畴。

因此，结合上述定义，本章研究将自我效能感定义为个人对完成任务或职业充满信心的程度。

（四）三者关系综述

1. 人—岗匹配与职业幸福感

目前，关于人—岗匹配与员工职业幸福感之间关系的研究很少。研究者（Brown，2005）通过实证分析发现，人员和岗位的匹配可以对员工的职业幸福起到积极的预测作用。国内学者同样验证了人—岗匹配对员工职业幸福感的正向影响（周明建，待水生，蒋建军，2011）。当个人与岗位特征之间存在一定的匹配时，员工的职业幸福感会增加，个人的职业压力会相对减少。也就是说，人员和职位的匹配越高，员工的职业幸福感就越高。

2. 自我效能感与职业幸福感

高自我效能感意味着个人对完成任务或职业充满信心，并对他成功完成任务或职业的能力持积极态度。由于个体拥有的自信的状态，更有利于带给自身较高的幸福感。现有的实证研究显示，自我效能感与职业幸福感之间存在显著的关系，且是一种积极的影响关系（Cervone，1983；McDollald，1996；佟月华，2003）。换句话说，员工的高自我效能感有助于他们提高职业幸福感。

3. 人—岗匹配与自我效能感

现有研究表明员工的过往绩效、目标设置水平、感知到的任务可控制性、权力距离、情绪特征等因素都将对其自我效能感产生影响。通过对以往的文献进行回顾发现，国内外大量学者的研究认为，人—岗匹配与影响自我效能感的某些因素（如感知到的任务可控制性、情绪特征）之间有一定的联系，因而我们预期自我效能感高的员工比自我效能感低的员工具备更高水平的人—岗匹配度。

从要求—能力的角度来看，自我效能感更高的员工工作压力更小，岗位工作的完成度更高，也更容易获得上级领导的认可与表扬，因此会认为其个人属性与其所从事岗位的属性之间的一致性水平更高；反之，由于自身能力不能充分满足岗位要求，自我效能感更低的员工在工作中可能面临更多的困难，岗位工作的完成度更低，更可能受到主管的批评和训斥，因此会获得更多的负面情绪，从而认为其人—岗匹配度较低。

从需要—供给的角度来看，员工的需要得到工作资源的满足也对提升员工的自我效能感有利。例如当员工对工作自由度的需要得到满足时，员工有机会采取最适合自己的工作方式，以使自己的工作能力得到最大化的发挥，因此对通过自身能力完成某项工作任务也更加具有信心。

三、研究设计与方法

(一)研究假设

1. 人—岗匹配对职业幸福感的影响

根据以往的文献综述,人员与岗位的匹配与职业幸福感密切相关。实证研究结果表明人—岗匹配中的要求—能力匹配及需要—供给匹配两方面均会对员工的职业幸福感产生积极影响。

(1)要求—能力匹配对职业幸福感的影响

人员和岗位匹配的要求—能力匹配的重点是工作所需的知识、技能和经验是否与员工的能力相匹配。人—岗匹配中的要求—能力匹配注重的是岗位要求的知识、技能、经验是否与员工所具备的能力相匹配。研究者(Zeitz)发现,当员工的工作能力与岗位要求匹配度较高时,岗位工作或任务的完成度也较高,职业压力较小,职业幸福感水平较高;反之,当个体所具备的能力难以达到岗位要求时,员工的职业负担会显著上升,导致其职业幸福感水平下降。

(2)需求—供给匹配对职业幸福感的影响

人员和岗位匹配中的需求—供给匹配关注于职业资源是否满足员工的愿望、需求或偏好。研究者(Bakker & Demerouti)验证了组织支持与职业幸福感之间的关系,工作资源的充足性对员工的幸福感产生了重大影响。当满足员工的需求时,员工将表现出更高水平的职业幸福感;反之,则会呈现出较低水平的职业幸福感。

基于上述研究,本章研究提出如下假设:

H1:人—岗匹配与职业幸福感正相关。

2. 自我效能感的调节作用

根据社会认知理论,高自我效能感的个体对职业目标、职业认可、职业报酬及职业发展机会的追求更高,这意味着个人更多的需求获得了满足,因而有利于提高员工的职业幸福感。这一讨论得到了实证研究的大力支持,大量研究发现自我效能感与职业幸福感正相关(Zellars K. L. & Hochwarter W. A.,2001;Judge T. A. & Bono J. E.,2001)。自我效能感高的员工对自己的职业压力和挑战更有信心,更积极地应对压力和挑战,因此他们拥有更高水平的职业幸福感。

基于上述研究,本章研究提出如下假设:

H2:自我效能感在人—岗匹配和职业幸福感之间起调节作用。

综合上述研究假设,本章研究以人—岗匹配为自变量,以职业幸福感为因变量,以自我效能感为调节变量,提出以下假设模型(见图6.4)。

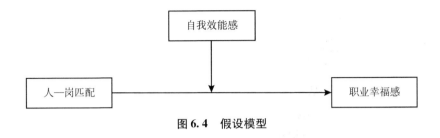

图6.4　假设模型

（二）研究方法

在阐明本章研究研究意义的基础上，本章研究的研究工作是通过文献研究与实证研究相结合的方式进行的。

第一，文献研究。本章研究首先回顾和总结了国内外关于人—岗匹配、自我效能感、职业幸福感的相关研究，定义了三者的概念，并审查了三者之间的关系。在对过往研究成果进行回顾与分析的基础上，进行本章研究的研究设计，提出了本章研究的研究模型和基本假设，并确定了问卷调查所需要的测量量表。

第二，实证研究。在本研究中，通过问卷调查网站分发和收集在线问卷，通过 Excel 和 SPSS 对数据进行可靠性分析、描述性统计分析、相关分析和回归分析。探索人员与岗位之间的匹配与自我效能感、人员与岗位之间的匹配与职业幸福感之间的相关性和回归关系、自我效能感与职业幸福感之间的相关和回归关系，以及自我效能感在调节人员—岗位匹配和职业幸福感中的作用，验证本章研究提出的研究模型和研究假设的支持情况。

四、问卷分析

（一）研究工具

1. 人—岗匹配

该研究量表的内部一致性信度（α 系数）为 0.782。由研究者（Saks & Ashforth，1997）开发的单维度量表用于衡量人员与岗位之间的匹配。量表共包含 4 项题目。该量表使用里克特 5 点计分法，1 ~ 5 表示"完全不同意"到"完全同意"。题项包括"我的知识、技能、能力能够满足职业的要求""我的职业能够满足我的需要""我的职业非常适合我"等。该部分量表的内部一致性系数为 0.855，表示该量表具备较好的内部一致性。

2. 自我效能感

测量我效能感的量表采用研究者（Schwarzer & Jerusalem，1981）编制的自我效能感量表 GSES（general self-efficacy scale），王才康、胡中锋、刘勇于 2001 年翻译成中文。该量表共 10 个题项。该量表使用里克特 5 点计分法，1 ~ 5 表示"完全不同意"到"完全同意"。单一维度包括"如果我尽力去做的话，我总是能够解决问题的""即使别人反对我，我仍有办法取得我所要的"等。该部分量表的内部一致性系数为 0.925，表示该量表具备较好的内部一致性。

3. 职业幸福感

通过大量文献查阅发现，目前针对企业员工的职业幸福感量表较少，且量表信效度不高，一些研究通过划分职业幸福感的维度来衡量不同维度的职业幸福感。因此，本章研究参照学者（Van Horn，2004）的维度划分，分成 4 个维度：情感幸福、专业幸福、人际幸福以及身心幸福测量职业幸福感。由于职业幸福感的测量缺少成熟的量表可以借鉴，因此参照马丹丹和陈瑜的硕士毕业论文，从 4 个维度选取了量表。

情感幸福维度使用了研究者（Cammann，Fichman，Jenkins & Klesh）在 1983 年编制的总体满意度量表。这部分量表由 3 个问题组成，使用里克特 5 点计分法，1 ~ 5 表示"完全不同意"到"完全同意"。这些项目包括"总的来说，我对我的职业很满意""大体说来，我不喜欢我的职业""大体说来，我喜欢在这儿的职业"，含有一题反向计分题。该部分量表的内部一致性系数为 0.912，表明该量表具有良好的内部一致性。

专业幸福维度使用学者（Warr，1990）职业幸福感量表中的胜任力、抱负和自主性三部分内容。这部分量表包括 13 个问题，使用里克特 5 点计分法，1 ~ 5 表示"完全不同意"到"完全同意"。题项包括"我能把我的职业做得很好""我能处理好职业中的任何问题"等。该部分量表的内部一致性系数为 0.864，表明该量表具有良好的内部一致性。

社会幸福维度参考了学者（Ryff，1989）心理幸福感量表中人际关系的部分内容。这部分量表共有 4 个项目，使用里克特 5 点计分法，1 ~ 5 表示"完全不同意"到"完全同意"。题项包括"在职业中，我和同事互相信任""我和同事合作良好，共同完成职业"等。该部分量表的内部一致性系数为 0.848，表明该量表具有良好的内部一致性。

身心幸福维度参照了职业疲乏的有关量表内容。这部分量表由 5 个项目组成，使用里克特 5 点计分法，1 ~ 5 表示"完全不同意"到"完全同意"。题项包括"职业让我感觉身心疲惫""职业中我常感到身体不适，如头痛、失眠等症状"等。该部分量表的内部一致性系数为 0.894，表明该量表具有良好的内部一致性。

（二）研究过程

本问卷采用的是随机抽样问卷调查。通过问卷调查网站编制和发放问卷，由受访者在线填写。在这项研究中,共发出问卷并回收问卷 223 份,删去无效问卷后,共获得有效问卷 203 份,回收率为 91%。

(三)描述性统计分析

进行受访者的性别、年龄、教育程度、工作年限的调查,表明样本的分布状况,具体指标状况如表 6.11 所示。

表 6.11　　　　　　　　　　描述性统计分析

统计内容		样本个数	所占比例(%)
性别	男	63	30.92
	女	140	69.08
年龄	21~25 岁	123	60.52
	26~30 岁	43	21.05
	31~35 岁	20	9.87
	36~40 岁	9	4.61
	40 岁以上	8	3.95
教育程度	高中及以下	19	9.21
	大专	47	23.03
	本科	128	63.16
	研究生及以上	9	4.6
工作年限	1 年以内	110	53.95
	1~2 年	43	21.05
	3~5 年	17	8.55
	6~10 年	15	7.24
	10 年及以上	18	9.21

(四)信度分析

1. 人—岗匹配量表信度分析

本书问卷中,关于人—岗匹配的题目共有 4 题。分析结果如表 6.12 所示。

表 6.12   人—岗匹配信度分析

	α
人—岗匹配	0.855

人—岗匹配量表的信度 Cronbach's Alpha 值为 0.855。这表明该量表具有高度的内部一致性和高可信度，可以作为后期研究的基础。

2. 自我效能感量表信度分析

在这份研究调查问卷中，有 10 个关于自我效能感的问题。分析结果如表 6.13 所示。

表 6.13   自我效能感信度分析

	α
自我效能感	0.925

自我效能感量表的信度 Cronbach's Alpha 值为 0.925。结果表明，该量表的内部一致性程度较高，可信度较高，可以作为后期研究的基础。

3. 职业幸福感量表信度分析

本研究问卷中，关于职业幸福感的题目共有 25 题。职业幸福感量表的信度 Cronbach's Alpha 值为 0.912，结果表明，该量表的内部一致性程度较高，可信度较高，可以作为后期研究的基础。分析结果如表 6.14 所示。

表 6.14   职业幸福感信度分析

	α
职业幸福感	0.912

（五）相关性分析

本研究的相关性分析主要是研究人—岗匹配、自我效能感、职业幸福感之间的密切关系。结果主要通过相关系数 r 来反映，分析结果如表 6.15 所示。

表 6.15   相关性分析

变量	1	2	3	4	5	6	7
1 性别							
2 年龄	− 0.184 *						

续表

变量	1	2	3	4	5	6	7
3 教育程度	0.113	-0.460**					
4 工作年限	-0.114	0.865**	-0.446**				
5 人—岗匹配	-0.039	0.044	-0.021	-0.039			
6 自我效能感	-0.071	0.024	-0.018	-0.011	0.588**		
7 职业幸福感	-0.038	-0.038	-0.021	-0.104	0.731**	0.781**	

注：** $p < 0.01$，* $p < 0.05$。

从表 6.15 中可以看出，人—岗匹配与自我效能感之间存在显著的正相关关系（$r = 0.588$，$p < 0.01$）；人—岗匹配与职业幸福感之间存在显著的正相关关系（$r = 0.731$，$p < 0.01$）；自我效能感与职业幸福感之间存在显著的正相关关系（$r = 0.781$，$p < 0.01$）。

（六）回归分析

首先，控制人口统计学变量，并将人—岗匹配用作自变量，并将职业幸福感用作回归分析的因变量。得到结果如表 6.16 所示。

表 6.16　　　　　　　　人—岗匹配对职业幸福感的影响结果

控制变量	因变量：职业幸福感	
	标准回归系数 1	标准回归系数 2
性别	0.049	0.061
年龄	0.201	-0.017
教育程度	-0.070	-0.056
工作年限	-0.303	-0.079
自变量		
职业幸福感		0.730**
R^2	0.027	0.547
ΔR^2		0.519**

注：** $p < 0.01$，* $p < 0.05$。

从表 6.16 中可以看出，调整后的判定系数 R^2 为 0.519，其在 0.01 的水平上是显著的，表明人—岗匹配与职业幸福感具有显性关系。标准化回归系数（Beta）为正，表明人—岗匹配对职业幸福感有积极的预测作用，因此假设 1 得到支持。

其次，将自我效能感作为调节变量并进行回归分析，得到结果如表 6.17 所示。

表 6.17   自我效能感的调节作用

控制变量	因变量：职业幸福感			
	标准回归系数 1	标准回归系数 2	标准回归系数 3	标准回归系数 4
性别	0.049	0.061	0.090 *	0.107 *
年龄	0.201	− 0.017	0.021	0.007
教育程度	− 0.070	− 0.056	− 0.055	− 0.061
工作年限	− 0.303	− 0.079	− 0.114	− 0.097
自变量				
人—岗匹配		0.730 **	0.408 **	− 0.439
调节变量				
自我效能感			0.545 **	− 0.057
交互项				
人—岗匹配 × 自我效能感				1.307 **
R^2	0.027	0.547	0.740	0.763
ΔR^2		0.519 **	0.193 **	0.023 **

注：** $p < 0.01$，* $p < 0.05$。

从上述回归分析可以看出，综合分析人—岗匹配、自我效能感和职业幸福感，人—岗匹配与职业幸福感不相关（$p > 0.05$），自我效能感与职业幸福感显著相关（$p < 0.01$），因此在人—岗匹配影响职业幸福感的过程中，自我效能感起调节作用，假设 2 被验证。

五、结果讨论

（一）研究总结

本研究的主要目的是通过自我效能感的调节作用来探讨人—岗匹配对员工职业幸福感的影响。通过问卷调查的研究方法，得出以下结论：

首先，人—岗匹配对职业幸福感产生积极影响。该结论表明，当组织中的员工感知到个人与岗位之间的高度匹配时，员工的职业幸福感将受到影响和改善，这与过去大量研究的结果是一致的。

其次，自我效能感对人—岗匹配和职业幸福感具有明显的正向调节作用。该结论表明，具有较高自我效能感的员工对完成任务或职业具有较高的信心。这不仅体现在相信自己所具备的能力，还体现在清楚自己的能力优势，所以即使处于人—岗匹配度较低的岗位，职业幸福感可能仍然处于较高水平。因此，自我效能感高的员工也将提高他们的职业幸福感。高自我效能感的正向调节作用使得低人—岗匹配对员工的职业幸福感的影响减弱。

（二）理论意义

目前，已有一些学者对人—岗匹配及职业幸福感的概念和内涵进行了研究，且已有一批关于人—岗匹配与职业幸福感的实证研究。在前人研究成果的基础上，本章研究通过质性与量化相结合的方法，完善研究方法，提高研究质量，以期能够为将来相关学术研究提供借鉴。同时本章研究将自我效能感结合到人—岗匹配对职业幸福感的影响机制的实证研究中，探讨了自我效能感在人—岗匹配与职业幸福感之间的调节作用，构建人—岗匹配影响职业幸福感的实证模型，扩大人—岗匹配的研究范围。

（三）实践意义

当前社会，人们大部分的时间和精力被职业所占据，人们通过职业展现自身的能力、发现自我的价值，并在职业的过程中不断成长。职业不仅使人们获取赖以生存的物质生存需要，也使人们在此过程中实现自身价值、获得职业上的满足，因此，职业幸福感已成为人们获得幸福感的重要组成部分。

通过实证研究，得出人—岗匹配、自我效能感、员工职业幸福感之间的关系：人—岗匹配对于员工的职业幸福感有积极的预测作用，且通过自我效能感进行调节。

首先从人—岗匹配的角度出发。对于企业来说，企业从多方面为员工的工作提供支持，可以满足员工的工作需要，提高员工的自我效能感，使其感受到高水平的人—岗匹配度，从而帮助他们更快地适应工作、更好地开展工作。对于员工个人来说，工作的进行首先需要自身具备足够的能力，所以员工努力提升自身的工作能力以满足工作要求，可以使其保持稳定的职业信心，将自身职业生涯发展的路径与企业的健康发展联系起来，实现个人与企业的双赢。

其次从自我效能感的角度出发。员工增强自身对完成任务的信心程度，可以提高其工作的积极性，从而提高员工个人的绩效，提升企业整体的工作水平。而企业及时鼓励员工，为其创造成功的体验可以培养员工的忠诚度，为人力资源管理提供实践指导，从而提高企业在市场中的竞争力，促进企业的稳定发展。

（四）研究不足

1. 样本量代表性不足。本研究在问卷调查过程中，被试者如性别、年龄段、教育程度等都样本都过于集中，使得研究结果缺乏更广泛的代表性。

2. 易产生社会赞许效应及自我认知偏差。由于本研究采取的问卷调查的方式，被试者都是采用自称式进行的，因此无法排除员工给自己打分偏高的可能性。此外，被试者对问卷语言理解的偏差也会影响测量结果。

3. 自变量选取单一。大量国内外研究均从要求—能力匹配和需要—供给匹配两个角度对人—岗匹配的概念及影响机制进行论述。然而，在测量本研究变量的过程中，人—岗匹配被视为单维变量，缺乏更进一步的区分，这可能会导致我们对人—岗匹配及其影响机制产生理解上的偏差。

4. 研究角度存在局限性。本研究仅从员工的角度来检验人—岗匹配，但是缺乏组织对人—岗匹配的认知的比较研究。

第四节　员工自我效能对职业幸福感的影响研究
——工作卷入作为中介变量

一、引言

在经济转型和社会发展进入新阶段，国家大力提倡自主创新的背景下，越来越多的组织意识到保持企业持久竞争力的重点就是创新，创新可以是产品或服务的创新，内部管理机制的创新等，所有创新都依赖于员工的创新能力，都是员工创新行为的结果和表现，员工创新行为是企业可持续发展的动力源泉。但是，我国很多企业无论是管理人员，还是普通员工，普遍缺乏自主创新的信念，不敢创新，不愿创新。在如今竞争如此激烈的国际大背景下，企业如果再不重视员工的创新行为，就很容易被淘汰。而员工的创新很大程度上源于职业的幸福感，只有对自己职业感到满意，在职业活动中体会到幸福感，员工才有可能有源源不断的动力对自己的工作进行创新、不断改进，充满激情。因此，从创新的角度而言，员工的职业幸福感也是至关重要的。本节的研究是以自我效能为自变量，职业幸福感为因变量，同时考虑工作卷入为中介变量，研究三者之间的关系。

二、研究假设

(一) 自我效能

一般自我效能的概念最早出现在社会学习理论中，后来班杜拉（1977）又对此做了进一步的系统论述。自我效能是指个体对影响自己生活的事件以及自我的活动水平施加控制的能力的信念。1997年班杜拉又重新定义自我效能：人们对其组织和实施达成特定成就目标所需行为过程的能力信念。可见，自我效能并非是一个人的真实能力，而是这个人对自己行为能力的评估和信心。

(二) 工作卷入

工作卷入是心理学家和社会学家共同关心的一个问题。有研究者（Lodahl & Kejner，1965）提出工作卷入的两种定义。一是认为工作卷入是个人对其工作的心理认同程度，或工作在其整个自我形象中的重要性。二是认为工作卷入是个体的工作表现影响其自尊的程度。研究者（Lawler & Hall，1970）将工作卷入定义为"个人对工作的心理认同"和"工作环境对个人及其身份的重要程度"。有研究者（Kanungo，1982）认为，工作卷入是个体对自己工作的心理认同程度，这种心理认同将工作看成具有满足个体主导需要和期望的潜力。因此，个体对工作的认同，依靠两个条件：第一是他的需要（包括内部的和外部的）足够强烈，第二是他认为工作满足其需要的可能性较大。

(三) 具体假设

自我效能影响到个体在活动过程中的努力程度，以及个体在面临困难、失败时还能继续坚持的程度。创新活动属于一种探索性的活动，没有现成经验可借鉴，只有高效能的个体才会长期地投入更多、更强的努力来开展职业活动，充分发挥自己的聪明才智，不断尝试。当然，职业活动又是个不断尝试和失败的过程，只有那些具有不可动摇的效能的人才能坚持到最后。而个体在活动中的努力程度，面临困难、障碍、挫折、失败时对活动的持久力和耐力正是工作卷入程度的反映。虽然目前有关工作卷入的研究大多围绕它与工作态度变量（如组织承诺、工作满意度、离职倾向）的关系，但研究表明工作卷入通过这些工作态度变量影响员工的工作行为与绩效。而高工作卷入对于员工的职业成就也具有重要影响。有研究者（Csikszentmibalyi，1990）认为，高度的工作卷入能正向预测个体的创造力和创造绩效。有研究也发现个体在任务上的心理卷入程度与工作成就有正相关关系（Ruscio，1998）。

综合上述分析，得到如下假设：

假设1：工作卷入对员工职业幸福具有正向影响，即员工的工作卷入程度越高，职业幸福感的可能就越强。

假设2：工作卷入在自我效能与员工职业幸福感之间起到中介作用，即员工自我效能越高，工作卷入的水平就越高，职业幸福感的可能就越强。

假设3：自我效能对员工职业幸福感具有正向影响，即员工的自我效能越高，职业幸福感的可能就越强。

四、研究过程和方法

（一）变量的测量

第二部分是对职业幸福感的测量方法，参考了学者沃尔（Warr，1990）开发的工作情景中的幸福感量表和学者鲍尔森（Baldschun，2014）提出的职业幸福感六维度模型，并结合职业生涯初期企业职员的特征，修改了相关的措辞。由于在成熟量表的基础上进行了较多的修订，该量表的得分越高说明该被试的职业幸福感的水平越高。采用 Cronbach 系数对量表进行了信度检验，该子量表的信度系数是 0.82。

自我效能的量表主要采用长梅利和斯乔布罗德（Carmeli & Schaubroec，2007）的自我效能量表。一共由8个条目组成，由两个分变量：对于自己的任务目标的处理和对于棘手的困难的处理组成。问卷题目涉及我能够有创意地完成自己设置的目标；我能够有创意地克服各种挑战等。在本研究中，该子量表的信度为 0.83。

工作卷入的量表主要采用相关研究者万斯·米切尔维希可斯·巴巴和蒂莫西·埃普斯（Vance F. Mitchell Vishwanath Baba and Timothy Epps）的工作卷入测量表，主要有6个条目，由两个分变量组成，分别为对工作重要性的认识和对工作执行的态度。具体问卷题目有：生活中很多事物都比工作重要；我生活中最大的一部分满意来自工作；在我认为最重要的事中包括工作等。在本研究中，该子量表的信度为 0.86。

以上均采用里克特（Likert）5点式进行测量，1~5表示"完全符合"至"完全不符合"。

（二）样本情况

采取问卷调查方式，共130个样本，来自不同岗位，包括研发、行政管理、营运、销售等。其中，74 名女性，占 50.5%。41% 的样本属于管理者。平均年龄是 33.4 岁。工龄 5 年以下占 3.8%，5 ~ 10 年占 23.9%，10 ~ 15 占 22.1%，15 年以上占 50.2%。

（三）数据分析与结果

1. 相关性分析

为了检验研究假设，分析各变量之间的关系，本研究运用相关分析法来进行研究，对假设进行初步检验。

从表 6.18 可看出自我效能与职业幸福感之间存在正相关，且相关性比较显著（$p < 0.01$）。此相关分析结果验证了假设 3。工作卷入与职业幸福感之间也存在正相关。因此相关分析结果验证了假设 1。最后，工作卷入与自我效能有正相关关系，同时工作卷入与职业幸福感也有正相关关系。此双重关系验证了假设 2。

表 6.18　　　　　　　　　　各变量相关关系表

变量	目标处理效能	困难处理效能	工作卷入	职业幸福感
目标处理效能	1			
困难处理效能	0.644 **	1		
工作卷入	0.661 **	0.713 **	1	
职业幸福感	0.689 **	0.900 **	0.739 **	1

注：$p < 0.01$ 时，相关系数旁标识 "**"，表明两变量在 0.01 水平上达到显著相关。

2. 回归分析

为了测量自我效能与职业幸福感之间的关系，此模型在假设不受到其他因素的影响下，将自我效能作为自变量，职业幸福感作为应变量，进行回归分析，结果如下（见表 6.19）。

表 6.19　　　　　　　　　　回归分析

	β	t	p
自我效能	0.662	7.63	0
$R^2 = 0.435$　调整后的 $R^2 = 0.427$　$F = 59.347$			

由表 6.19 的分析结果可知，两回归模型的调整判定系数为 0.43，因此回归

模型的显著性可被接受。其中，自我效能与职业幸福感的标准系数为 0.66，自我效能与职业幸福感的标准系数为 0.65，自我效能与职业幸福感的两个方面都呈正相关关系。这意味着自我效能水平越高，职业幸福感就更强。

为了验证自我效能与工作卷入之间的关系，此模型在假设不受到其他因素的影响下，将自我效能作为自变量，工作卷入作为应变量，进行回归分析，结果如表 6.20 所示。

表 6.20 　　　　　　　　　　　回归分析

	β	t	p
自我效能	0.664	7.785	0

$R^2 = 0.417$　调整后的 $R^2 = 0.430$　$F = 61.546$

由表 6.20 的分析结果可知，回归模型的调整判定系数分别为 0.43，因此回归模型的显著性是可被接受的，其中自我效能与工作卷入的标准系数 β 为 0.66，自我效能与工作卷入是呈正相关关系的。这意味着，自我效能水平越强，工作卷入的水平就越强。

为了验证职业幸福感与工作卷入之间的关系，此模型在假设不受到其他因素的影响下，将工作卷入作为自变量，职业幸福感应变量，进行回归分析。

由表 6.21 分析结果可知，回归模型的调整判定系数分别为 0.55，因此，回归模型的显著性是可被接受的，其中工作卷入与职业幸福感的标准系数为 0.72。这意味着，工作卷入的水平越高，产生职业幸福感的可能性就越大。

表 6.21 　　　　　　　　　　　回归分析

	β	t	p
工作卷入	0.719	9.673	0

$R^2 = 0.526$　调整后的 $R^2 = 0.531$　$F = 96.480$

图 6.5 为由回归模型分析中得到各个标准系数，从图 6.5 中可以看出，自我效能与工作卷入的关系、工作卷入与职业幸福感达到显著性水平，这说明工作卷入在自我效能和职业幸福感中起到中介作用，假设 3 得到支持。同时，也可以看出自我效能与工作卷入的关系，工作卷入与职业幸福感的关系都达到显著性水平，这说明工作卷入在自我效能和职业幸福感中起到中介作用，假设 3 得到支持。

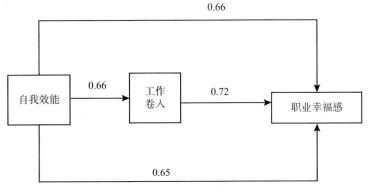

图 6.5　各变量之间的关系

五、结 论 与 讨 论

相关分析结果显示效能与员工产生的职业幸福感显著正相关，这一结果与 Tierney 和 Farmer 在企业场景下的实证研究结果是一致的。这表明在中国情境下，员工的自我效能是激发员工职业幸福感的关键个体因素。自我效能是针对行为包含职业行为的一种自我概念、信心、信念，当员工具备较高水平的自我效能，自然促进了员工的职业幸福感。

相关分析结果还显示，工作卷入与员工产生的职业幸福感都显著正相关，同时与职业幸福感的两个分变量也呈正相关。在回归分析中，工作卷入和职业幸福感的回归系数比较高。这样的研究结果表示：在中国情景下，员工的工作卷入程度与其职业幸福感有重要关系，即工作卷入程度影响员工职业幸福感表现。

在验证了自我效能与员工职业幸福感的关系之后，本书更关注创意自我效能对于员工职业幸福感的作用机制这一"黑箱"。在实证研究过程中，引入了工作卷入变量，视之为自我效能的结果变量，员工职业幸福感的前因变量，即它们在自我效能与员工职业幸福感间扮演重要的中介作用角色。自我效能与工作卷入都显著正相关。这表明自我效能不仅对员工职业幸福感有直接的影响，还通过中介变量（如工作卷入）影响员工的职业幸福感表现，这一完整作用机制过程可以表述为：自我效能→工作卷入→产生职业幸福感。工作卷入是员工对工作的认同、自我概念和投入，较高的工作卷入意味着员工对的工作具有较高的责任感和承诺感，更愿意为工作作出应有的，甚至是额外的努力，这种态度和意识，最终促进了员工的职业幸福感。

本书只发现了自我效能确实通过工作卷入的中介作用影响员工职业幸福感，但是这个中介效应相对于创意自我效能的直接作用相对较弱，还有很多问题值得进一步深入探讨。未来研究，可以通过更为全面的理论分析或案例分析，识别出其他中介变量，将其纳入到自我效能与员工职业幸福感的关系模型中，以建立更为完善、有解释力的理论模型，进一步提高理论研究的系统性与针对性。

第五节　关于职业幸福感的案例研究

一、菲达环保基本概况

浙江菲达环保科技股份有限公司（以下简称菲达环保）于 2000 年正式组建成立，隶属于菲达集团，总部位于浙江省诸暨市。菲达环保是国有上市股份有限公司，是中国最早从事大气污染治理装备研究开发、设计制造和系统服务的公司，是全国大气污染治理行业龙头企业、全球最大的燃煤电站除尘设备供应商，是全国环保机械行业唯一的国家重大技术装备国产化基地，"全国五一劳动奖章"获得者。

菲达环保主要从事燃煤电厂及工业锅炉烟气环保岛大成套，以及固废处置、水污染治理、土壤生态修复等 EPC、BOT、PPP 建设工程，是集研发、设计、制造、建设、运行服务全产业链的大型环保企业。公司长期专注于大气污染治理事业，先后建立国家认定企业技术中心、燃煤污染物减排国家工程实验室除尘分实验室、国家博士后科研工作站、省级重点企业研究院等创新载体，是中国环保机械行业协会理事长单位、浙江省品牌建设联合会理事长单位、中国环保产业协会电除尘器委员会主任委员单位和行业标准化技术委员会主任和秘书处单位。菲达已完成 21 项国家重大装备科技攻关项目，7 项国家火炬和星火计划项目，获得国家科技进步二等奖 1 项、省部级科技进步一等奖 9 项，省部级以上科技成果100 多项。2011 年，联合国环境规划署授予公司"中国区环境规划示范企业"称号；2013 年公司荣获浙江省政府质量奖；2014 年菲达负责起草了《电除尘器》浙江制造标准，同年作为首批试点单位通过浙江制造认证；2016 年菲达又起草了《湿式电除尘器》浙江制造标准，助力"超低排放"技术的发展。

在国家推进产业结构调整、促进资源节约型、环境友好型社会建设的大背景下，在行业不断推陈出新、竞争对手不断增多变强的局势下，公司亦将不断追求创新，勇于超越自我，同时，用好、用足金融平台，循环往复，生态链式地来推进企业全面转型升级，实现可持续发展。"十三五"期间，公司将对接"一带一路"，并重国内外市场，着力于从装备制造向装备制造加环境服务业，从大气污染治理向跨大气、水、固废等综合环境治理领域服务商转型升级，努力朝着国内最佳、世界一流的多领域国际化环保大集团的目标迈进。

40多年来，菲达坚守环保产业，坚持以用户需求为导向，在重大技术装备研制过程中，走引进、消化、吸收、创新、提高的路子，不断提升创新能力，使菲达的技术产品均达到国内领先、国际先进水平。产品出口30多个国家地区，其中100万千瓦超超临界机组电除尘器国内市场占有率60%以上，荣获中国名牌。2002年在上交所成功上市（股票名称代码：菲达环保600526）。在美国、印度、新加坡以及杭州、江苏等地设有研究院和产业基地，初步构建了国际化的公司布局。

面对外部环境的日益变化，菲达环保进一步创新，利用现有的技术和资源，积极探索新的合作模式，在环境服务业、工程总承包、科技进步等领域寻求突破，生产经营成果丰硕。

在环境服务业领域，成功中标国内最大单台处理烟气量电除尘器——申能安徽平山电厂二期工程1350MW超超临界机组配套电除尘器，再次抢占燃煤发电配套除尘技术的制高点。同时，海外市场中标印度鼓达2×800MW工程电除尘器项目，是目前全球单台机组所配电除尘器型号最大、除尘器设备成套出口合同额最高的项目。此外高端零部件出口产品成功挺进中东等市场，出口总量达到30667吨，比上年增长30%以上。

在工程总承包领域，公司签订首个合同额为6亿元的铅山危废处理中心项目工程总承包项目合同。由菲达总包，菲达菱立分包低温声煤器、脱硫系统的华电江陵2×660MW项目1正式投运，这是菲达第一台真正意义上的60万机组环保岛项目。

在科技进步领域，菲达环保入围首批浙江省国家科技成果转移转化示范区企业，被省经信委授予"浙江省第一批上云标杆企业"。由菲达环保牵头研发的《高效控制PM2.5电除尘技术与装备》项目荣获2018年度中国机械工业科学技术一等奖，牵头编制的《低低温电除尘器标准（JB/T12591-2016）》荣获2018年度中国机械工业科学技术二等奖。此外，与巨化股份强强联合攻克节能减排脱白技术难题，共同研制的"相变凝聚除尘及余热回收利用集成装置"在巨化热电8#机组工程成功投运，荣获2018年度浙江省装备制造业重点领域首台产品。

菲达环保提炼并确定品牌的核心价值及定位，主推质量和技术，根据公司战略规划，制定实施品牌发展规划及年度计划，通过申报首台套项目、名牌产品以及各类质量奖、技术奖等方式，使品牌内涵和品牌形象不断得到丰富、提升，并通过整合媒体、行业协会、政府等资源，推广菲达品牌。菲达环保在获得浙江省政府质量奖后，积极开展政府相关工作，带动区域经济转型升级。公司积极参与"品字标浙江制造活动"，积极投身浙江制造业转型升级工作，进一步提升了菲达品牌美誉度。通过不断提升公司品牌价值，菲达环保的市场占有率和产品份额得到进一步拓展，合同订单爆发性增长，顾客满意度得到提升。

菲达环保于 2006 年通过浙江省机械制造企业安全生产标准化认证，通过进一步对安全生产相关过程和制度的梳理，按国家机械制造行业安全生产标准化企业要求开展相关管理工作，通过各项措施的实施，公司持续保持"无重大火灾、爆炸事故，无万元以上的设备责任事故，无万元以上责任在厂方的交通事故，无重伤事故，无死亡事故，无职业病事故，轻伤事故控制率在6‰以下"的控制目标，确保公司安全、稳定生产。

菲达环保上缴税收逐年提升，处于行业首位、诸暨市前列。公司通过产品技术创新、生产现场小改小革等活动，最大限度改进能源消耗量，确保在同类企业中拥有最佳资源利用比。通过"机器换人"等手段的实施，在总人数不断增加的基础上确保全员劳动生产率逐年提高。通过实施 ISO14001 环境管理体系，严格按照国家相关法律法规进行生产，环境因素得到进一步控制，材料利用率历年保持在95%以上。

二、菲达环保组织架构

随着公司的逐步发展，菲达环保的组织架构也逐步完善如图 6.6 所示。

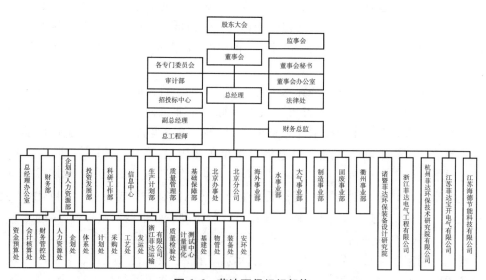

图6.6 菲达环保组织架构

从菲达环保的组织架构图上可以看出，公司内部职能相当全面。一方面，职能划分清晰，各部门根据项目特点组建，任务清楚、业务明确、互不干涉；另一方面，由于过大领导幅度，使领导者对每一位下属不可能进行充分、有效地指导和监督，导致领导者从下属那里取得信息时有可能淹没其中最重要的、最有价值的内容，从而可能影响信息的及时利用。

三、菲达环保人力资源管理系统概况

(一) 薪酬管理体系

菲达环保分不同层次、不同部门、不同岗位制定了较完善的工资薪酬管理制度，使薪酬与业绩相挂钩，待遇与能力相符合。公司按照效率优先、兼顾公平、贡献者重奖的原则，建立完善的考核激励机制：实行职称技能等级奖励制度，激发员工学习热情，使之更加努力地提高专业技能；建立创新奖励制度和科技创新基金会，激发员工科技、制度、管理创新热情。考核机制既保持相对稳定，又能从多角度灵活地适应公司实际，与时俱进，促进企业的发展。

菲达环保针对营销部门设计薪酬体系时，员工的薪酬构成都由基本工资和考核工资两部分组成，营销部门共有 10 个岗位等级，按照员工的岗位等级不同，基本工资的基数会有相应的不同。

(二) 绩效管理体系

菲达环保以岗位说明书、员工考核指标库为指导文件，以被考核人本年度工作关键绩效、工作目标完成情况和工作态度等方面进行综合考核。考核内容如表6.22所示。原则上以关键绩效指标（KPI）考核为主，关键绩效指标（KPI）从员工绩效指标库选择读取，应采用量化指标、确保有准确计算方法和数据来源；当岗位从事日常性、重复性工作难以提取 KPI 时，可使用工作目标指标（GS）考核。

表 6.22　　　　　　　　　　　考核指标类型

指标类型	定义	考核方式	权重	备注
关键绩效指标（KPI）	用于衡量员工工作绩效表现的量化指标，由部门绩效指标分解而来	填写附件 1 中的指标名称、指标定义/公式/标准、目标值、权重	70%	KPI/GS，两者指标总数≤5 个
工作目标指标（GS）	日常性、重复性工作难以提取 KPI 时，设定 GS 旨在测量考核期内应完成的主要工作；侧重工作量、质量、效率、成本等方面			
工作态度指标（WAI）	指对员工职业操守、工作态度、工作纪律方面的考核	得分制	30%	选填分数

关键绩效或工作目标得分计为 K1，工作态度得分计为 K2：
综合得分 K = K1 × 0.7 + K2 × 0.3

公司各级人事管理部门为员工考核工作归口管理部门，员工考核采用逐级考核方式，根据员工考核得分将其列入相应考核等级，绩效考核等级将影响员工下一年度的岗位晋升及职业发展培训等多个方面。

菲达环保营销部门的绩效考核指标由关键绩效指标（KPI）和工作态度指标（WAI）两部分组成。工作态度指标（WAI）从责任心、主动性、合作性、创新性和纪律性五方面体现，指对员工职业操守、工作态度、工作纪律方面的考核。关键绩效指标（KPI）则按照营销人员岗位的不同分别制定考核内容，是用于衡量员工工作绩效表现的量化指标（见表6.23）。

表6.23　　　　　　　　　　各岗位关键绩效指标内容

岗位名称	关键绩效指标（KPI）内容
市场部部长	合同总额、毛利率、销售费用额、资金回收额、中标率、销售管理重大失误、开辟新兴市场
市场部营销处长	年度订货合同任务完成率、年度订货合同毛利率、年度资金回收任务完成率、出差天数累计、合同中标率
市场部区域营销副总监	年度订货合同任务完成率、年度订货合同毛利率、年度资金回收任务完成率、出差天数累计、合同中标率
市场部营销经理	销售合同签订及管理、年度订货合同毛利率、年度资金回收任务完成率、投标及报价数量、出差天数累计

（三）人力资源开发体系

菲达环保通过建立菲达学院来构建学习型组织，菲达学院承担主要培训管理职能，设置公司级培训计划，包括文化类、专业类、一线操作类、其他综合及管理类等相关培训。

营销部门作为菲达环保的核心部门，对于新员工的招聘要求较为严格，近几年新进部门员工不论从数量还是频率上来说都相对较少。综合在职老员工也极少有辞职意向的现状，因此部门新进员工和辞职员工的数量比趋于平稳。在这种平稳的状态下，部门就缺少了对员工培训工作的投入动力，培训工作逐渐趋向于为了完成培训而开展培训，并未形成系统的培训计划方案，未建立合理的人力资源开发体系。

（四）人力资源管理制度体系

近年来，菲达环保以精细化管理为导向，逐步建立了各项管理制度，其中包括员工规章制度、精细化管理制度、绩效考核制度等。这些管理制度主要侧重点在于对于人力资源的规范化管理，对于流程的规范并不能支持公司的战略发展。

四、营销人员基本情况

员工的学历分布如图6.7所示。

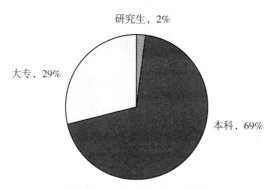

图6.7 员工学历分布情况

菲达环保营销部门共有员工45人，具有本科以上学历的员工为32人，占员工总数的71%，其中，具有研究生学历的员工为1人，占员工总数的2%，其余员工均获得大专学历。

员工的职称分布如图6.8所示。

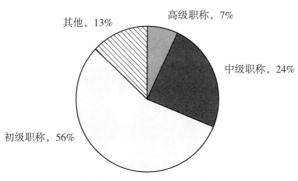

图6.8 员工职称分布情况

具有高级职称的员工为3人，占员工总数的7%，具有中级职称的员工为11人，占员工总数的24%，具有初级职称的员工数为25人，占员工总数的56%。

员工的工龄分布如图6.9所示。

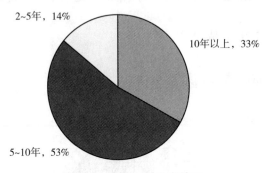

图6.9　员工工龄分布情况

具有10年以上工龄的员工为15人，占员工总数的33%；具有5年以上、10年以下工龄的员工为24人，占员工总数的53%；具有2年以上、5年以下工龄的员工为6人，占员工总数的14%。

通过综合统计分析菲达环保营销人员的各项基本情况，可以看出营销人员大部分具备良好的专业教育背景，并且有较大部分员工已经获得职业职称，对于公司的发展来说，已经具备了良好的基础。从员工在菲达环保的工作年限来看，又是一支较为成熟的队伍，可以说在各方面都基本达到稳定的状态。

五、营销人员职业满意度调查

（一）问卷设计

通过查阅员工职业满意度问卷调查相关文献资料，借鉴专家学者的设计理念以及已有的研究成果，最终选择以石磊员工的满意度调查问卷为模板，调整设计了对菲达环保营销人员的职业满意度调查问卷。问卷内容涉及薪酬管理、绩效管理、职业发展、组织支持等多方面维度。对于调查结果，根据学者（Rice）的研究理论，对调查表中的整体满意度和各个单方面满意度之间是简单相加关系，各单方面维度之间没有权重区别。

（二）调查结果

本次营销人员职业满意度调查对象共45人，发放调查问卷45份，收回调查问卷45份，有效问卷44份。具体菲达环保营销人员职业满意度调查结果统计情况见表6.24。

表 6.24　　　　　　　　　　营销人员职业满意度调查

序号	维度	平均分
1	你对工作环境比较满意	3.36
2	在工作中能充分发挥自己的能力	3.52
3	公司能提供工作所需的资源	3.65
4	在工作中能得到公平的对待	3.65
5	你在工作中有明确的工作职责	3.52
6	你的工作量是合理的	3.66
7	你可以实现工作和个人生活的平衡	3.29
8	你对工资收入满意	3.63
9	你对公司奖金的计算和给付满意	3.50
10	你对公司的福利制度满意	3.54
11	公司能提供良好的机会来提高能力	3.36
12	公司能给予培训和进修机会	3.52
13	你能通过努力而非关系得到晋升机会	3.45
14	公司能很好地挖掘员工潜力	3.50
15	你在工作中能得到认可	3.41
16	工作中遇到困难能获得上级关心	3.72
17	上级的能力和职务是相符的	3.72
18	你在工作中能充分发挥自己的能力	3.54
19	上级领导善于和员工进行沟通	3.45
20	领导重视员工对企业的建议	3.63
21	同事之间的人际关系融洽	3.77
22	同事之间的工作配合和协作比较通畅	3.54
23	公司上下级关系比较和谐	3.43
24	你对公司的组织机构设置满意	3.45
25	你对公司的各种规章制度的实施满意	3.56
26	你对公司的文化及团队建设满意	3.36
27	你对公司的远景规划满意	3.77
28	你有机会参与公司的管理和决策	3.47
29	你对公司的考评方法满意	3.43
30	你对公司考评的客观性和公平性满意	3.29
31	公司的考评结果能及时公开和反馈	3.50

续表

序号	维度	平均分
32	你对公司考评后的奖惩政策满意	3.68
33	绩效评估有利于改进工作	3.79
34	公司的绩效目标有明确清晰的定义	3.54

(三) 结果分析

本调查问卷中的问题都是关于营销人员职业满意度的正向信息，因此根据里克特量表需要对员工对于各项维度的同意程度进行划分（见表6.25）。

表 6.25　　　　　　　　　　　员工同意程度划分表

同意程度	完全不同意	基本不同意	说不准	基本同意	完全同意
分数	1	2	3	4	5

通过对回收的调查问卷进行结果统计，菲达环保营销人员的总体满意度为3.51分，属于略为满意。其中，员工对绩效评估作用的满意度最高，为3.79分；对工作与生活的平衡关系、考评的客观性和公平性满意度最低，为3.29分。最高值与最低值相差0.5分。

从表6.24中可以看到，菲达环保营销人员对"绩效评估有利于改进工作"这一项满意度最高，这表明员工对于在公司内部建立科学合理的绩效考评体系十分重视，一旦公司进行全面完善的绩效考评，对于员工的工作积极性、工作效率以及职业满意度都会有十分明显的提升作用；对"你可以实现工作和个人生活的平衡"的满意度低，可能与营销人员的工作性质有关，经常性为营销工作四处奔波和长期的业务压力使得营销人员在工作和生活之间难以达到平衡；对"你对公司考评的客观性和公平性满意"的满意度低，则表明在考评过程当中，除考评办法本身之外的因素对考评结果起到了更大的作用，因此即使公司不断完善考评机制，员工也会对考评的公正性存在质疑。

对薪酬管理相关维度进行分析，可以得到表6.26。

表 6.26　　　　　　　　　　　薪酬体系相关维度

序号	8	9	10
维度	工资收入	奖金计算和给付	福利制度
得分	3.63	3.50	3.64

由于菲达环保受国有企业薪酬制度的约束，造成了营销人员对于工作回报的满意度不高，这在一定程度上影响了营销人员的职业满意度。

对绩效管理相关维度进行分析，可以得到表6.27。

表6.27　　　　　　　　　　　　绩效管理相关维度

序号	29	30	31	32	33	34
维度	考评方法	客观性和公平性	公开和反馈	奖惩政策	绩效评估效果	绩效
得分	3.43	3.29	3.5	3.68	3.79	3.54

除了绩效评估效果和奖惩政策两个维度外，其他满意度均不高，这反映出菲达环保在绩效管理方面还存在不足：绩效考评方法不够完善，绩效考评的结果公开反馈的透明程度不够，从而导致员工对考评的客观性和公平性存在不信任的态度。

对职业发展相关维度进行分析，可以得到表6.28。由于营销工作的特殊性，使得营销人员对于工作环境以及工作生活平衡关系的满意度并不高。此外，员工对培训进修和提高能力机会的满意度也不高，说明企业在对员工进行针对性培训和职业发展有效引导方面还存在欠缺。通过调研，在职务晋升过程中，缺乏规范性制度和科学化操作，仍存在论资排辈等现象，因此导致员工对该维度的满意度较低。

表6.28　　　　　　　　　　　　职业发展相关维度

序号	1	2	3	4	5	6	7	11	12	13	14
维度	工作环境	工作能力	工作资源	公平对待	工作职责	工作量	工作生活平衡	提高能力机会	培训进修	晋升机会	挖掘潜力
得分	3.36	3.52	3.65	3.65	3.52	3.66	3.29	3.36	3.52	3.45	3.50

对组织支持相关维度进行分析，可以得到表6.29。

表6.29　　　　　　　　　　　　组织支持相关维度

序号	15	16	17	18	19	20	21	22	23	24	25	26	27	28
维度	工作认可	上级关心	上级能力	发挥能力	沟通	建议	人际关系	配合协作	上下级关系	机构设置	规章制度	文化建设	远景规划	参与度
得分	3.41	3.72	3.72	3.54	3.45	3.63	3.77	3.54	3.43	3.45	3.56	3.36	3.77	3.47

从以上维度可以看出，企业在组织机构设置上还可以进一步优化完善，规章制度的落实还有待加强。企业的文化和团队建设也要根据环境变化而不断进行修正、调整。企业对员工参与企业管理在一定程度上流于形式，再加之领导与员工的沟通不足，在处理上下级关系上没有找到合适的方式方法，使得员工缺乏表达自己想法的机会，缺乏信息传递的渠道。

六、菲达环保营销人员职业满意度存在问题及对策

(一) 菲达环保营销人员职业满意度存在问题

随着国家政策的日趋缩紧，环保企业受到的社会舆论压力和承担的社会责任越来越大，这就要求企业从上到下都需要自我加压。上级公司的考核、外界媒体的关注、企业内部的转型导致员工工作强度逐步增大。在攻坚克难、转型升级的过程中，逐渐暴露出一些负面影响，如员工工作不积极主动、对部分工作安排有抵触情绪等。通过对菲达环保营销人员问卷调查结果做出的分析，以及对相关人员进行了解和访谈，总结出影响营销人员职业满意度主要有以下几个方面。

1. 岗位归级缺乏动态调整

菲达环保营销人员按照岗位级别从低到高主要分为销售助理、销售经理、区域营销副总监、区域营销总监、市场副总监、市场总监。经过实地了解和谈话，不同级别的营销人员对工作量和工作压力都有不同的感受，其中销售助理表示工作量最大，烦琐的基础性工作以及上级分派的各种任务导致身心疲惫，而区域营销总监表示压力最大，这些压力主要来自公司和部门制订的各项目标任务。

根据所在岗位的工作量和工作压力，有部分营销人员认为工作付出和回报不相匹配，这些员工往往认为自己的工作付出应该得到更高的回报，而目前的薪资水平达不到预期，产生这种不满意的原因可能有以下几个方面：①菲达环保的工资制度受到第一大股东巨化集团的严格控制，按照岗位级别层层定档。这从根本上决定了员工的基本工资在一定任职期限内处于稳定状态，职员晋升的机会小，成长的规划窄。在岗位级别无变动的前提下，基本工资也不会变化，从而导致员工主观认为收入与所付出的工作努力难以匹配，对于员工工作的积极性、主动性和创造性都产生了严重的影响。②收入分配制度不透明，营销人员岗位的特殊性决定了其部分薪资是按照营销业绩进行分配。这种分配一般经人力资源部门和市场部门考核后，由市场总监统筹安排，低级别岗位员工不能参与收入分配，甚至对收入分配情况毫不知晓，因此员工在对个人的收入状况进行比较时，也会产生心理不平衡的状态。③部分员工在岗不在位。由于年龄和资历的优势条件，使得这部分员工虽然在较高的级别岗位，但是付出的工作努力较少甚至不付出，这些

人员往往已经不能符合所在岗位的工作要求，然而在进行收入分配时，又能得到较高的份额，这样的情况会让其他员工产生心理上的落差和不平衡感。由于在同一岗位级别上同时存在具有不同能力和贡献的员工，在这些员工之间造成不该有的矛盾之后，就会阻碍企业的发展，对员工自身的责任心有很大伤害。

2. 绩效考评混乱模糊、流于形式

在对营销人员进行绩效考评时，虽然有与岗位相对应的关键绩效指标和工作态度指标，但是这些考核指标在针对不同级别岗位时的区分度不高，这就造成考核指标过于通用化，难以形成区分，在实际考评时缺乏操作性，进而影响到考评结果的真实性和准确度，最后使得考评流于形式。

关键绩效指标的考核方式在企业内的运用，一般是下级各部门上报给上级管理人员核准，这样的方式使得各项指标的信息不能与岗位实际相匹配。在实际考核过程中，关键绩效指标考核是按照一定的标准进行的，对于这种标准，在企业发展初期为企业提供了有效的控制，但是当企业经营发展到一定阶段之后，关键绩效指标会制约企业的创新，约束员工的创造能力，对于企业发展来说会使组织僵化，失去争夺市场的机会。

在实际绩效考评过程中，企业没有考虑自身实际情况调整考评模式，没有对员工进行过有效考评或举办普遍性测评，且绩效考评工作虽然同时具有定性和定量考核，但是侧重于定性考核，而且定量考核的指标设置有一定的局限性，只设定财务方面的考核指标，使得定量考核产生的效用并不明显，对于众多绩效考评标准没有做到明细化，忽略了员工个人贡献和自身能力。虽然内部年年实行绩效考评，且每次都对结果进行排序，但是对获得优秀、称职等次的员工和不合格等次的员工在奖金、晋级增资、职务晋升方面没有合理拉开距离，让员工心理普遍失望，职业幸福难以满足。

3. 薪酬管理缺乏约束和激励作用

菲达环保营销人员获得薪酬的主要组成部分是基本工资和考核工资，基本工资主要根据员工在企业工作的年限和所在的岗位级别来确定。通常在同一级别的营销人员基本工资基本相同，而作为工作业绩区别的考核工资则并没有根据员工的个人贡献度高低来区别，这就造成薪酬组成部分里的考核工资部分逐渐接近定期、等额发放。比如当前来看，大约95%的员工可以100%获得，其他的员工也可以获得考核工资的90%，结果就是考核工资不再对员工的业绩和效率的激励有显著作用。

从当前菲达环保营销人员的薪酬情况来看，同一岗位同一级别上业绩优和业绩差的员工薪酬差不多。工作业绩的考核结果与薪酬的高低没有一致性，如此一来工作业绩的考核结果就失去了其应有的作用。从薪酬构成情况来看，菲达环保营销人员的薪酬只包括基本工资和考核工资两部分，对于激励薪酬以及其他方式的薪酬并没有明确体现，这就导致员工对企业的依存感、归属感和安全感降低。

当薪酬的激励作用失效时，所反映的是企业对内部普通员工激励机制不健全的现实情况。主要表现在对普通员工激励力度不够，公司效益、部门效益与员工收入三者之间未建立相关机制，从而导致未将公司效益与员工收入挂钩，未形成公司和员工利益相关的紧密效果。另一方面，公司缺乏对奖励过程的有效监督与过程控制，约束作用缺乏，职业幸福感也很难获得提升。

4. 公司内部缺乏全面支持效用

营销人员营销工作的成功与否，与公司内部的支持度是密不可分的。在营销活动开展过程中，为了应付客户提出的各种问题，营销人员总希望能得到企业强有力的支持，而这种支持往往分为以下几个方面：

（1）技术支持。技术支持在业务进行过程中是必不可少的。作为环保装备制造企业，所涉及的技术要求高、范围广。然而营销人员不一定都懂技术，就算懂技术也难以达到专业技术人员的精湛水平，即使技术精湛，但由于技术在不断更新换代，也不一定能及时掌握当前的技术状况，这就导致在营销过程中疑问重重，技术与营销脱节，容易犯错，最终使得业务不能顺利进行。

（2）职业技能支持。职业技能支持指的是企业要对营销人员职业技能进行适当的培训。营销人员需要应对市场的变化不断学习新的知识，特别是营销技能，在营销过程中如果不能正确的掌握营销技术，不能对业务进程作出合理的判断，就会直接影响营销人员的业绩。

（3）服务与市场现状偏差调整的支持。营销人员直接与市场接触，最了解客户的需求和市场的变化，然而公司高层管理者在制定营销方案时喜欢将个人喜好加入市场服务过程中，在营销过程中，由于是高层的命令不能违背，就导致一系列服务与市场脱节。

（4）行政信息传递共享支持。企业在构建营销部门结构时，如果不能合理构建营销部门的行政架构，就会导致行政传递失效，主要表现就是下行指令传达不到营销人员，营销人员的需求上行不畅通，营销人员相互之间平行指令不清楚，造成行政传递失去支持。

5. 培训缺乏业务针对性

教育培训是提升企业人力资源素质的一个重要途径，企业在对专业人才培训时应当紧跟时代步伐，在现有形式上进行突破，而不能只局限于常规手段。在对营销人员对访谈过程中了解到，菲达环保对营销工作开展的各项培训并不能满足实际工作的需要，主要表现为公司开展的培训并不完全针对营销工作的开展，对营销工作没有指导意义，实用性不高。

产生这种认知的原因，可能有以下几个方面：①培训基本以通用技能培训为主，形式较为单调，缺乏系统化和规范化，缺乏理论与实践相结合的模式，存在一定的盲目性。公司在制定培训方案时主要包括党性修养、英语、技术、营销技能等方面，通用性较强，没有按照营销岗位的特殊性和营销人员个体的特殊性有针对地制定培训方案，也未能根据员工个人能力考核与实际需要能力之间的差距设计培训课程，使得培训需求得不到满足，培训目的得不到体现，对个人并无实际帮助，最终造成了培训过于走形式，重理论轻实践。②在财力投入上没有做好有效、合理的评估分析，在培训方面的资金使用没有用到"刀刃"上，没有做到有的放矢。③培训评估流于形式，培训计划未按要求落实到位，培训效果反馈机制不健全。由于各种外部原因导致培训不能按照计划开展，即使开展了也因为没有相关配套的考核办法对培训效果进行阶段评估，只是在培训制度中简单规定、点到为止，从而导致不能达到预期效果。④从员工主观角度出发，没有正确认识培训对工作开展的重要性，没有考虑个人的职业发展需要，对待培训抱着不积极、不重视、不要求的态度，让培训效果大打折扣。

6. 选拔用人机制缺乏透明度

企业在选人用人机制上比较模糊，缺乏一定程度的公开、公正、民主机制，缺乏透明度与说服力，大多数时候对于选人用人还存在着遮遮掩掩、含含糊糊的状态，即使有也只是一种形式化的民主集中制。这种用人机制从表面上看就带有比较明显的行政意味，不仅造成人才信息闭塞、视野狭小、透明度差、渠道窄，而且难以全面、准确、客观地评价和合理任用每一个员工，结果就容易导致在对人才选拔的过程中任人唯亲。

对于员工而言，如果要想在企业内部被发掘、任用，多数情况下是看该员工个人能否得到领导者的赏识，而这种被动选才模式大大遏制了员工的毛遂自荐行为和自我展示的主动进取精神，也就会造成企业内人力资源闲置、浪费。同时，人员任用问题上有事能上不能下，能进不能出的局面，这样既堵塞了才路，又引发一些人浮于事的新问题，最终影响企业良性发展。

在企业内很大程度上不是因事设岗、因岗选人，而是因人设岗、因人设事。员工若要晋升不是以业绩为准绳，而是根据领导者的主观评价，这种主观性会严重挫伤员工的积极性。

由于缺乏规范性制度和科学化操作程序，在用人问题上，因为没有可行性操作规程，即使要求德才兼备，重个人业绩、重工作能力，最终还是由领导者的意见决定，有的重德轻才，有的重才轻德，均不能在合适的岗位安排合适的人选。

（二）提升菲达环保营销人员职业满意度对策

1. 完善绩效考核制度

以全面的绩效考核机制激发员工积极性。在企业内部，建立全面有效的绩效考核制度，对于各项工作的开展具有十分重要的意义。通过绩效考核不仅能促进企业整体和员工个体的工作效率提升，而且还能促进管理和业务流程的优化，使得企业战略目标得以实现。首先是要对组织中的每一个个体进行考核评价，在明确岗位职责要求和工作内容的基础上，结合该员工的实际工作贡献，进行客观公正的评价，得出最终考核结果。其次是在考核结果应用过程中，进一步分析该员工工作中的亮点优势和缺陷不足，正确引导员工扬长避短，通过制订绩效改善计划，提高工作标准，缩小目标差距，朝着企业的目标正向努力，避免产生逆向作用。

通过完善绩效考核制度，一是从员工角度出发，促使员工改进工作方式，更加明确职责和任务，认识所处岗位要求，从而激励员工的工作积极性，最大限度发挥自身作用；二是从管理角度出发，考核结果为员工的日常管理提供依据，作为职位晋升、岗位调整、工资提档以及奖惩的可参考指标，通过改进工作方式、落实工作措施、提高管理效率，借员工之力推动企业各项体系有效运转；三是从整体角度出发，对企业运作全流程进行不断调整，有针对性地对管理体系及人才队伍建设中的问题进行改进，提高组织绩效，优化业务流程。

在制定营销人员的绩效考核指标时，首先要分析营销部门当前的关键业务重心，找到这些关键业务的指标之后进行进一步细分，得到与岗位相匹配的关键指标。通过部门指标到个人指标的层层落实，使得每个员工的目标都与部门大框架目标相吻合，每个员工都清楚知道自己的目标。其次要根据岗位特点，设计量化考核指标，将考核指标明确化。从工作量、工作质量和工作效率三方面来制定绩效考核的量化指标。对于营销人员来说，工作量指的是完成任务的多少，具体可以设定投标及报价数量、销售合同签订数量、订货合同签订数量、累计出差天数等指标；工作质量指的是完成工作任务的程度，具体可以设定中标率、资金回收率、订货合同毛利率等指标；工作效率指的是能否按时完成任务。

2. 以合理的薪酬分配体系提升员工职业幸福感

完善薪酬分配体系，在对营销人员进行绩效考核的基础上，充分利用考核结果，以绩效考核结果进行薪酬分配来决定营销人员的收入组成，从而激发营销人员的工作潜力，形成员工同企业共同发展的格局，增加营销人员的职业满意度。

首先，要制定明确的薪酬基础标准，在对企业经营活动进行分解的基础上，明确各营销岗位的工作职责和任职要求，考察员工的工作能力是否符合该岗位的任职要求以及员工按照该岗位的任职要求的具体工作表现。

其次，合理构造营销人员薪资结构，将营销人员的薪酬分为基本薪酬、业绩薪酬和员工福利等三部分，其中业绩薪酬根据企业的特点又可具体设置为目标达成奖励、合同中标奖励、项目利润奖励等三方面，员工福利通过对相关领域福利待遇的参考后为员工提供适合企业发展实际的福利待遇。为了优化薪酬体系，明确业绩薪酬各部分来源，以营销片区为单位进行目标考核，并规定每一部分奖励的具体考核办法。

第一，目标达成奖励。各营销区域根据市场订单量、资金回收目标与营销片区经理签订责任制，按目标完成情况予以考核，并且根据目标完成率给予扣除或者奖励。

第二，合同中标奖励。根据营销人员在营销活动中取得的正式生效合同金额为标准，按照签订合同的金额区间和营销活动的难易程度给予一定的奖励。

第三，项目利润奖励。根据财务部门对营销人员所负责项目各项费用核算后得出的项目利润进行奖励。

第四，要保证员工薪酬的公平性。薪酬的设置既要能够反映不同岗位对企业整体业绩的价值贡献，又要能够突出不同岗位之间的差异性；既要根据行业领域内的薪酬水平变化情况进行及时调整，又要保证薪酬水平具有竞争力、吸引力，从而能够留住合适的人才。对于员工而言，认识到自己的付出与收获相匹配的唯一途径就是薪酬，公平的薪酬制度能增加员工对企业的信任度，提高员工工作积极性和主动性，更能正确引导员工积极投入企业的发展，更好服务企业。

通过对营销人员进行科学合理的薪酬绩效管理考核，提高了营销人员工作积极性，使之可以有更好的发展空间，个人提升领域扩大。员工对企业的满意度大大提高，也更明显地把自身价值的实现与企业的发展紧密联系在一起，并在工作过程中得到了实际体现。

3. 改善职业发展机制

（1）加大培训投入

培训对组织绩效的影响十分巨大，为构建高绩效工作系统，培训环节通常被公司所重视，且这种培训应当包括正式培训和非正式培训。正式培训由专家提供，但这种培训不能完全满足对员工的紧跟要求。非正式的培训可以在员工之间发生，以相互指点为主要形式，这种培训模式也应当被高绩效工作系统采用。得勒奈和赫斯里德通过调查发现，培训对组织绩效有十分重要的作用，能够间接提升组织绩效。所以，对于高绩效工作系统而言，丰富的培训类型和高质量的培训效果能够对实现公司财务目标、提高生产率产生放大作用，从而提升员工职业满意度。要使人才培训后不是流动而是更加稳定，关键是要把培训与个人发展相结合，帮助员工计划一下未来可能达到的位置，与上层职位还有多少发展空间，让员工感受到未来的前途看得见、摸得着。通过相关的岗位分析，确定其必需的知识与能力进行培训。企业要把广泛的培训看成是投资而不是开支，以培训吸引人才，以培训提高人才的使用效果。在提高员工素质方面投资，它带来的是服务质量、工作效率及利润的提高，同时也为员工个人的事业发展奠定了基础，从而增加对各方面人才的吸引力。一是要不断完善培训内容。营销部门首先应该进行培训方面的调查，充分了解营销人员培训需求的多样性。结合营销人员的实际需求和职业发展规划的需要，制订相关的培训计划，完善培训内容。在技能培训方面，要突出针对性、有效性和实用性，要在人员、时间、内容、效果上做到四落实，同时要注重培养员工的精神素质，即精神、理念、事业心、责任心、荣誉感和成就感。二是要采用多种培训方式。针对不同的培训需求和培训计划采用不同的培训方式，以寻求最好的培训效果。对于不同层次的员工，尤其是有自我提升需要的员工进行自我指导性学习，充分发挥员工的自主性。三是对培训结果进行有效的评估。通过访谈形势，及时了解培训是否达到了员工的期望，了解存在的问题以及获得的效果，并积极改进。从管理角度而言，培训全程受控，对培训过程全程评估，确保培训每一阶段都能落实到位。

（2）明确职业发展通道

将营销人员各类岗位中的性质相似或相近岗位进行集合并序列，按照岗位任职要求的高低形成职业发展通道。依据菲达环保营销部门的特点，可根据岗位性质、特征和管理需要，将职位序列划分为四个通道：管理、技术、技能、客服。管理指营销团队中负责组织的领导、计划、决策、组织、指挥、协调、控制和管理职能的岗位；技术指营销团队中对生产技术、质量管理、专业知识等有一定要求的技术类岗位；技能指营销团队中直接进行营销活动的岗位；客服指营销团队中从事客户服务、后勤保障等工作的岗位。将每个职位序列按照责任大小、复杂程度、知识水平要求等划分为多个层级，从而形成不同的职业发展阶段。通过职位层级划分，使得每个员工都能准确定位自己所处发展阶段，并能了解个人职位晋升发展空间，以此来畅通职业发展通道，解决"望岗位兴叹"问题，构建激励人才成长的长效机制，促进营销人员的快速成长。

（3）储备"接班人"型人才

做好人才储备，对于企业来说是一项规范员工职业生涯管理、激励员工劳动创造积极性的有效措施。公司可以根据自身特点，确定和追踪一批关键岗位的高潜力人才，培养一支跨类别、跨层级的优秀人才队伍。在营销部门开展优秀营销人员后备干部的选拔培养工作，进行营销岗位人才队伍的开发和建设，可为向上级部门推荐优秀人才提前进行人才储备。

（4）进行岗位轮换

菲达环保营销部门实行全员营销模式，同时也按照岗位性质有所区分，因此在同一工作岗位长期工作后，尤其是处于重复性较高、工作烦琐的岗位时，有可能会因为缺乏挑战、枯燥无味而造成一定程度的工作倦怠。在营销人员中进行适当的轮换岗位，可以使营销人员得到新的尝试，感受不同的工作环境，施展更大的才华。岗位轮换不仅调动员工的积极性，也可根据员工在不同岗位上的表现进行适度的调整以找到合适的岗位安排。同时也减轻了公司在职位晋升方面的压力，降低员工的不满和懈怠情绪。当员工被轮换到另一个同等水平、技术要求相近的工作岗位上时，不但能享受新岗位带来的新鲜感，而且也能从中学到更加全面的知识，使得技能水平更全面、思维模式转换更灵活，为自身职业发展带来更大益处。

4. 增加人性化管理通道

（1）合理缓解压力

对于营销岗位来说，压力是客观存在的，也是可以通过调节转化的。在对待压力时运用适当的方式处理，不消极对待，将适度的压力转化为工作进步的动力，就不会因为低效率的工作状态形成恶性循环，从根本上转换了工作心情和满意感。

从营销人员个体层面出发，提高工作技能，加强与人沟通，转变思维方式，调整工作期望，可以不断提升应对压力的能力，形成自我激励，由内而外缓解压力，改变心态。从公司层面出发，在日常工作中合理引导员工进行时间管理，提高时间利用率的有效性，找到工作与休息、事业与家庭的平衡点，适度释放压力，从而提升员工的职业满意感。

（2）畅通沟通渠道

为了弥补公司内部支持度不够的问题，菲达环保应当合理完善职工代表等制度，畅通与员工的沟通渠道，让员工提出意见和建议时有渠道可利用，企业也能及时对员工的需求作出反应。在满足员工需求的同时为今后工作的开展提供参考和依据。

企业以及部门的管理者要深入营销工作一线的员工，了解最新动态，积极做好政策、制度的调整，对涉及营销人员切身利益的内容，及时作出正确的分析和判断，做到上传下达。

通过畅通渠道、有效沟通，营销人员的获得感和认同感增强，自身受到尊重，从而增加了营销人员对组织的情感依赖和信任，即使高绩效工作系统实践过程中出现偏差，由于员工对领导和企业的情感依附和信任，也不会影响员工的职业满意度。

（3）关心关爱员工

营销人员对企业感情承诺的决定因素主要从情感角度出发而不是物质角度，当员工对企业的认可度越高、感情越深，就会对企业越忠诚，同时职业满意度和工作效率也越高。因此，企业关心关爱员工，从细节处让员工能感受到企业的关怀。

菲达环保营销部门大部分员工都为一线营销人员，营销任务重、工作类别杂、出差时间多且时间不固定。针对菲达环保营销人员压力大的现状，推行带薪休假制度，鼓励营销人员利用假期出去走走、调整心态，有利于员工以更加饱满的状态回归工作；做好节假日慰问工作，让因营销工作需要不能及时享受国家法定节假日的营销人员感受到公司的关怀；在合理范围内，利用生日慰问等创新措施以增加营销人员的情感认同，进行长久的情感投资。

（三）菲达环保营销人员职业满意度提升的实施与保障

在对菲达环保营销人员职业满意度提出提升对策的同时，还应该考虑如何保障该对策有效顺利实施，为了不使提升对策只流于形式，结合菲达环保实际情况，提出从以下几个方面提供保障。

高绩效工作系统与职业满意度之间存在着正向关系，高绩效工作系统通过提高员工支持性工作环境的感知，激励员工自发性行为的投入，通过高绩效工作系统可以引导员工行为和能力为企业做出更大贡献。在具体的菲达环保管理实践中，采用这些人力资源管理实务能明显提高营销人员的职业满意度。访谈过程中涉及的人员选拔、绩效评价、奖励工资等人力资源管理事务，都与职业满意度有着紧密的联系。通过分析发现采用高绩效工作系统，是提升营销人员职业满意度的有效手段。

1. 文化保障

企业文化是企业的基石，对于员工的引导以及行为规范有很大影响。众多的研究表明，企业文化与员工的职业满意度也是紧密相关的，企业文化有利于提高组织绩效从而提升员工职业满意度，这是因为绩效考核是组织内部文化的一种表现形式，绩效考核的结果又为组织内部文化发展提供依据。为了有效提升员工职业满意度，菲达环保应当在企业内部逐渐建立与完善透明、公正、公开的企业文化，使得员工有渠道敢于谏言。对于管理者而言，对于下属有想法积极参与公司的相关管理、提出相关意见，要有一颗接纳的心，积极奖励好的建议和措施，使得员工与管理者之间的互动趋于良性，提升对企业的认同感以及工作的积极性和主动性。当员工认为企业尊重他们爱护他们并创造了良好的工作环境时，在潜移默化的作用下，员工便会自觉遵守相关规章制度、提高工作效率、充分调动工作积极性。

2. 制度保障

建立有效的申诉机制。在绩效管理过程中，员工会因为种种原因对于管理产生不满情绪，因此应该建立相应的申诉机制。当员工对考核结果或者考核方式有意见时，可以通过书面或者当面交流的形式向组织提出申诉。在员工提出申诉后，组织应及时处理员工诉求，给予答复。通过建立申诉机制，一方面，可以监督考核中不公正的情况，另一方面，如果因为员工自身问题而产生认识上的误区，也可以通过交流的形式积极消除。此外，还可以发现其他体系运行过程中的各种问题，并有效制定改进措施。

3. 组织保障

任何制度地有效执行都离不开高层管理者的支持，高层管理者的支持四方案推进及实施的重要保证，只有这样才更可能消除在推广与执行过程中的风险与阻力。若没有上级领导的支持，提升方案很有可能就会执行不下去而失效。为了避免因此带来的风险，就需要高层领导者的配合和协调，遇到阻力时能及时出面化解，做好沟通协调工作，只有这样才能更顺畅地推动同时获得更有效的结果。

第七章

员工沉默行为与职业幸福感

本章研究在前人理论和研究的基础上，使用纵向追踪的实证研究方法，采用面板分析、混合潜变量增长模型等技术，构建沉默行为与职业幸福感的动态关系模型。首先，本章着力探索沉默行为与职业幸福感的动态性特征，以及其动态性变化趋势如何受到环境因素的影响，从而得到沉默行为与职业幸福感形成、发展过程的认识。其次，本章内容还探索了沉默行为与职业幸福感的关系机制及在认知、情绪和道德三个视角下的边界条件。最后，本章内容重点探索沉默行为与职业幸福感的动态关系机制，包括沉默行为与职业幸福感如何在动态条件下相互影响，如何受到环境因素影响，以及其关系如何受到认知、情绪和道德因素的调节。本章内容旨在为组织行为研究中的沉默行为、职业幸福感研究贡献独特的知识，弥补前人研究中对职业幸福感、沉默行为的互动性和动态性考察的缺失，同时也为组织管理实践中如何提升员工职业幸福感、减少沉默行为和增加建言行为提供给切实的指导建议。

由于当前社会经济的快速发展，组织中员工的工作复杂性大大提升，这就要求组织必须采取去中心化的策略，给员工更多的工作自由、更多的建言机会。角色外绩效就是在这种大趋势下产生的员工基本工作任务之外的工作行为。首先，作为典型的角色外绩效，建言行为（沉默行为与之相对）是对组织具有重要的积极（消极）影响。然而绝大多数以往研究首先将这些角色外行为孤立地进行研究，而忽略了它们与绩效（比如职业幸福感）等结果变量之间可能存在的复杂的互动关系。其次，以往研究绝大多数采用静态视角，忽略了沉默行为、职业幸福感动态性特征。因此，本章的研究内容是，基于资源分配理论、情绪调节理论和道德调节理论，探讨沉默行为与职业幸福感之间的动态关系，以及这个关系中可能存在的个体、组织环境影响因素。图 7.1 显示了本章研究框架。

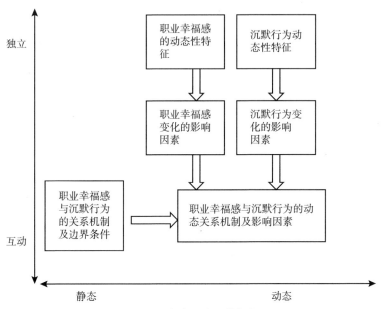

独立

互动

静态   动态

图 7.1　本章研究总体框架

　　具体而言，本章研究问题可以分为 4 个研究框架：研究框架 1 为职业幸福感动态变化及影响因素；研究框架 2 为沉默行为的动态变化及影响因素；研究框架 3 为沉默行为与职业幸福感的关系及影响因素；研究框架 4 为沉默行为与职业幸福感的动态关系机制及影响因素。这 4 个研究框架分别对应第一节至第四节内容。

第一节　职业幸福感的动态变化及影响因素

一、研究假设

　　本节研究内容是考察职业幸福感随着时间的变化趋势，以及探讨环境因素的变化如何影响职业幸福感的变化。在没有外界环境影响的条件下，员工的职业幸福感整体上有三种可能的变化趋势：首先是上升趋势，即职业幸福感水平随着在组织内时间的增加而不断上升；其次是下降趋势，即职业幸福感水平随着在组织内时间的增加而不断下降；最后可能是平稳趋势，即员工职业幸福感水平并不随着在组织内的时间而变化，而是保持在一个相对稳定的水平。我们假设，在没有强外界环境因素的影响时，组织内三种职业幸福感变化趋势均可能存在。因此，职业幸福感可能的变化趋势如图 7.2 所示。

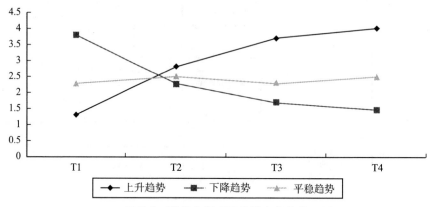

图 7.2　职业幸福感可能的变化趋势

当将外界环境因素考虑在内时，员工职业幸福感地发展变化将会同时受到组织内外各种因素的影响。在本章研究中，我们分别以辱虐式管理和工作—家庭冲突作为典型的组织内环境因素和组织外环境因素。前人研究已经发现了辱虐式管理与工作—家庭冲突（Rafferty & Restubog，2011）对员工职业幸福感的不利影响。当领导的辱虐式管理水平较高时，员工会在工作环境中感受到较多的威胁感（S. Lee，Yun，& Srivastava，2013）。在这种威胁感下，为了得到领导认可，以重新恢复自己的确定感并且在组织中更好地生存，员工不仅会完成自己分内的工作，而且还会想要去做角色外的工作，如组织公民行为，则可能促进职业幸福感。因此，在高水平的辱虐式管理条件下，员工职业幸福感的初始水平（截距）将更高，更多的员工的职业幸福感将呈现上升趋势。职业幸福感的下降趋势（斜率）将会被减缓，上升趋势（斜率）将被强化。相反，对于工作—家庭冲突水平高的员工来说，根据资源保存理论（Hobfoll，1989），个体的资源不足以同时应对工作和家庭两方面的要求，因此工作投入将受到负面影响，因为员工在社会领域内被教育成家庭责任的重要性，社会上常常有这样的观念灌输给员工——"你在家庭中不可替代，工作岗位马上会被替代"。陆佳芳、时勘（2002）也已经发现，在工作与家庭发生冲突时，员工，尤其是女性员工，常常会优先考虑牺牲工作，会尽量保证家庭的需要，而放弃对职业幸福感的追求。因此会显著受到资源不足的影响。在高水平的工作—家庭冲突下，员工职业幸福感的初始水平（截距）将会更低，更多的员工的职业幸福感将呈现下降趋势。职业幸福感的下降趋势（斜率）将被强化，而上升趋势（斜率）将被减缓如图 7.3所示。

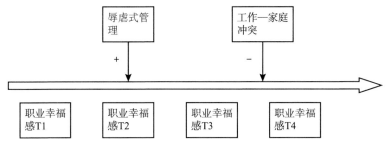

图 7.3　组织内外环境因素对职业幸福感的预测作用

综上所述，我们做出如下假设：

假设 7.1：员工的职业幸福感将主要呈现三种趋势，分别为上升趋势、下降趋势和平缓趋势。

假设 7.2：辱虐式管理与员工职业幸福感的初始水平（截距）呈正相关。

假设 7.3：辱虐式管理与员工职业幸福感呈现上升趋势的概率呈正相关。

假设 7.4：辱虐式管理与员工职业幸福感的①上升趋势（斜率）呈正相关，②下降趋势（斜率）呈负相关。

假设 7.5：工作—家庭冲突与员工职业幸福感的初始水平（截距）呈负相关。

假设 7.6：工作—家庭冲突与员工职业幸福感呈现上升趋势的概率呈负相关。

假设 7.7：工作—家庭冲突与员工职业幸福感的①上升趋势（斜率）呈负相关，②下降趋势（斜率）呈正相关。

综上所述，本书拟从三个方面探讨个体的职业幸福感。第一，从纵向的角度考察个体的职业幸福感发展变化。不仅描述个体的职业幸福感在一定时间内所呈现出的整体发展趋势，而且还要考察其在发展过程中是否表现出显著的个体差异。第二，从动态变化的角度，考察辱虐式管理与个体的职业幸福感之间的关系，从而对个体的职业幸福感发展过程中表现出的个体差异进行解释。第三，从动态变化的角度，考察工作—家庭冲突水平与个体的职业幸福感之间的关系，从而对个体在职业幸福感发展过程中表现出的差异进行解释。

二、研究方法

本节研究采取重复测量纵向研究，本研究涉及的所有变量在 10 个月的时间内进行 4 次重复测量，每两次测量的间隔为 2 个月。追踪测试从 2018 年 2 月开始一直追踪到 2018 年 12 月，历时 10 个月，共测查了 4 次，4 次的测查时间都安排在业余时间。由于被试离职或其他的各种原因，参加测查的被试存在一定的流失。第 2、第 3、第 4 次分别流失被试 5 人、2 人、4 人。对流失被试和参加研究的被试进行卡方和 t 检验，结果表明性别比 [$X^2(1) = 0.83$，$p > 0.05$]，第一次测试时的职业幸福感 [$t(141) = 0.12$，$p > 0.05$]、工作—家庭冲突 [$t(141) = 0.87$、$p > 0.05$]、辱虐式管理 [$t(141) = 0.98$，$p > 0.05$] 均不存在显著差异，这表明被试不存在结构化流失。

由于潜变量增长模型允许追踪数据的缺失值，并能在模型中对这些缺失值进行估计，因此纳入本研究无条件增长模型的样本为至少参加过一次测试的被试，因此，纳入本研究条件增长模型的样本为至少参加过一次测试、且自变量不存在缺失值的被试。

研究样本：来自企业的 80 个团队约 400 名员工及其 80 名直接领导。最终，符合这一要求的被试共 482 名，分别取自不同企业。其中，男性 274 人（57%），女性 207 人（43%）。

辱虐管理的测量。采用 2000 年的量表来测量，一些例子条目如我的主管常常嘲笑我、我的主管常说我的想法很愚蠢（Tepper）。该量表已经在中国情景下使用，具有比较好的信度和效度，符合中国文化。本研究显示内部一致性比较高。采用 5 级记分法，从完全不赞成到完全赞成。

工作—家庭冲突的测量。量表 1996 年（Netmeyer）编制，该量表在我国已广泛应用，被众多研究证明具有良好的信效度，量表共有 10 个题项，从工作对家庭的冲突和家庭对工作的冲突两个维度测量工作—家庭冲突，采用里克特计分，得分越高则受试者的工作—家庭冲突越大，工作—家庭冲突总分为各维度得分平均值。在本研究中，总量表 Cronbach's 值为 0.85，FIW 和 WIF 的 Cronbach's 值均大于 0.7。

职业幸福感的测量与前文相同，由员工本人自我评价。

所有评价均为匿名方式，不同次的测量数据通过技术手段进行匹配。

三、共同方法偏差的控制与检验

由于采用自我报告法收集数据可能会导致共同方法偏差（周浩，龙立荣，2004），因此在进行数据分析之前，我们采用分离第一公因子的方法进行共同方法偏差的检验。结果表明，在分别控制了 4 次测量中，个体报告的工作—家庭冲突和辱虐式管理题目的第一未旋转因子后，工作—家庭冲突和辱虐式管理之间的偏相关系数均显间不存在明显的共同方法偏差（T1：$r = -0.25$，$p < 0.001$；T2：$r = -0.24$，$p < 0.001$；T3：$r = -0.16$，$p < 0.01$；T4：$r = -0.12$，$p < 0.05$）。

四、数据分析方法

使用 Mplus7.0 软件的混合潜变量增长模型（Growth mixture modeling）来对

研究数据进行分析，验证研究假设。数据分析分四步进行。首先，对变量进行描述统计并计算相关系数，观察职业幸福感的发展趋势及其与辱虐式管理、工作—家庭冲突之间的相关关系；其次，对4次测量的职业幸福感进行无条件潜变量增长建模，考察职业幸福感的发展是否呈线性增长，以及职业幸福感的起始水平和发展速度是否存在显著的个体差异；再次，将辱虐式管理、工作—家庭冲突加入无条件模型第二个水平的方程，构建条件潜变量增长模型，考察这些变量对职业幸福感发展水平及速度的预测作用；最后，通过简单斜率检验和折线图，对显著的作用项进行分析，考察辱虐式管理、工作—家庭冲突对职业幸福感发展水平及速度的预测如何出现差异。潜变量增长建模采用极大似然估计。

研究技术模型图如图7.4所示。A1～A4分别代表员工评价辱虐式管理的4次评价分数；W1～W4分别代表员工评价工作—家庭冲突的4次评价分数；y1～y4分别代表员工职业幸福感的评价分数。混合潜变量增长模型的优点是，可以让我们同时考察职业幸福感的分组变化趋势，即可以呈现样本中不同的人群职业幸福感的不同变化趋势。此外，我们还可以得到环境因素，包括辱虐式管理与工作—家庭冲突对职业幸福感变化趋势影响的结果。这个影响不仅包括辱虐式管理与工作—家庭冲突对员工职业幸福感不同趋势占比的影响，而且还包括它们对不同趋势内员工职业幸福感的截距（初始水平）与斜率（变化趋势）的影响。由此，我们可以获得环境因素影响职业幸福感动态变化的丰富信息。

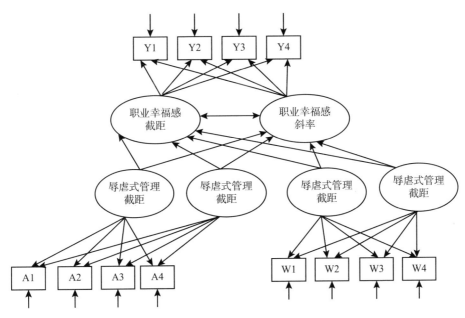

图7.4　混合潜变量增长模型中组织内外部环境因素对职业幸福感的预测作用

五、研究结果

（一）描述统计及相关系数矩阵

4 次测量的职业幸福感及其他变量的均值、标准差及相关系数矩阵如表 7.1 所示。

表 7.1　　职业幸福感与辱虐式管理的均值、标准差及相关系数矩阵

	1	2	3	4	5	6	7	8	9
1 职业幸福感 T1	1								
2 职业幸福感 T2	0.61***	1							
3 职业幸福感 T3	0.54***	0.67***	1						
4 职业幸福感 T4	0.54***	0.64***	0.63***	1					
5 辱虐管理 1	0.65***	0.49***	0.50***	0.52***	1				
6 辱虐管理 2	0.53***	0.61***	0.59***	0.55***	0.69***	1			
7 辱虐管理 3	0.58***	0.59***	0.65***	0.59***	0.65***	0.71***	1		
8 辱虐管理 4	0.56***	0.59***	0.66***	0.54***	0.63***	0.65***	0.65***	1	
9 工作—家庭冲突 1	0.10	0.26***	−0.39***	−0.36***	−0.14***	−0.23***	−0.11***	−0.12***	1
M	2.14	2.09	2.02	2.05	3.48	3.51	3.61	3.59	3.54
SD	0.69	0.71	0.69	0.69	0.60	0.63	0.67	0.67	0.69

注：* $p < 0.05$，** $p < 0.01$，*** $p < 0.001$。

4 次测量的辱虐式管理与职业幸福感之间呈显著正相关，且其相关强度有逐步上升的趋势。4 次测量的职业幸福感与工作—家庭冲突之间呈负相关。

（二）职业幸福感增长的无条件模型

为了测查个体职业幸福感的发展变化趋势及特点，本研究构建了无条件潜变量增长模型对职业幸福感的变化轨迹进行分析如图 7.5 所示。

为了变化趋势与变化速度，本研究分别构建了线性无条件潜变量增长模型（M1）和非线性无条件潜变量增长模型（M2）进行检验。线性无条件潜变量增长模型只需估计截距和斜率。其中，截距代表职业幸福感的起始水平，所有的因素载荷固定为 1.0，斜率表示职业幸福感的变化速度，根据测试的时间间隔，将因素载荷固定为 1.0、2.0、3.0、4.0。非线性无条件潜变量增长模型在线性无条

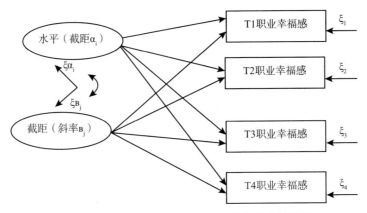

图 7.5　职业幸福感的线性无条件潜变量增长模型

件增长模型的基础上增加了一个二次项（即曲线斜率），代表职业幸福感的发展变化速度的加速度，具体结果见表 7.2。从表 7.2 的拟合指标可以看出，M1 和 M2 的拟合均良好，其中，M2 比 M1 的拟合结果更优。然而，尽管 M2 的数据拟合结果优于线性无条件潜变量增长模型，但是模型的曲线斜率不显著（曲线斜率 = 0.02，p = 0.13），也就是说，在 4 次测量时间点间，职业幸福感的发展变化加速度比较稳定，职业幸福感的发展变化符合线性趋势。因此，接受 M1 的模型结果。M1 结果表明，职业幸福感起始水平为 2.13（$p < 0.001$），职业幸福感随着时间的推移逐渐降低，斜率为 −0.03（$p < 0.01$），截距的变异（$\sigma^2 = 0.30$，$p < 0.001$）显著大于 0，表明职业幸福感水平呈现出明显的个体差异。并且，职业幸福感的截距和斜率之间（$r = -0.01$，$p > 0.05$）不存在显著相关，表明职业幸福感的起始水平与发展速度不存在显著关联。

表 7.2　职业幸福感线性及非线性潜变量增长模型的拟合指标及系数

模型	χ^2(df)	p	CFI	TLI	RMSEA	SRMR	系数			变异		
							截距	斜率	曲线斜率	截距	斜率	曲线斜率
M1	10.48 (5)	0.06	0.97	0.97	0.05	0.06	2.13 ***	−0.03 **		0.30 ***	0.11	
M2	1.16 (1)	0.28	1.00	1.00	0.02	0.01	2.15 ***	−0.08 *	0.02	0.38 ***	0.18 *	0.01

（三）不同工龄与管理风格下的个体职业幸福感变化趋势的差异

为了考察个体职业幸福感变化趋势是否存在领导风格、工龄的差异，我们在线性无条件潜变量增长模型的基础上增加了第一次测查时的辱虐式管理和工龄，构建条件模型如图 7.6 所示。

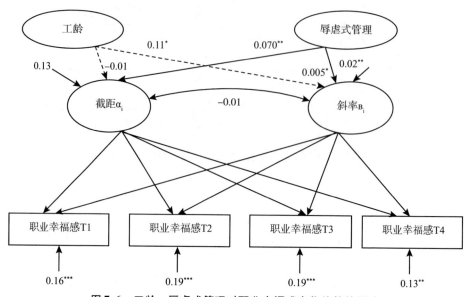

图 7.6　工龄、辱虐式管理对职业幸福感变化趋势的影响

在数据分析中，我们将辱虐式管理分为两组（低于平均值的为低辱虐式管理，高于平均值的为高辱虐式管理），工龄亦分成两组（低于平均值的为个体组，高于平均值的为资深个体组）。结果表明，该条件模型的拟合良好，$\chi^2/df = 2.02$，$p = 0.03$，CFI $= 0.98$，TLI $= 0.98$，RMSEA $= 0.05$。工龄不同的个体在起始的职业幸福感水平上存在显著差异（$\beta = -0.35$，$p < 0.001$），具体表现为青年组个体的职业幸福感起始水平显著高于资深个体组的职业幸福感，然而，辱虐式管理不同水平的个体职业幸福感发展趋势没有显著差异（$\beta = 0.02$，$p = 0.40$）。同时，工龄高的在起始的职业幸福感水平上也存在显著差异（$\beta = 0.16$，$p < 0.01$），具体表现为低工龄的个体起始职业幸福感水平显著高于高工龄的个体，但工龄不同个体的职业幸福感发展趋势却不存在显著差异 $\beta = -0.01$，$p = 0.54$）。此外，截距的变异仍然显著大于 0（$\sigma^2 = 0.28$，$p < 0.001$），斜率的变异边缘显著（$\sigma^2 = 0.01$，$p = 0.058$），因此，有必要再进一步考察是否有更加重要的因素导致了职业幸福感发展水平出现了个体差异。

（四）工作—家庭冲突对职业幸福感变化趋势的预测作用

为了进一步检验工作—家庭冲突对职业幸福感变化趋势的预测作用，继续将第一次测查得到的工作—家庭冲突水平加入到条件增长模型中，以第一次测查的工作—家庭冲突水平分别预测职业幸福感起始水平与发展趋势，以验证工作—家庭冲突对职业幸福感的负面作用，如图 7.7 所示。

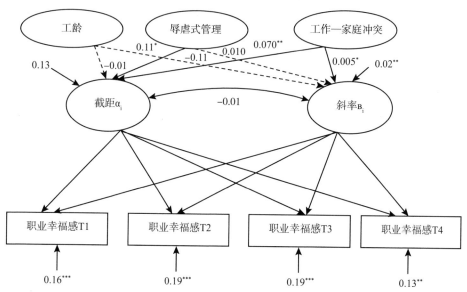

图 7.7 工作—家庭冲突对职业幸福感变化的趋势的影响

结果表明，该条件模型对数据的拟合可以接受，$\chi^2/df = 3.33$，$p < 0.001$，CFI $= 0.97$，TLI $= 0.95$，RMSEA $= 0.07$。工作—家庭冲突水平既显著预测职业幸福感的起始水平（$\beta = -0.70$，$p < 0.001$），也显著预测职业幸福感的变化斜率（$\beta = 0.05$，$p < 0.05$），这说明第一次测量时工作—家庭冲突水平越高的个体，不仅起始职业幸福感水平更低，而且，4 次测查间职业幸福感水平下降越快。表明工作—家庭冲突对于职业幸福感的降低有正向作用。

六、讨论

（一）个体幸福感的发展趋势及特点

规律就是事物发展过程中内在的、必然的、本质的联系。列宁曾经说过："规律就是关系……本质的关系或本质之间的关系。"规律反映了事物的内在规定性和内部矛盾运动的必然趋势。它是现象中相对同一、相对静止、相对稳定的方面，深藏于现象背后并决定和支配着现象的发生和发展。它能够反复起作用，只要具备必要的条件，合乎规律的现象就必然重复出现。唯物辩证法认为，规律是客观的，是事物本身所固有的，人们既不能创造也不能消灭它，它不依赖于人们的意识而存在。无论是自然界还是人类社会,都按照本身所固有的规律发展。

职业幸福感的形成与发展同世间万物一样都是有规律的。认识和揭示这一规律,对于构建个体职业幸福感,提高个体职业生活质量,促进绩效水平,回归生命的本质具有重要意义。本研究的主要目标在于通过4次追踪测试,采用潜变量增长模型,考察个体职业幸福感发展变化的趋势,并在此基础上考察工龄和辱虐式管理风格对个体职业幸福感的影响以及工作—家庭冲突的负面影响。研究发现,在4次测量间个体的职业幸福感呈线性下降趋势,与假设一致。这说明,个体的职业幸福感在不同时间变化下,其发展趋势并不是一成不变的,而是一个动态变化过程。而且是随着时间的推移,有下降的趋势。职业幸福感是个体在对自己的职业发展过程中知觉到的主观体验,因此个体对于职业发展主观标准、期望以及知觉到的水平是影响其幸福感的重要因素。当面临不同领导风格以及在不同的职业生涯发展阶段、面临不同的工作—家庭冲突的情况下,个体的职业幸福感是会发展变化的。现代社会,个体面临多种角色,而资源,尤其是时间资源是有限的,因此个体面临工作—家庭冲突是非常常见的现象。尤其是近年来随着人口老龄化、双职工家庭、生育"二孩"等社会现象日趋常态,越来越多的员工不得不投入更多的精力照顾家庭,工作—家庭平衡问题也日益显著。

(二) 工龄、辱虐式管理对职业幸福感发展趋势的影响

研究发现,相比于资深员工,职业生涯初期的员工有更高的职业幸福感。在职业生涯初期,个体对职业怀抱着希望,对职场比较有新鲜感,遭受的职业挫败经历也比较少,因此职业幸福感常常会比较高。同时,潜变量增长模型结果发现,工龄对职业幸福感的起始水平有显著的预测作用。从工龄上来区分职业幸福感也是一个重要的分界线,因为在不同的年龄段,每个人的职业幸福感的标准会不一样,会有不同阶段对于职业幸福感的需求。到了职业生涯后期,由于职业遭到了"瓶颈"等原因,个体对职业的期待减少,热情减少,因此职业幸福感也会下降。

(三) 工作—家庭冲突对职业幸福感发展趋势的影响

为了探索工作—家庭冲突对职业幸福感的影响,我们把第一次测量得到的工作—家庭冲突水平加入职业幸福感的条件增长模型中,考察了工作—家庭冲突对职业幸福感的起始水平和发展趋势的促进性作用。结果表明,第一次测量的工作—家庭冲突水平能显著地预测职业幸福感的起始水平与发展趋势。工作—家庭冲突是减少职业幸福感的重要因素。工作资源特征不同要素分别产生不同的结果并与特定的变量相联系,相关实证研究也证明了,工作需求与组织支持度、工作压力(缺少活力、健康问题等)相关,而工作资源特征与工作动机(如工作倦

息、工作投入和承诺等）相关。简言之，工作资源特征与工作满意度、工作压力和员工身心健康具有显著影响。因此，工作—家庭冲突给职业幸福感带来负面影响，并不奇怪。

家庭作为人类生活的基本单元和维系社会协调发展的细胞，"家和万事兴"是个体对美好生活的最大期盼。但随着科技的进步，现代工业社会将工作从家庭中剥离，工作与家庭之间出现了日益严重的冲突（荣凌，2015）。21 世纪以来，全球经济融合进一步加快，企业面临巨大的生存发展压力，激烈的行业竞争环境导致企业管理者和员工工作节奏加快和心理压力加大，需要在工作上付出更多的精力和时间才能获得晋升，且随着城市化进程加快，家庭到工作场所距离延长，个体无法在有限的时间兼顾两个领域的责任。随着性别平等观念和女性就业率的提升（女性就业率从 1982 年的 46.3% 上升到 2017 年的 78%），女性无法全面承担家庭责任，男女需共同扮演工作、家庭领域的双重角色。加上 2016 年"二孩"政策开放后，60.58% 的育龄妇女倾向于生育"二孩"（卢海阳，2017），"二孩"的出生可能会增加家庭成员的经济需求。而过度的工作投入和精神消耗将会激发家庭矛盾，家庭矛盾爆发影响个体工作状态，降低职业满意感，形成恶性循环。同时，随着经济发展速度的增快，市场竞争环境日益激烈，巨大的生存压力迫使工作背景中的个体工作节奏加快和工作压力加大，需要付出更多的时间与精力获取职业幸福感，带来行业地位和经济利益。因此，工作—家庭冲突成为了当今管理者和员工不得不面临的难题。工作—家庭冲突给个体带来很多烦恼，产生对职业成功的失望、焦虑，因此很难产生幸福感。由于工作—家庭冲突，个体感觉到用于职业发展方面所需要的时间资源得不到保证。已有研究表明工作—家庭冲突的发生会干扰管理者工作状态，降低工作绩效。因此，工作—家庭冲突带来职业幸福感下降也是不足为怪的。

七、启示

本书在一定程度上为组织管理提供了实践启示。主要集中在如何降低工作—家庭冲突方面。

对于企业而言，可以从人力资源政策支持、企业文化关怀两个方面缓解个体工作—家庭冲突。对于家庭而言，可以提升家庭感情支持和缓解工作—家庭冲突。

（一）人力资源政策支持，提升个体工作满意度

第一，弹性工作制。针对企业员工，尤其是企业高智能、稀缺性人才，人力资源部可为员工设立弹性工作地点、弹性工作时间制度，在保证工作任务完成的

前提下，允许员工适当调整工作时间地点，给员工更多的自由时间履行家庭任务，获取家庭的支持，减少工作—家庭冲突，使员工保持良好的心态迎接新的工作任务，提升工作绩效。第二，制定家庭福利政策，根据员工家庭特点和实际需求制定相应家庭福利政策，提升员工家庭成员的满意度，获取家庭成员对员工工作的认可，减轻家庭压力，缓解员工工作—家庭冲突，有助于员工以更好的精神状态投入工作，有效完成既定任务。如提供员工子女上学、配偶父母体检、探亲假、产假等福利。此外，重视员工的培训和发展，有利于提高员工的工作能力，从而减轻工作的时间和压力对家庭的冲突。如组织可针对员工，尤其是女员工，进行时间管理技能培训，帮助她们有效管理时间。还可以增加绩效考评中的内在激励（胡蓓等，2016），以便于女性员工被动的工作卷入转化为主动地工作投入。

（二）企业文化关怀，提升员工忠诚度与幸福感

第一，当工作—家庭冲突发生，碍于角色身份的束缚，很多员工无法与组织领导或下属经常进行正式沟通，导致心理压力增加，工作绩效下降。因此，企业领导应重视与员工的非正式沟通，适时询问员工工作压力、家庭状况，进行人文关怀，了解其真实想法，并辅助其解决工作家庭领域的冲突问题，提升工作绩效。第二，营造良好组织氛围，注重企业文化建设。好的企业文化有助于员工保持良好的工作状态，企业综合管理部门可适时组织团建活动或家属探访日，促进企业员工相互了解，创造良好工作氛围，提升周边绩效。

（三）重视家庭成员感情支持

个体应努力获取家庭成员的支持与包容，以避免工作—家庭冲突的发生。在双职工家庭中，夫妻共同承担着工作、家庭双重角色，一方面，个体应积极参加家庭活动，完成家庭任务；另一方面，应加强与配偶或家庭成员沟通，获得亲人的宽容与体谅，创造和谐家庭关系。和谐的家庭关系有利于家庭任务的分工，增强管理者扮演家庭角色的责任感、归属感、亲密感。从而缓解家庭—工作冲突，提升工作绩效。

第二节　沉默行为的动态变化及影响因素

一、研究假设

本节的研究内容是考察沉默行为随着时间的变化趋势，以及探讨环境因素的

变化如何影响沉默行为的变化。沉默行为可能的变化趋势如图 7.8 所示。

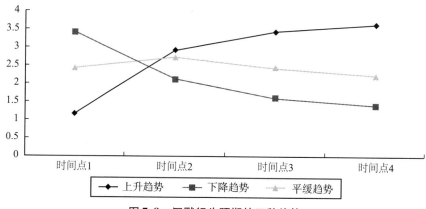

图 7.8　沉默行为预期的三种趋势

首先，在没有外界环境影响的条件下，员工的沉默行为整体上有三种可能的变化趋势，首先是上升趋势，即沉默行为水平随着在组织内时间的增加而不断上升；其次是下降趋势，即沉默行为水平随着在组织内时间的增加而不断下降；最后可能是平稳趋势，即员工的沉默行为水平并不随着在组织内的时间而变化，而是保持在一个相对稳定的水平。我们假设，在没有强外界环境因素的影响时，组织内三种可能的沉默行为变化趋势同时存在。

如果将外界环境因素考虑在内，员工沉默行为的发展变化将会同时受到组织内外各种因素的影响。在本研究中我们分别以辱虐式管理和工作—家庭冲突作为典型的组织内环境因素和组织外环境因素。其中，辱虐式管理和员工的沉默行为呈正相关（Lance Ferris et al.，2016）；而对工作—家庭平衡的不公平觉知也会导致更高的员工沉默行为（Beauregard，2014）。当领导的辱虐式管理水平较高时，员工受到的敌意对待更多（S. Lee et al.，2013）。根据互惠理论（reciprocity theory），个体会对遭遇的敌意对待进行报复，而领导作为组织中的代表和权力拥有者（Biron & Bamberger，2012），员工往往无法直接报复，因而只能保持沉默，采取沉默行为。因此，在高水平的辱虐式管理条件下，员工沉默行为的初始水平（截距）将更高，更多员工的沉默行为将呈现上升趋势。沉默行为的下降趋势（斜率）将会被减缓，而上升趋势（斜率）将被强化。对于工作—家庭冲突水平高的员工来说，工作—家庭冲突的负面情绪会蔓延到员工的工作场合。而根据自我调节理论（Baumeister et al.，2000），个人的自控资源有限，工作与家庭的冲突将消耗个体大量的自控资源，员工用于在组织中克制负性情绪的资源变少，从而导致因为负性情绪而生的沉默行为。因此，在高水平的工作—家庭冲突下，员工沉默行为的初始水平（截距）将会更高，更多的员工的沉默行为将呈现上升趋势。沉默行为的上升趋势（斜率）将被强化，而下降趋势（斜率）将被减缓，如图7.9所示。

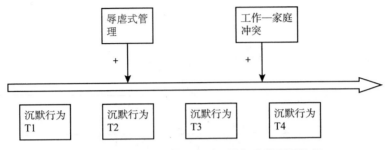

图7.9　组织内外环境因素对沉默行为的预测作用

综上所述，我们做出如下假设：

假设7.8：员工的沉默行为将主要呈现三种趋势——上升趋势、下降趋势和平缓趋势。

假设7.9：辱虐式管理与员工沉默行为的初始水平（截距）呈正相关。

假设7.10：辱虐式管理与员工沉默行为呈现上升趋势的概率呈正相关。

假设7.11：辱虐式管理与员工沉默行为：①上升趋势（斜率）呈正相关，②下降趋势（斜率）呈负相关。

假设7.12：工作—家庭冲突与员工沉默行为的初始水平（截距）呈正相关。

假设7.13：工作—家庭冲突与员工沉默行为呈现上升趋势的概率呈正相关。

假设7.14：工作—家庭冲突与员工沉默行为：①上升趋势（斜率）呈正相关，②下降趋势（斜率）呈负相关。

二、研究过程与设计

采用重复测量纵向研究，本研究涉及的所有变量将在5个月的时间内进行4次重复测量，每两次测量的间隔为1个月。

研究样本为本市某企业的80个团队约400名员工及其80名直接领导。

测量方式如下：辱虐式管理、工作—家庭冲突、沉默行为由员工本人评价。员工沉默行为量表可以采用学者（Tangirala S. & Ramanujam R., 2008）的员工沉默行为的量表，共5题。示例题目如"当我对工作产生忧虑时，我选择了保持沉默"。采用5点量表，1表示"非常不符合"，5表示"非常符合"。所有评价均为匿名方式，不同次的测量数据通过技术手段进行匹配。

分析方法：使用Mplus7.0软件的混合潜变量增长模型（growth mixture modeling）对研究数据进行分析，验证研究假设。研究技术模型图如图 7.10 所示。

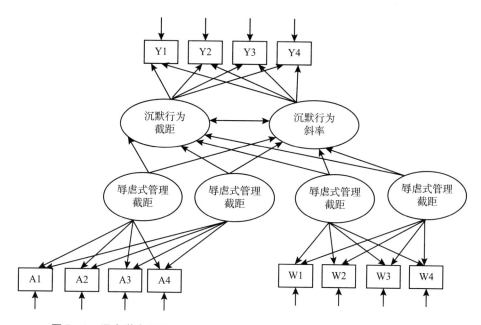

图 7.10 混合潜变量增长模型中组织内外部环境因素对沉默行为的预测作用

A1～A4 分别代表员工评价辱虐式管理的 4 次评价分数；W1～W4 分别代表员工评价工作—家庭冲突的 4 次评价分数；Y1～Y4 分别代表领导评价员工沉默行为的评价分数。混合潜变量增长模型的优点是，可以让我们同时考察沉默行为的分组变化趋势，即可以呈现样本中不同的人群沉默行为的不同变化趋势。此外，我们还可以得到环境因素，包括辱虐式管理与工作—家庭冲突对沉默行为变化趋势影响的结果。这个影响不仅包括辱虐式管理与工作—家庭冲突对员工沉默行为不同趋势占比的影响，还包括它们对不同趋势内员工沉默行为的截距（初始水平）与斜率（变化趋势）的影响。由此，我们可以获得环境因素影响沉默行为动态变化的丰富信息。

三、共同方法偏差的控制与检验

由于采用自我报告法收集数据可能会导致共同方法偏差（周浩，龙立荣，2004），因此在进行数据分析之前，我们采用分离第一公因子的方法进行共同方法偏差的检验。结果表明，在分别控制了 4 次测量中，个体报告的工作—家庭冲突和辱虐式管理题目的第一未旋转因子后，工作—家庭冲突和辱虐式管理之间的偏相关系数均显间不存在明显的共同方法偏差（T1：$r = -0.25$，$p < 0.001$；T2：

r = -0.24，p < 0.001；T3：r = -0.16，p < 0.01；T4：r = -0.12，p < 0.05）。

四、数据分析方法

使用 Mplus7.0 软件的混合潜变量增长模型对研究数据进行分析，验证研究假设。数据分析分四步进行。首先，对变量进行描述统计并计算相关系数，观察职业幸福感的发展趋势及其与辱虐式管理、工作—家庭冲突之间的相关关系；其次，对 4 次测量的职业幸福感进行无条件潜变量增长建模，考察职业幸福感的发展是否呈线性增长，以及职业幸福感的起始水平和发展速度是否存在显著的个体差异；再次，将辱虐式管理、工作—家庭冲突加入无条件模型第二个水平的方程，构建条件潜变量增长模型，考察这些变量对职业幸福感发展水平及速度的预测作用；最后，通过简单斜率检验和折线图，对显著的作用项进行分析，考察辱虐式管理、工作—家庭冲突对职业幸福感发展水平及速度的预测如何出现差异。潜变量增长建模采用极大似然估计。研究技术模型，如图 7.11 所示。

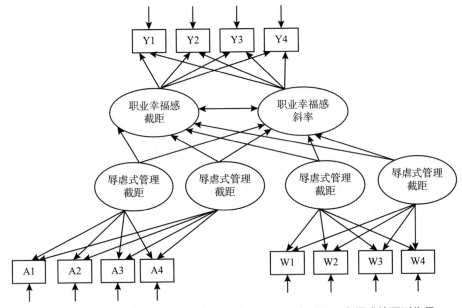

图 7.11　混合潜变量增长模型中组织内外部环境因素对职业幸福感的预测作用

A1 ~ A4 分别代表员工评价辱虐式管理的 4 次评价分数；W1 ~ W4 分别代表员工评价工作—家庭冲突的 4 次评价分数；Y1 ~ Y4 分别代表员工职业幸福感的评价分数。混合潜变量增长模型的优点是，可以让我们同时考察职业幸福感的分组变化趋势，即可以呈现样本中不同的人群职业幸福感的不同变化趋势。此外，我们还可以得到环境因素，包括辱虐式管理与工作—家庭冲突对职业幸福感变化趋势影响的结果。这个影响不仅包括辱虐式管理与工作—家庭冲突对员工职业幸福感不同趋势占比的影响，还包括它们对不同趋势内员工职业幸福感的截距（初始水平）与斜率（变化趋势）的影响。由此，我们可以获得环境因素影响职业幸福感动态变化的丰富信息。

五、研究结果

（一）描述统计及相关系数矩阵

4 次测量的沉默行为及其他变量的均值、标准差及相关系数矩阵如表 7.3 所示。4 次测量的辱虐式管理与沉默行为之间呈显著正相关，且其相关强度有逐步上升的趋势。4 次测量的沉默行为之间也呈中等程度的正相关。

表 7.3　沉默行为与工作—家庭冲突的均值、标准差及相关系数矩阵

	1	2	3	4	5	6	7	8	9
1 沉默行为 T1	1								
2 沉默行为 T2	0.58***	1							
3 沉默行为 T3	0.51***	0.57***	1						
4 沉默行为 T4	0.52***	0.54***	0.53***	1					
5 辱虐管理 1	0.65***	0.49***	0.50***	0.52***	1				
6 辱虐管理 2	0.53***	0.51***	0.57***	0.55***	0.69***	1			
7 辱虐管理 3	0.58***	0.59***	0.65***	0.59***	0.63***	0.71***	1		
8 辱虐管理 4	0.55***	0.59***	0.66***	0.54***	0.61***	0.65***	0.65***	1	
9 工作—家庭冲突	0.10	0.26***	0.39***	0.36***	0.22***	0.23***	0.21***	0.23**	1
M	2.04	2.17	2.21	2.34	3.58	3.64	3.71	3.57	3.52
SD	0.67	0.71	0.69	0.69	0.60	0.63	0.67	0.67	0.69

（二）沉默行为增长的无条件模型

为了测查个体沉默行为的发展变化趋势及特点，本研究构建了无条件潜变量增长模型对沉默行为的变化轨迹进行分析。同时，为了变化趋势与变化速度，本研究分别构建了线性无条件潜变量增长模型（M1）和非线性无条件潜变量增长模型（M2）进行检验。线性无条件潜变量增长模型只需估计截距和斜率。其中，

截距代表沉默行为的起始水平，所有的因素载荷固定为1.0，斜率表示沉默行为的变化速度，根据测试的时间间隔，将因素载荷固定为1.0、2.0、3.0、4.0。非线性无条件潜变量增长模型在线性无条件增长模型的基础上增加了一个二次项（即曲线斜率），代表沉默行为的发展变化速度的加速度，具体结果见表7.4。

表7.4   沉默行为线性及非线性潜变量增长模型的拟合指标及系数

模型	χ^2(df)	p	CFI	TLI	RMSEA	SRMR	系数			变异		
							截距	斜率	曲线斜率	截距	斜率	曲线斜率
M1	2.24 (5)	0.81	1.00	1.00	0.00	0.03	2.07***	0.03		0.32***	0.01	
M2	0.89 (1)	0.34	1.00	1.00	0.00	0.02	2.07***	−0.05	0.01	0.51*	0.25	0.01

（三）沉默行为的发展变化趋势

从表7.4的拟合指标可以看出，M1和M2的拟合均良好，其中，M2比M1的拟合结果更优。然而，尽管M2的数据拟合结果优于线性无条件潜变量增长模型，但是模型的曲线斜率不显著（曲线斜率 = 0.02，p = 0.13），也就是说，在4次测量时间点间，沉默行为的发展变化加速度比较稳定，沉默行为的发展变化符合线性趋势。因此，接受M1的模型结果。M1结果表明，沉默行为起始水平为2.13（p < 0.001），沉默行为随着时间的推移逐渐增高，斜率为0.03（p < 0.01），截距的变异（σ^2 = 0.30，p < 0.001）显著大于0，表明沉默行为水平呈现出明显的个体差异。并且，沉默行为的截距和斜率之间（r = −0.01，p > 0.05）不存在显著相关，表明沉默行为的起始水平与发展速度不存在显著关联。沉默行为的线性无条件潜变量增长模型见图7.12。

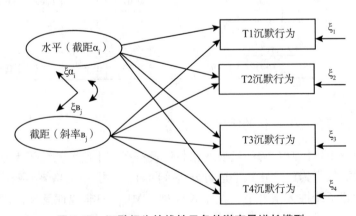

图7.12   沉默行为的线性无条件潜变量增长模型

（四）预测沉默行为及增长速度的条件模型

通过纳入工龄、辱虐式管理、工作—家庭冲突等预测变量构建条件增长模型，考察这些变量是否是造成沉默行为初始水平和增长速度出现个体差异的原因。该条件模型见图 7.13。

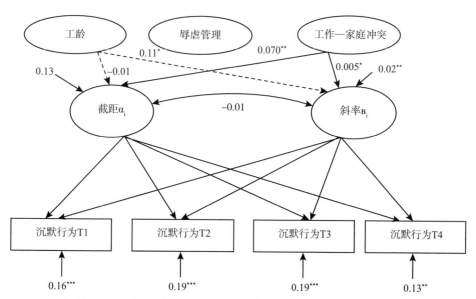

图 7.13 工龄、辱虐式管理、工作—家庭冲突对沉默行为变化趋势的影响

结果显示，模型对数据的拟合良好，$X^2(22) = 26.95$，$p = 0.21$，$CFI = 0.99$，$TLI = 0.98$，$RMSEA = 0.04$，$SRMR = 0.03$。结果显示，在对沉默行为增长模型截距的预测中，SES（$p = 0.35$，$p < 0.001$），工龄（$B = 0.15$，$p < 0.05$）、辱虐式管理（$B = 0.28$，$p < 0.001$）和工作家庭（$B = 0.20$，$p < 0.05$）均有显著的正向预测作用。在对沉默增长模型斜率的预测中，工龄（$B = 0.26$，$p < 0.05$）、辱虐式管理（$B = 0.30$，$p < 0.01$）工作—家庭冲突（$B = 0.21$，$p < 0.05$）均有显著的正向预测作用。

六、讨论

（一）沉默行为的发展趋势及特点

商业环境日渐复杂、科学技术快速发展、市场环境动荡多变，使企业管理者和决策者越发意识到倾听多方声音、获取多元信息的重要性，意识到有效的员工建言对组织各方面都有不可替代的作用。但事实上，员工面对组织中现存问题时，明明清楚事情真相，却选择了沉默。大量研究表明，员工沉默会给整个组织和员工本身造成诸多不利的影响。

沉默行为的发展趋势反映了事物的内在规定性和内部矛盾运动的必然趋势。它是现象中相对同一、相对静止、相对稳定的方面，深藏于现象背后并决定和支配着现象的发生和发展。沉默行为的形成与发展同世间万物一样都是有规律的，认识和揭示这一规律，对于构建个体沉默行为，提高个体职业生活质量，促进绩效水平，回归生命的本质具有重要意义。

本研究的主要目标在于通过 4 次追踪测试，采用潜变量增长模型，考察个体沉默行为发展变化的趋势，并在此基础上考察工龄和辱虐式管理风格、工作—家庭冲突对个体沉默行为的影响。

研究发现，在 4 次测量间个体的沉默行为呈线性上升趋势，与假设一致。这说明，个体的沉默行为在不同时间变化下，其发展趋势并不是一成不变的，而是一个动态变化过程。并且随着时间的推移，有上升的趋势。

沉默行为是一种集体性的组织现象，普遍存在于组织之中。由于员工害怕承担负面效应，或认为自己的观点不具有被采纳的价值，往往对组织中的现象"三缄其口"。员工隐藏或隐瞒对组织环境的行为、认知和情感上的真实评价，不报告给自己认为有能力改变组织情境的人的行为即为员工沉默行为。

（二）工龄、辱虐式管理和工作—家庭冲突对沉默行为及其发展趋势的影响

本研究发现，相比于资深员工，职业生涯初期的员工有更低的沉默行为。在职业生涯初期，个体对职业环境尚不熟悉，对组织文化了解比较少，但是，往往也是初生牛犊不怕虎，因此沉默行为常常会比较低，善于建言。同时，潜变量增长模型结果发现，工龄对沉默行为的起始水平有显著的预测作用。从工龄上来区分沉默行为也是一个重要的分界线，因为在不同的年龄段，每个人的沉默行为的动机不一样；不同年龄阶段，对外部看法的表达动机有所不同。到了职业生涯后期，由于看惯了一些不公平、不恰当，建言行为遭受了不当待遇，热情减少，因此沉默行为也会升高。

为了探索管理风格对沉默行为的影响，我们把第一次测量得到的辱虐式管理也加入沉默行为的条件增长模型中。结果表明，辱虐式管理也是增加沉默行为及其促进沉默行为增长的重要因素之一。具体而言，为了提高员工的建言行为减少沉默行为，领导者在实践中，首先，要尽可能地采取变革型、包容型等领导风格并积极付诸实践。研究发现，包容型领导对员工的心理安全感、创新行为等有着显著关系。为了应对企业内外部多样化，包容型理念逐渐得到各界的广泛关注，

当包容型理念与管理领域中领导行为研究相结合，可以想象，强调重视员工建议、公平对待员工、与员工共同努力的包容型领导有助于降低员工的沉默行为。其次，领导者要关注员工的沉默行为，并着重分析不同员工保持沉默行为的类型，进而有针对性地采取相应措施，营造一种有效的工作氛围，减少员工的沉默行为，使员工充分发挥其积极性、主动性和创造性。

为了探索工作—家庭冲突对沉默行为的影响，我们把第一次测量得到的工作—家庭冲突也加入沉默行为的条件增长模型中，结果证明，工作家庭也是增加沉默行为及其促进沉默行为增长的重要因素之一。因为，员工在面临工作—家庭冲突的情况下，内心充满了紧张焦虑，对一些不是必须完成的任务则会产生"多一事不如少一事"的心态。因此，建言行为成为他们首先减少的行为，沉默行为成了他们的理性选择。在现代社会中，个体面临多种角色，但资源，尤其是时间资源是有限的，因此，个体面临工作—家庭冲突是非常常见的现象。尤其是近年来随着人口老龄化、双职工家庭、生育"二孩"等社会现象日趋常态，越来越多的员工不得不投入更多的精力照顾家庭，工作—家庭平衡问题也日益显著。当员工面临工作—家庭冲突时，其对组织的激情、关注将会减少，沉默行为因此呈现上升趋势。

总之，当个体面临不同领导风格以及在不同的职业生涯发展阶段，面临不同的工作—家庭冲突的情况下，个体的沉默行为是会上升的。

七、启示

越来越多的组织已经意识到沉默行为带给组织的危害，希望员工就组织中的问题提出建设性或批评性的意见，然而这些建言是否得到切实的采纳，才是关系到组织有效性的关键问题。在中国的组织中，这一问题长期尤为突出。当下属的合理化建议无法得到上级的接纳或积极回应时，会加剧组织中闭口不言的现象。这意味着，要想鼓励员工建言，减少沉默行为，组织不仅要关注传统意义上的前因变量，如领导风格、团队氛围等，而且还应该对进言后的动态过程给予更多的关注，使员工看到自己的进言确实能为组织带来改变，增强他们对于建言有效性的感知，强化被重视和带来收益的行为。

赵冰（2007）在组织支持知觉与组织沉默的关系研究中发现，中国员工在大多数情况下为默许性沉默，表现出一种消极和顺从的心理。这与中国儒家文化奉行的中庸之道密切相关，反映了中国员工保持沉默的心理动机。正是这种中庸之道，维持组织和谐局面的思想，使得企业员工即便是发现问题或有其他异议时，也表现出默许性沉默行为。同时，"关系"和"面子"的文化意识在中国人心中根深蒂固，以致影响到中国员工在组织中的行为，他们在做出表达与否的决策时，总是考虑"这么做是否有面子，是否给他人留面子""这么做会不会伤害我与他人之间的关系"等。在大多数情况下，员工保持沉默是因为他们担心搞坏关系，担心对其他人会产生负面影响。在中国企业中，员工为了保全自身或是他人的面子，规避形象风险，宁愿对相关的意见忍受、顺从，表现出默许性沉默行为。此外，由于员工对"关系"的重视，导致员工为了维持良好的同事关系、上下级关系而在组织中不会对他人发出声音。因此，对于组织而言，改变员工的中庸思想和面子关系的文化意识，任重而道远。但是，在创新成为鲜明时代主题的今天，企业只有充分发挥员工的智慧才能适应市场竞争对企业创新能力的要求。而建言行为作为员工向组织贡献自身智慧的重要途径，近年来也受到学者们的广泛关注，成为组织行为学研究领域的一个热点（段锦云，曹莹，2015）。员工建言有助于改进决策质量、及时纠正问题和预防危机，并促进团队和组织学习，因而对企业的灵活性、创新性和适应性至关重要，减少沉默是建言的开始。本研究在一定程度上为组织这方面提供了实践启示，主要集中于如何营造比较好的组织氛围，树立与辱虐式管理不同的领导风格，减少工作—家庭冲突，从而减少员工沉默行为，增加建言。

第三节　职业幸福感与沉默行为的关系及影响因素

一、研究假设

在职业幸福感与沉默行为的关系中，还可能存在着一些边界条件，这些边界条件的水平不同，导致职业幸福感与沉默行为出现了不同的关系模式。首先，从传统心理学的认知、情感分类出发，我们将晋升机会和情绪调节分别作为员工认知资源和情绪资源的典型指标，引入到职业幸福感与沉默行为的关系中来。晋升机会指的是个体对其职业和工作的一系列期待，包含了一系列心理资源，这些心理资源包括期待、关注、控制感和自信心。我们认为晋升机会作为个体在组织中适应的重要心理认知资源之一，将影响其沉默行为与职业幸福感关系。员工的晋升机会越多（晋升可能性越大），其在组织中沉默的可能性越小。因为，当员工拥有更多晋升机会，意味着他会更有胆略和可能建言，以便获得领导的重视，同时，获得职业幸福感的可能性也越大。换句话说，高晋升机会极可能削弱沉默行为与职业幸福感之间的负相关。

此外，作为员工情绪资源的重要指标之一，我们认为员工的情绪调节（John & Gross，2004）能力也将在职业幸福感与沉默行为的关系中产生影响。情绪调节指的是个体在不同情况下对自己自身的情绪进行调节的策略，包括认知重评（cognitive appraisal）和表达抑制（suppression）两类。认知重评策略指的是个体关注当前情绪出现的原因，从而有针对性地调适自己情绪的策略。表达抑制指的是个体将当前的情绪通过努力进行抑制，不让其表达出来。当员工的情绪调节策略处于高水平的认知重评状态时，将更不会被工作环境中的压力源影响而出现负面情绪。这样，在情绪资源充足的条件下，员工职业幸福感对情绪资源的消耗在可控范围内。在这种情况下，员工职业幸福感水平越高，带来的积极回报越多，从而其从事沉默行为的可能性也越小。换句话说，高水平的认知重评会强化沉默行为与职业幸福感之间的负相关。相反，当员工处于高水平的表达抑制状态时，工作环境中的压力源导致的情绪将逐渐累积而得不到释放。因而，个体的情绪资源会逐渐耗竭。在情绪资源成为"瓶颈"的条件下，员工职业幸福感水平越高，消耗的情绪资源越多，个体对自身的情绪控制能力越弱，出现沉默行为的可能性就会越来越大。换句话说，高水平的表达抑制会强化沉默行为与职业幸福感之间的负相关。

除了认知与情绪的视角外，探索职业幸福感与沉默行为不可忽视的一个视角是道德视角。鉴于职业幸福感与沉默行为分别是对组织、社会规则和价值观的尊重与违背，这两种行为都包含着重要的道德元素。因此，我们引入道德同一性的概念，作为沉默行为与职业幸福感关系中的另一个重要的边界条件。道德同一性体现的是个体自我概念中道德相关成分的核心程度（Aquino & Reed，2002），分为内化道德同一性和符号化道德同一性两个维度。内化道德同一性指的是个体内在认同道德的规范和价值观；符号化道德同一性指的是个体为了得到社会认同而遵守道德规范和价值观。内化道德同一性是对道德规范的真正认同，而符号化道德同一性对道德规范的认同需要耗费个体的自控资源（Reed，Americus & Aquino，2003）。当员工的内化道德同一性处于高水平时，其道德自我价值更高，其道德行为更多处于自我价值而非社会认可，因而会消耗更少的自我调节资源。这样，在内化道德同一性高的条件下，员工职业幸福感对道德自我调节资源的消耗将在可控范围内。在这种情况下，员工职业幸福感水平越高，其带来的结果将以积极的回报为主，包括社会资本等，从而其从事沉默行为的可能性也越小。换句话说，高水平的内化道德同一性会强化沉默行为与职业幸福感之间的负相关。相反，当员工处于高水平的符号化道德同一性状态时，个体的道德行为并不是核心自我价值的一部分，而是需要消耗自身的资源去进行。因而，个体的道德自我调控资源会逐渐耗竭，直至出现道德许可效应（Merritt，Effron & Monin，2010），即认为自己已经做了足够多的道德行为，从而有资格做不道德行为。因此，在个体的符号化道德同一性处于高水平时，员工职业幸福感水平越高，消耗的道德自我调节资源越多，就会出现道德许可效应，导致沉默行为的可能性越来越高。换句话说，高水平的符号化道德同一性会强化职业幸福感与沉默行为之间的负相关。由此，我们提出以下假设：

假设7.15：员工的晋升机会在其职业幸福感与沉默行为的关系中起到调节作用。具体地，晋升机会越高，其沉默行为与职业幸福感之间的负相关越强。

假设7.16：员工的认知重评在其职业幸福感与沉默行为的关系中起到调节作用。具体地，认知重评越高，其沉默行为与职业幸福感之间的负相关越强。

假设7.17：员工的表达抑制在其职业幸福感与沉默行为的关系中起到调节作用。具体地，表达抑制越高，其沉默行为与职业幸福感之间的负相关越强。

假设7.18：员工的内化道德同一性在其职业幸福感与沉默行为的关系中起到调节作用。具体地，内化道德同一性越高，其沉默行为与职业幸福感之间的负相关越弱。

假设7.19：员工的符号化道德同一性在其职业幸福感与沉默行为的关系中起到调节作用。具体地，符号化道德同一性越高，其沉默行为与职业幸福感之间的负相关越弱。

二、研究设计

研究方式：重复测量纵向研究，本研究涉及的所有变量将在9个月的时间内进行4次重复测量，每两次测量的间隔为2个月。

研究样本：某企业的80个团队约400名员工及其80名直接领导。

测量方式：职业幸福感、沉默行为、情绪调节、道德同一性由员工本人评价。晋升机会由其直接领导进行评价。所有评价均为匿名方式，不同次的测量数据通过技术手段进行匹配。

分析方法：使用Mplus7.0软件的面板分析来对研究数据进行分析，验证研究假设。研究技术模型，如图7.14所示。

面板分析以重复测量的方式，可以确定变量间的因果关系方向。通过面板分析，可以考察沉默行为与职业幸福感可能存在的三种关系。第一个可能的关系，职业幸福感是沉默行为的决定因素。上一个时间点的职业幸福感影响下一个时间点的沉默行为，而上一时间点的沉默行为不影响下一时间点的职业幸福感。第二个可能的关系，沉默行为是职业幸福感的决定因素。上一个时间点的沉默行为影响下一个时间点的职业幸福感，而上一时间点的职业幸福感不影响下一时间点的沉默行为。第三种可能的关系，是互动模式，即职业幸福感与沉默行为互为因果。上一时间点的职业幸福感可以影响下一个时间点的沉默行为，而上一时间点的沉默行为也可以影响下一时间点的职业幸福感。此外，在此基础上，还可以验证假设中晋升机会、情绪调节、道德同一性在职业幸福感与沉默行为关系中的调节作用。

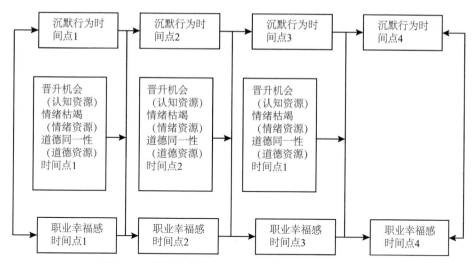

图7.14　职业幸福感与沉默行为关系的面板分析模型

从发展的角度，我们预期个体的职业幸福感的发展上可能呈现逐步下降的趋势，并在发展上表现出显著的个体差异。

综上所述，本研究拟从两个方面探讨职业幸福感。第一，从纵向的角度考察个体的职业幸福感发展变化。不仅描述个体在一定时间内呈现出的整体发展趋势，而且还要考察其在发展过程中是否表现出显著的个体差异。第二，从动态变化的角度，考察沉默行为与职业幸福感的关系，从而对个体的职业幸福感发展过程中表现出的个体差异进行解释。

三、研究结果

（一）初步统计分析

4 次测量的职业幸福感及其他变量的均值、标准差及相关系数矩阵如表 7.5 所示。4 次测量的职业幸福感与沉默行为之间呈显著负相关，且其相关强度有逐步上升的趋势。4 次测量的职业幸福感之间也呈中等程度的正相关。

表 7.5　　　　　　　　　研究变量之间的相关、平均数与标准差

变量	1	2	3	4	5	6	7	8	9	10
1 工龄	1.00									
2 晋升机会	0.05	1.00								
3 T1 沉默行为	-0.15	0.25**	1.00							

变量	1	2	3	4	5	6	7	8	9	10
4 T2 沉默行为	-0.17*	0.13	0.47***	1.00						
5 T3 沉默行为	-0.15	0.09	0.38***	0.51***	1.00					
6 T4 沉默行为										
7 T4 职业幸福感	-0.16	0.14	-0.47***	-0.44***	-0.38***	1.00				
8 T1 职业幸福感	-0.20*	0.14	-0.50***	-0.43***	-0.19*	-0.42***	1.00			
9 T2 职业幸福感	-0.09	0.01	-0.37***	-0.50***	-0.25***	-0.32***	0.52***	1.00		
10 T3 职业幸福感	-0.25**	0.11	-0.33***	-0.36***	-0.66***	-0.32***	0.34***	0.30***	1.00	
11 T4 职业幸福感	-0.21*	0.18	-0.38***	-0.33***	-0.38***	-0.55***	-0.50***	0.42**	0.42**	1.00
均值		0	3.59	3.74	3.37	3.99	1.72	1.97	1.56	2.35
标准差		1	4.44	4.35	4.83	3.83	5.23	5.11	5.29	4.66

注：$*p<0.05$，$**p<0.01$，$***p<0.001$，下同。

为了检验个体的职业幸福感的发展轨迹是线性的还是非线性的，我们分别构建了三个无条件潜变量增长模型：①线性无条件模型；②二阶曲线无条件模型；③自由估计的无条件模型。

线性无条件模型和二阶曲线无条件模型的拟合结果见表7.6，而自由估计的无条件模型没有收敛，因而我们只对线性无条件模型和二阶曲线无条件模型进行比较。两个模型的 χ^2/df 都不显著，但二阶曲线无条件模型的 TLI < 0.90，RMSEA > 0.08，模型拟合得很不理想，比线性无条件模型要差。SRMR < 0.10，模型也可以接受。因此，从总体看，线性无条件模型的各项拟合指标均达到要求，说明该模型可以接受。无论是嵌套模型，还是非嵌套模型，模型比较都可应用信息标准指数如 AIC、BIC 和 ABIC 等。如果 BIC 的绝对值差在 2~6 之间时，表明两模型存在差异；如果 BIC 的绝对值差在 6~10 之间时，表明两模型存在很大的差异；如果 BIC 的绝对值差大于 10，则表明两模型存在极大的差异。通过对 BIC 值进行比较，两个模型的 BIC 差值为 13.84，因而可以认为两个模型之间存在极大的差异。线性无条件潜变量增长模型的各项参数估计如表7.6所示。在线性无条件模型中，职业幸福感的截距均值为 4.22（p < 0.001）；斜率均值为 -0.01（p > 0.05）；截距与斜率之间的相关 r = -0.02（p > 0.05）。由此可以看出，第一次测量的职业幸福感显著不为 0。职业幸福感的线性发展趋势不显著。此外，职业幸福感初始水平与发展速度之间也不显著。但是，职业幸福感的方差 σ^2 = 0.20（p < 0.001）和斜率的方差 σ^2 = 0.02（p < 0.05）都显著。这说明职业幸福感

的初始水平和发展速度存在显著的个体差异。

表 7.6　　　　　　　职业幸福感的无条件潜变量增长竞争模型的拟合指标

模型	χ^2	df	CFI	TLI	RMSEA	SRMR	BIC
线性无条件模型	10.17	5	0.937	0.925	0.085	0.094	748.79
二阶曲线无条件模型	5.56	1	0.945	0.667	0.179	0.057	762.63

注：自由估计的无条件模型，结果没有收敛，故未提供拟合指标。

（二）职业幸福的增长：沉默行为的影响

由于职业幸福感的初始水平和发展速度存在显著的个体差异，我们将员工在沉默行为上的发展变化是否可以解释其职业幸福感中存在的显著个体差异。为此，我们构建职业幸福感的潜变量条件增长模型，并用沉默行为的截距和斜率预测职业幸福感的初始水平和增长速率。同时，在该模型中，我们还将控制员工的性别、晋升机会（第一次测量）对沉默行为和职业幸福感的初始水平和增长速率的影响。在预测职业幸福感前，我们先构建沉默行为的潜变量条件增长模型，其方法和步骤如前。通过对线性无条件模型、二阶曲线无条件模型和自由估计的无条件模型的比较，根据模型的先前判别标准，最终我们选择线性无条件模型。该模型的各项拟合指标为 $\chi^2/df(3.67/5)=0.73$，RMSEA $=0.000$（95% 的置信区间为 $0.000\sim0.099$），CFI $=0.999$，777 $=0.996$，SRMR $=0.025$。各项拟合指标良好。接着，我们用沉默行为模型中的截距和斜率去预测职业。该结果如图 7.16 所示，其各拟合指标为 $\chi^2/df(51.26/32)=1.66$，RMSEA $=0.068$（95% 的置信区间为 $0.033\sim0.100$），CFI $=0.918$，TLI $=0.888$，SRMR $=0.081$。总体来看，除了 TLI 指标略低外，其余各项拟合指标良好。在沉默行为与职业幸福感的潜变量增长模型中，沉默行为的截距对学校适应截距的回归系数 $\beta=0.83(p<0.001)$；沉默行为的截距对职业幸福感斜率的回归系数 $\beta=0.26(p>0.05)$；沉默行为的斜率对职业幸福感斜率的回归系数 $\beta=0.92(p<0.001)$。沉默行为的截距与斜率的相关系数 $r=-0.48(p<0.01)$；职业幸福感的截距与斜率的相关系数 $r=-0.62(p>0.05)$。由结果得知，沉默行为的截距对学校适应的截距具有显著的正向影响，但对职业幸福感斜率的影响不显著。沉默行为的斜率对职业幸福感的斜率具有显著的正向影响。此外，沉默行为的初始水平与发展速度存在负向关联，但职业幸福感的起点与发展速度之间没有显著联系。从总体看，职业幸福感截距的方差被解释了 $0.652(p<0.001)$；职业幸福感斜率的方差被解释了 $0.705(p<0.001)$。职业幸福感在截距和斜率上的变异得到大部分的解释，沉默行为对职业幸福感的预测效果比较理想。

在该模型中，只有性别与沉默行为的截距具有显著的相关，控制变量（性别和晋升机会）的其余效应均不显著。为保持图形的美观和简洁，上述结果就没有在图中表示。

（三）讨论

在前三个研究框架中，我们分别对职业幸福感和沉默行为的动态变化及其环境影响因素做了探讨，然后对职业幸福感与沉默行为之间的关系及边界条件进行了探索。在此基础上，回答了在将职业幸福感和沉默行为的动态性纳入考虑后，它们之间的关系机制是怎样的。

研究方式依旧是重复测量纵向研究，涉及的所有变量将在 9 个月的时间内进行 4 次重复测量，每两次测量的间隔为 2 个月。

研究样本也是某企业的 80 个团队约 400 名员工及其 80 名直接领导。

测量方式：道德型领导、工作—家庭积极促进由员工本人评价。员工的组织公民行为、沉默行为由其直接领导进行评价。所有评价均为匿名方式，不同次的测量数据通过技术手段进行匹配。

分析方法：使用 Mplus7.0 软件的混合潜变量增长模型（growth mixture modeling）来对研究数据进行分析，验证研究假设。研究模型图如图 7.15 所示。

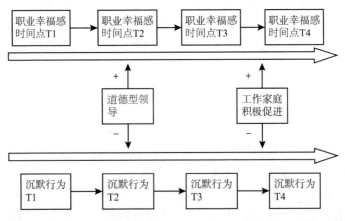

图 7.15　道德型领导与工作—家庭积极促进对职业幸福感与沉默行为的影响

首先，我们将道德型领导和工作—家庭积极促进作为新的环境因素纳入研究框架。道德型领导作为一种不仅自身作为道德榜样，而且还能够向下属传递道德规范的领导风格，被认为在一定程度上是辱虐式管理的反面（Mayer & Aquino，2012）。道德型领导因为其传递积极道德规范的特征，根据社会交换理论，员工在道德型领导下更可能获得职业幸福感。已有证据表明，道德型领导和下属的组织公民行为呈正相关（Kacmar et al.，2011）。同理，当道德型领导水平较高时，员工因为所学习的道德规范，将更少从事沉默行为。因此，在高水平的道德型领导条件下，员工职业幸福感的初始水平（截距）将更高，员工更多的职业幸福感将呈现上升趋势。职业幸福感的下降趋势（斜率）将会被减缓，上升趋势（斜率）将被强化。相反，在高水平的道德型领导条件下，员工沉默行为的初始水平（截距）将更低，员工更多的沉默行为将呈现下降趋势。沉默行为的下降趋势（斜率）将会被强化，上升趋势（斜率）将被减缓。

其次，与工作—家庭冲突关注工作与家庭在时间、压力和行为上的矛盾冲突不同，工作—家庭积极促进更多关注的是工作与家庭在资源上的互相增进。对于工作—家庭促进水平高的员工来说，家庭中的资源和人际模式会更容易流入到员工的工作场合，因而员工首先更容易在组织中获得职业幸福感。此外，员工用于在组织中克制负面情绪的资源变多，因此将更少因为负性情绪而产生沉默行为。因此，在高水平的工作—家庭积极促进条件下，员工职业幸福感的初始水平（截距）将更高，更多的员工的职业幸福感将呈现上升趋势。职业幸福感的下降趋势（斜率）将会被减缓，上升趋势（斜率）将被强化。相反，员工沉默行为的初始水平（截距）将会更低，更多的员工的沉默行为将呈现下降趋势。沉默行为的下降趋势（斜率）将被强化，上升趋势（斜率）将被减缓，如图7.15所示。

接下来，我们仍将晋升机会、情绪调节和道德同一性分别作为员工认知资源、情绪资源和道德资源的典型指标，引入到职业幸福感与沉默行为的动态关系中来。我们首先认为晋升机会将影响其职业幸福感与沉默行为的动态关系。根据研究假设，员工的晋升机会越多，资源限制"瓶颈"越小，员工职业幸福感水平就越高，给个体带来的积极回报越多，其从事沉默行为的可能性也越小。高水平的晋升机会可强化沉默行为与职业幸福感之间的负相关。此外，我们认为员工的情绪调节能力也将在沉默行为与职业幸福感的动态关系中产生影响。具体地，在个体具有高水平认知重评的条件下，员工职业幸福感水平越高，从而其从事沉默行为的可能性也越小。相反，当员工处于高水平的表达抑制状态时，员工职业幸福感水平越高，出现沉默行为的可能性越高。同样，当员工的内化道德同一性处于高水平时，员工职业幸福感水平越高，从事沉默行为的可能性也越小。当个体的符号化道德同一性处于高水平时，员工职业幸福感水平越高，沉默行为的可能性越来越高。上述晋升机会、情绪调节与道德同一性的调节效应可能体现在如下关系中：职业幸福感的截距与沉默行为截距的关系，职业幸福感的截距与沉默行为斜率的关系，沉默行为截距与职业幸福感斜率的关系，职业幸福感斜率与沉默行为截距的关系。

X1～X4分别代表道德型领导和工作—家庭积极促进的4次评价分数；W1～W4分别代表职业适应力、情绪调节、道德同一性的4次评价分数；Y1～Y4分别代表职业幸福感的4次评价分数；Z1～Z4分别代表沉默行为的4次评价分数。使用混合潜变量增长模型，可以让我们考察职业幸福感与沉默行为之间的动态关系机制，以及这个互动关系中职业适应力、情绪调节和道德同一性的调节作用。此外，我们还可以得到环境因素，包括道德型领导和工作—家庭积极促进对职业幸福感和沉默行为变化趋势影响的结果。这个影响不仅包括辱虐式管理与工作—家庭冲突对员工沉默行为不同趋势占比的影响，还包括它们对不同趋势内员工沉默行为的截距（初始水平）与斜率（变化趋势）的影响。由此，我们可以获得环境因素影响职业幸福感与沉默行为动态变化的丰富信息，如图7.16所示。

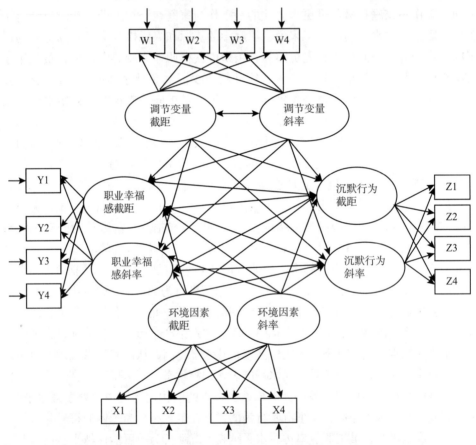

图 7.16 混合潜变量增长模型中职业幸福感与沉默行为的综合动态关系机制

（四）总结

本书将对前人理论和研究进行回顾，其期待的研究基础起点高，以达到在已有的研究上获得填补空白、甚至突破的目的。研究使用纵向追踪的实证研究方法，具体采用面板分析、混合潜变量增长模型等技术，构建职业幸福感与沉默行为的动态关系模型。首先，本书着力探索职业幸福感和沉默行为的动态性特征，以及其动态性变化趋势如何受到环境因素的影响，从而得到职业幸福感与沉默行为形成、发展过程的知识。期待对职业幸福感的发展规律进行挖掘和确定，为提高员工（并推及男性）职业幸福感寻找对策。其次，本书还探讨了职业幸福感与沉默行为的关系机制及在认知、情绪和道德三个视角下的边界条件。最后，本课题重点探索职业幸福感与沉默行为的动态关系机制，包括职业幸福感与沉默行为如何在动态条件下相互影响，如何受到环境因素影响，以及其关系如何受到认知、情绪和道德因素的调节。这些都为职业幸福感研究贡献独特的知识，弥补前人研究中对职业幸福感和沉默行为互动性和动态性考察的缺失，同时也为组织管理实践中减少沉默行为、提升员工职业幸福感提供给切实的指导建议，最终为组织的职业管理，乃至提高社会福祉提供建议和对策。

本研究采用问卷调研的方法，辅以企业访谈，对组织中员工的职业幸福感和沉默行为的动态变化及动态关系机制进行深入探索。具体的问卷调研方法，主要采用纵向追踪以及重复测量的方法，这种方法与常用的横截面研究比较而言有较为明显的优势。横截面研究一般只能揭示变量与变量间的相关关系，很难对变量间的因果关系进行推论。采用纵向追踪重复测量的方法，不仅能够更好地对变量间的因果关系进行推论（比如使用面板分析），而且还能对变量的变化趋势以及变量间变化趋势的相互作用进行探讨（比如使用潜变量混合增长模型）。

混合潜变量增长模型是通过收集研究问卷，对实际中收集到的样本进行各个研究变量的测评和研究的方法，并采用 Mplus 7.0 软件对研究数据进行分析，验证研究提出的理论模型以及各个变量之间的动态关系。在本研究中，使用混合潜变量增长模型，可以让我们考察和验证职业幸福感与沉默行为之间的动态关系机制，以及这个互动关系中职业适应力、情绪调节和道德同一性的调节作用。并且，能够得到道德型领导和工作—家庭积极促进对职业幸福感和沉默行为变化趋势影响的结果。不仅包括辱虐式管理与工作—家庭冲突对员工沉默行为不同趋势占比的影响，而且还包括对不同趋势内员工沉默行为的截距（初始水平）与斜率（变化趋势）的影响。由此，我们可以获得环境因素影响职业幸福感与沉默行为动态变化的准确而丰富的信息。

第四节　职业幸福感相关实际案例
——L 公司电销员工职业幸福感研究

一、背景

在互联网飞速发展的今天，如何高效率地完成线上产品的销售已成为很多企业思考的问题，方便快捷的信息沟通技术使电话销售应运而生。电话销售为企业提供了与客户接触的快捷渠道，可以帮助企业在短时间内维护好客户关系，监控销售过程，从而提高企业的经济效益。电话销售人员成为现代诸多企业盈利生存的核心主导力量。值得关注的是销售人员作为企业中关键人才已经成为各个行业中承受压力最大的人群，再综合各项消极因素让电话销售人员的幸福感现状堪忧，如果这种状态长期不得到调整，将会造成电话销售人员的身心损害，也不利于企业的经营发展。

L公司是一家典型的互联网企业，复杂的行业环境和激烈的市场竞争要求企业不断提高自己的核心竞争力。因此，通过调查了解L公司电销员工的职业幸福感，探究影响L公司电销员工职业幸福感的因素，从而提出提升L公司电销员工职业幸福感的策略，用以激发和调动电销员工的工作积极性、主动性和创造性，整体提高电销员工的职业幸福感水平，促进L公司的健康持续发展。

二、L公司简介

L公司于2011年上线，是实现企业、猎头和职业经理人三方互动的职业发展平台。L公司专注于打造以经理人用户体验为核心的职业发展服务，追求"让职场人更成功"的企业愿景，全面颠覆传统网络招聘以信息展示为核心的广告发布形式。截至2018年3月，L公司拥有超过4000万名经理人注册会员，已服务超过50万家优质企业。目前，有超过30万名猎头在L公司平台上寻找核心岗位的候选人。

作为专业的职业发展平台，L公司专注于职业白领和精英人士的职业机会、职业测评和职业咨询的服务。为企业、猎头、和职业经理人之间架起沟通桥梁，加速企业招聘进程，提高猎头服务效率、促进职场精英职业发展。其以闭环为中心的互联网化招聘服务在越来越注重品质和效率的今天，极大程度上为企业提高了招聘效率和效果。同时，在移动化更加普及的今天，L公司某APP的出现和快速迭代也顺应了市场习惯，促进了三方的信息互通和使用便捷度，这让更多的职业经理人活跃在L公司平台上进行职业的选择、职场充电分享及职业人脉交流。

L公司的业务遍及全国，在北京、上海、广州、深圳、杭州、天津、大连、南京、武汉、厦门、成都、西安、青岛、重庆、郑州等城市设立了分公司。其持续创新的应用、专业快捷的服务、众多的成功案例积累了广泛的业内声誉和客户口碑，目前除与各行业的领头企业和各地龙头企业都有良好的合作外，更助力众多创业新秀及非凡雇主的人才搭建，也因卓越的业内成就多次被中央电视台、人民网、新浪网、《人民日报》《互联网经济周刊》等多家主流媒体报道。

三、电销工作的特点

电话销售以电话为主要沟通手段，借助网络、传真、短信、邮寄递送等辅助方式，通过专用电话营销号码，以公司名义与客户直接联系，并运用公司自动化信息管理技术和专业化运行平台，完成公司产品的推介、咨询、报价，以及产品成交条件确认等主要营销过程的业务。电话作为一种方便、快捷、经济的现代化通信工具，正日益得到普及。1997年电话销售进入我国大陆，在2000年左右北京的电话销售模式逐步成型，并在一些广告媒体、移民咨询、通信服务等"软销售"行业取得长足发展。随着互联网行业的发展，电话营销模式的普及，企业电话销售人员也随之增多，电话销售的工作特点日益明显。

1. 工作结果取决于个人自觉行为和主观努力。电销人员的工作结果在很大程度上取决于个人的自觉行为和主观努力，在一定时期内工作业绩可以衡量，表现为一定的成单量、客户开发数量和客户续单量。因其工作内容相对简单、可替代性强，因此要完成较好的业绩更需要来自个人的主观努力。

2. 工作内容较单一。电话销售的主要工作内容即为打电话，通过电话向客户推介产品完成销售任务。除了每日例会和休息时间，几乎所有工作时间都在打电话，工作内容较为单一。且为了规范业务流程和方便员工进行学习，对于电话沟通内容公司也会统一话术，故电话销售人员与客户的聊天内容也相对单一和固定。

3. 工作时间长。在当前互联网经济背景下，诸多企业员工的工作时长已经远远超过了法定的时长，自主加班或者被迫加班已经成为很多企业的常态，甚至部分企业已经形成了"996"工作制。电话销售人员是企业的一线业务人员，他们的工作业绩将直接影响企业的经济效益和长足发展，所以销售人员在企业往往是最为努力、最为辛苦的员工，与此同时也是工作时间最长的员工。电话销售人员因上班八小时工作时间主要是拨打电话，所以一些资料整理及其他工作需在下班后处理，常态化的加班增加了电话销售人员的工作时间，这也是电话销售工作的一个显著特点。

4. 工作压力较大。公司对电话销售人员的考核主要是通话数和有效通话时长。对每天的通话时长和有效通话个数都有规定，比如某保险公司要求电销人员每天通话时长不少于2.5小时，通次不少于60个，其中通话达到2分钟以上的才可计算为有效通次，其他公司也有类似考核要求。公众对推销电话普遍反感，拒接率非常高，新员工要完成这样的考核指标还是有一定难度的，高难度的工作目标也是给一部分电销新人带来的工作压力的重要因素。

5. 薪酬差距较明显。目前，大部分公司中电话销售人员的薪酬结构主要由三部分组成：①底薪。和大多数销售人员的薪酬结构一样，每位电话销售人员都设计了固定薪资即底薪。根据级别不同，薪资水平有差异。②销售提成。这是为了促进销售业绩达成和激励电话销售人员，依据电话销售人员销售提成率核算出来的，是对电话销售人员销售业绩最直接的促进和激励。③业绩奖金。业绩奖金主要是为了督促电话销售人员达成预先设定的销售目标而设立的，根据底薪、销售提成以及预设销售目标等因素计算得出。上述薪酬方案的设计与个人能力和工作业绩紧密挂钩，是企业吸引、留住核心销售人才的重要手段。受个人能力和个人努力的影响，员工间薪资差距较大，业绩优秀者可以领到数万元的薪资，而业绩差者一般只能拿到底薪，两者差距近十倍。

综上所述，长时间枯燥的工作和高难度的工作目标，使电销人员日渐缺乏认同感，这可能会成为影响电话销售人员从业归属感和自我认同感的重要障碍。电话销售人员面对工作的巨大竞争性和销售压力导致电话销售每年的离职率大约在16%，有数据显示，绝大部分的离职员工在两年内离职。由此可以看出，电话销售人员在工作中承受着巨大的身心压力和业绩压力，这将直接影响到企业电销人员的职业幸福感，也将会影响企业的经济利益和发展。

四、L 公司电销人员人力资源管理现状

（一）组织架构

L 公司实行总经理负责制，设置互联网事业部门、销售部门、GCDC、测评部门和职能部门五大部门。其中，互联网事业部门负责线上相关业务；销售部门负责与客户沟通，销售产品，其中又分为 S（销售）、SS（高销）、KA（大客户）3 个部门；GCDC 分为 RPO、RPS、客服、CDC、线上交付和校园部，是主要交付的部门；行政办公室下设人力资源部和财务部两个部门，主要负责人员配置、绩效考核、薪酬发放、培训、成本费用以及收入的结算等工作。L 公司是 L 集团的城市分公司，设有城市总经理 1 人和部门经理 5 人，其中城市总经理统管公司所有决策，部门经理直接分管各部门。对于 L 公司而言，销售部门是 L 公司的核心部门，如图 7.17 所示。

其中，销售 S 分为 S1 - S4 - M2 级，SS 分为 SS0 - SS5 - M2 级，KA 分为 KA0 - KA5 - M2 级，各部门分别对应职级，如图 7.17 所示。

职级	层级名称	对应目前职级										
		互联网/其他事业部	职能	销售			GCDC					
				S	SS	KA	RPO	RPS	客服	CDC	线上交付	校园
L2/P7	高级经理级专家级	M2 X3	M2 S3	M2	M2	M2 M1 KA5 KA4	T3（L） T2（L） M3（L） E6（P） E5（P）	M2	M2	M2	M2	M2 S3
L1/P6	经理级资深专员级	M1 X2.2	M1 S2.2	M1 S4	M1 SS5 SS4 SS3	KA3 KA2	T1（L） M2（L） M1（L） E4（P） E3（P） E2（P）	M1	M1	M1	M1 L7-2 L6-3	M1 S2.2
P5	高级专员级	X2.1	S2.1	S3	SS2 SS1	KA1	E1 L7	L6 L5-2		L5	L7-1 L6-2 L6-1	S2.1
P4	专员级	X1	S1	S2			L6 L5	L5-1 L4	L3 L2 L1	L4		S1
P3	助理级			S1	SS0	KA0	L0			L0		

图 7.17 L 公司岗位职级对照

（二）员工招聘来源

因为 L 公司自身就是做人力资源行业，所以在招聘渠道商具有先天优势，可从各平台、渠道发布广泛的用人信息。但是由于电销岗位的流动率很大，招聘时对岗位人员没有针对性，只要有意愿从事电话销售，都可以入职。招聘进来的新进员工要进行一段时间的培训和学习后方能熟悉电销岗位的业务。这类员工一开始也并不了解互联网企业内部的情况，也不太了解电话销售的工作强度，仅凭一腔热情加入其中，却并不一定持久。

（三）员工的培训晋升机制

根据访谈调查，L 公司有自己的培训体制，对员工进行"应知应会"的培训，即员工的岗位职责及本职工作基础知识和技能的培训。通过考试、电话抽查、现场检查等方式强化对员工业务能力方面的训练，使员工在本职工作的技能方面得到大大提升。L 公司培训机制较为丰富，不仅考虑到员工的本职工作方面的培训，而且在公司的企业愿景、总体战略部署、近阶段的目标、市场前景和竞争方面也会经常以会议和活动形式传达到每一位员工。且 L 公司每季度和年度都会评选相应优秀的培训师和培训课程。不过，电销员工培训大多是针对岗位进行，没有针对员工个人的培训晋升机制，往往晋升只是等级上升，直接影响是业绩压力增大，但薪资水平和层级几乎并未得到提升。

（四）绩效管理体制

通过访谈了解到，L 公司的电销薪酬体系强调以绩效为导向，多劳多得。这种理念本应无可厚非，但是与员工访谈的结果显示，这种绩效考核体制并没有得到 L 公司新晋电销员工的认可，并不利于电销新人的培养与发展。根据 L 公司电销员工反应，公司设计的工作量很多新人即使已经在职工作 3 个月以上并且各方面也是较为努力往往仍然不能完成。有的月份工作量很大，如年底冲业绩，很多员工需要在部门里加班到很晚，甚至熬通宵，但是公司并没有相应的加班机制，并解释为没有完成业绩应自愿加班。不合理的绩效管理制度，往往会使刚刚加入电销的新生代员工的不满，让他们认为自己的努力得到不公平的对待。

（五）员工激励体制

在激励员工时，L 公司通过采用提高薪酬、年终奖励、绩效奖励等物质形式进行补助，也会颁发一些头衔对其进行鼓励。虽然其激励形式相对丰富，但是，激励体系仍然存在大众化、单一化的情况，不够灵活，同时也忽略了员工更高层次的需求。而 L 公司的激励对象仅宽泛地针对有业绩的员工，对于业绩一般或者没有业绩的员工激励措施不明显。

五、职业幸福感的因素

通过对文献的归纳整理，结合电销员工的工作特点，筛选出比较符合的电销员工职业幸福感影响因素进行研究，国内已有学者证明这些因素对职业幸福感有一定的影响作用的。除了研究学者们的研究成果，通过对 L 公司电销员工代表进行了访谈，相比较文献研究而言，通过访谈获得的一手资料在分析比较中可能更具研究价值。在本次访谈中，有一些受访者联系他们所处的企业性质就企业形象、人格特质等因素给出了独特而又重要的见解。如对一位国有企业员工进行访谈时，其谈道："企业形象好、知名度高，在对外人提起的时候会特有面子，幸福感当然也是有的。但对于企业来说，企业形象的好坏靠宣传，最主要的还是靠我们员工的宣传，如果企业真的做得好，员工幸福感高了，企业形象也绝对差不了。说到底，这是一个循环往复的过程。"在此，影响 L 公司电销员工职业幸福感的主要因素定为工作特性、发展前景、人际关系、薪酬福利、自我效能感和组织认同。理论模型如图 7.18 所示。

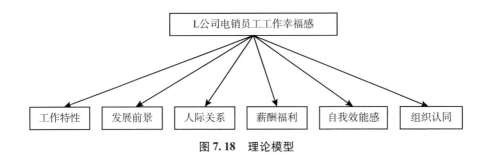

图 7.18　理论模型

为了判断电销员工职业幸福感与 6 个影响因素是否相互依，通过 Pearson 相关初步检验各个变量之间的线性相关，从而为进一步探讨各变量间关系奠定基础。本研究除了控制变量外，共 7 个变量，其中 7 个变量的均值介于 3.181 ~ 3.941 之间，标准差介于 0.611 ~ 0.843 之间。并且，6 个变量间均呈现正相关，相关系数介于 0.513 ~ 0.775 之间，说明自变量间存在中度相关。6 个变量与职业幸福感呈现显著相关，相关系数介于 0.439 ~ 0.670 之间，表明 L 公司电销员工的工作特征、发展前景、人际关系、薪酬福利、自我效能感和组织认同与员工的职业幸福感之间存在正相关关系。

根据我们的研究，影响该企业电销员工职业幸福感因素是电销员工的工作特征、发展前景、人际关系、薪酬福利、自我效能感、组织认同。这些因素与人力资源管理措施密切相关，所以，我们根据该企业的人力资源管理情况，探讨提升 L 公司电销员工职业幸福感的方法。

六、提升电销员工职业幸福感的策略

(一) 通过设计提升电销员工的职业幸福感

从工作自主性角度来看，因为人们都会对自己的工作、生活有一定控制欲，虽说工作中员工保持着自主权是必要的，然而也不代表全部职业均能给予电销员工自主权，并且不同电销员工对其工作自主性的要求程度也大不一致，因此企业必须合理分析、设计各个岗位，根据电销员工个人需求给予合理的自主性，使其在工作中获得幸福感。对于工作价值，要知道员工能否认可一项工作主要依据自身能否对此工作抱有兴趣、能否施展自己的才能，电销员工感觉到工作有意义，才会使得这项工作变得有价值，才能保证员工感受到更强的自我效能。因此，企业在进行工作设计时必须拓展工作中需要的知识技能、提升工作的重要程度，等等，这也就是设计双因素理论中激励因素的内容。然而，要想保证员工能够适应、胜任某项工作，就必须合理规划工作的难度，也就是确保员工能够驾驭此项工作。在此方面，电销员工自身素质占据主导作用，企业应确保工作任务与标准的合理性，不能超出电销员工的能力之外，也不能设计得过于简单，过高过低都无法使得员工产生工作热情。因此，该企业应该充分结合电销员工工作特性，给予其一定限度内的工作自主性，比如让各个团队自主决定其办公区域的颜色，或工区内工位布局，为电销员工提供尽量自由的空间，帮助他们减缓单一工作内容带来的疲倦感和工作压力带来的束缚感，从而更好地发挥自主性、创造性，提升职业幸福感。

（二）重视电销员工个人发展

电销人员因忙于完成业绩压力，往往对自己的职业规划缺乏思考，经常处于迷茫状态。而某些公司对电销岗位的管理上也存在一些错误认知，认为电销员工只需一般素质即可，招聘时"门槛"较低，因岗位流动率大，培训也会增加其成本投入。其实不然，在对 L 公司的电销员工访谈中笔者了解到，一些新晋员工选择在企业深耕的原因是看重企业可能带给他们的成长与发展。加强对电销员工的能力开发和职业规划引导，不仅可以帮助员工明确发展方向，确立工作目标，而且也可以增加员工的稳定性，减少招聘成本。因此，企业需要按照自己的未来发展规划，帮助电销员工设立针对性强的职业规划，给予员工公正、公平的工作环境，完善企业的培训制度，开展对员工销售技巧和团队建设的培训，使其勇于追寻自己的目标，并获得职业幸福感。

（三）打造和谐人际关系

领导者认可、信任企业电销员工，和谐的上下级关系，能给电销员工营造幸福感，电销员工若是能够得到领导的认可、信任，也会大大增强自身的职业幸福感。所以，对于公司来说，须告知领导者关心下属、体谅下属的重要性。而电销员工之间的关系方面，必须使得良性竞争和合作并存，公司应当积极打造自身公司文化，倡导电销员工互相帮助、积极合作、和谐交流。企业可以组织员工进行团队活动，如聚餐、团建、户外运动等，提高企业凝聚力，既有利于电销员工身体健康，又可以促进人际和谐。通过增加电销员工间的互相交流，有利于打破电销员工之间的隔阂，建立更多互动与联系，在提高工作效率的同时也更易形成愉快的工作氛围。和谐的人际关系不仅是电销员工个体的需要，而且也可以提升电销员工的工作胜任力和自主性，有助于提升电销员工的职业幸福感。

（四）完善薪酬福利制度

薪资福利对企业员工职业幸福感的作用也是非常明显的，因此，公司若想提升员工的职业幸福感，应设置合理的薪资福利框架。从公平的角度分析，电销员工的薪资不但要考虑到外部市场竞争情况，也要维持企业内的公平。因此，管理者在制定薪资标准时不但要综合该行业内相等职务员工的收入水平，也要衡量电销员工自身的业绩情况，以此达到薪资激励的效果，促进员工拥有职业幸福感。同时，对于福利待遇的设置，由于现在人们越发关注自身身体状况、越发重视家庭的地位，因此企业员工将越发关注关于自身健康、家庭、退休与节假日有关的福利，越来越多的员工认为享受亲情远比获得更多金钱重要，更不会舍弃享受亲情的时间用于工作。所以，考虑到电销员工工作的特殊性，企业在制定薪酬福利制度时，应注意拉近电销员工与企业之间的距离，应将 KPI 过程指标与奖金一定程度地关联起来，提升激励效果。丰富多样的员工福利能够体现出企业的人情化关怀，有利于提高组织凝聚力，增强电销员工归属感。公司可以让电销员工参与福利方案的设计，根据电销员工需求提供个性化福利，让电销员工感受到企业的关怀和帮助，提高电销员工职业幸福感。除此之外，在工作条件角度上，公司应给予电销员工安全、轻松、整洁的环境，使电销员工快乐工作，这样不仅能够给企业带来更多的利润，而且可以增强电销员工的职业幸福感。

（五）增强员工自我效能

电销员工应主动培养自我效能感，合理科学地衡量自己、认可自己，主动找寻自身优势，保持乐观积极的态度。应正视遇到的压力，选择正确的抗压方式，以此提升自己，乐于迎接工作挑战。应密切重视自身心理需求的改变，随着年龄的增长，阅历得到增加，不同时期具备的心理特征及需求也不一致。合理调节自身心态，保持乐观的心态处理工作与家庭之间的问题。不仅如此，对于电销员工来说，应学会贴合自身实际情况对自己抱有合理的期望，应了解一个人是否可以保持愉悦的心情大多依赖其对生活持有的心态。当出现消极情绪时，应主动调整，正视困难、积极主动地面对，以积极的目光看待生活，培养健康积极的心态。保证自己一直处于学习状态，以此增加人生阅历、提升找寻幸福的能力，享受生活、工作带来的幸福。当人们感受到成功时，这种体验会使人们相信自己的能力，从而建立起自我效能感。企业应当培训并帮助电销员工学会承受工作压力并逐步掌握如何应对工作压力，积极引导电销员工进行自我调节，并根据自己的实际情况设立合理适宜的目标，帮助电销员工尽可能地完成自我实现，增强自我追求幸福的能力和渴望，体验到更多的职业幸福感。

（六）强化电销员工组织认同

重视员工人际关系的培养，给予电销员工开放的工作条件，通过将领导、电销员工一起工作，不仅能够降低工作任务分配与上报的时间成本，而且还能够促进上下级、同事之间关系的融洽。在企业职务上不设置"总"称谓，以此尽可能消除上下级之间的疏远，通过亲人般的称呼更能拉近两者的关系，增强职业幸福感。和谐、良好的企业文化能够促进电销成员之间保持和谐的交流，在给予电销员工温暖的同时，也提升了电销员工的忠诚度。电话销售由于自身岗位特点，在工作中容易感到迷茫和孤独，所以电销员工更希望能处在一个具有团队精神、和谐相处氛围的团队中，而不是自己独自面对高强度的工作和挑战。因此，同事、团队之间的合作和管理层的带领与认可将影响电销员工的工作效果。企业应该让电销员工感受到整个团队和企业的氛围，并让员工看到和相信自己的未来，只有让电销员工有足够的归属感和认同感，才能提升电销员工职业幸福感。

第八章

总论

一、总结

建设全面小康的社会主义，更加需要强调和谐。劳动关系是社会的基本关系，个体与组织之间的关系是社会中最普遍、最大量存在的关系，劳动关系和谐是社会和谐的重要组成部分。个体与组织之间的公平交换是一种基本的社会交换关系，他们之间的稳定与和谐是社会稳定、和谐发展的根基。因此，确立两者和谐发展，寻找双赢互利的途径，是员工职业幸福感的突破口。职业幸福感是人们最大的幸福。同时，这种幸福离不开组织受益。知识经济时代，人类面临的共同困惑是如何在现代生活中获得心灵快乐，适应日常秩序，找到人生坐标。如何达成人生幸福？职业幸福很重要，职业幸福将直接带给人们尊严和充实的生活。当人们的职业不幸福，工作生活质量必然下降，国家的社会和经济成本将迅速上升。我国改革开放以来，物质渐丰，倦怠渐强，幸福渐远，这一"幸福悖论"促使学者不得不对企业员工的幸福感问题加以重视和本土化研究。党的十九大报告全面回应了人民群众的幸福期待，旨在构建"幸福中国"。这个主旨既与社会经济发展的规律契合，也与国内外对幸福感的重视不谋而合。

（一）沉默行为的研究

普通员工的建言有时候有较高的价值和地位，比如日本一些企业，非常重视员工建言，定期举办合理化建议会议、讨论，建议被采纳者给予奖励。但在中国的企业现实中，员工遇到问题往往会选择沉默，并不太积极建言。这种现象对于组织的决策质量构成了极大的威胁。同时，长期的沉默使得员工认为组织对其自身的想法不够重视，降低其对组织活动的参与投入程度。因此，如何减少组织中员工沉默行为，具有重要的现实意义。

1. 政治知觉对员工沉默行为的影响

本书的研究从社会交换理论和资源保存理论出发，构建组织政治知觉和沉默行为的理论框架，认为员工与组织是基于互惠交换关系，同时将组织支持感作为一种能量资源来揭示组织政治知觉影响员工沉默行为的内在影响路径。结果发现，政治知觉的三个维度——组织政治知觉、薪酬与晋升政治知觉和同事关系政治知觉都对员工沉默行为具有显著正向预测作用。根据资源保存理论，从员工个体角度来看，员工对组织成员争夺资源的行为的感知会引起其消极的心理感知和负面情绪，降低了员工的工作满意度，使员工的自我保护意识增强，出现沉默行为。从组织情境角度来看，组织成员对有限资源的争夺博弈过程，降低了成员间的信任水平，从而降低了员工对组织整体的关心，更加着重于眼前自我利益，引发员工保留观点、保持沉默。可见，如果组织规章制度不明确，无法对员工行为做出规制，员工逐利的政治行为就会增加。员工不知道哪些是可以接受，哪些是不可以接受的，会将组织政治视为障碍性压力，产生消极行为。当员工具有自利行为政治知觉时，说明其感到组织中拉帮结派、站队、抱团等威胁性政治行为，会导致其产生负面情绪，员工感知到组织中的政治事件越多，越容易觉得自己的想法和建议不被重视，建言的积极性降低，于是就这样产生和强化了沉默行为。薪酬与晋升政治知觉反应的是个体对组织内的奖惩体系实际运作的看法，学者们普遍认为组织政策会滋生和保持政治行为的延续（崔勋，瞿皎皎，2014）。员工留在组织中最基本的前提就是能够得到合理的薪资待遇，努力工作能够得到晋升。当员工认为组织中薪酬与晋升存在政治行为时，说明其意识到组织内的奖励并没有完全按照组织规章制度来执行。一旦自己的努力与付出得不到应有的奖励，这就意味着组织对他们贡献的不认可，员工会对组织政治事件形成负面评价，从而产生消极情绪。组织偏离正常奖惩体系的做法进一步助长了员工趋炎附势的行为。在此情形下，付出—回报不匹配降低了员工的工作满意度和组织公平感，员工认为组织不重视其贡献、不关心其情感需求，因此员工离职倾向增加，出于"事不关己高高挂起"心态表现出沉默行为。同事关系政治知觉与员工的沉默行为存在正向影响，是因为同事行为导致从众心理。员工认为在组织中出风头和做出头鸟并不是明智之举，期望通过维护和同事之间表面的良好关系来给自己塑造脚踏实地、敬业努力的好形象。资源保存理论认为员工会尽力争取资源，在中国人情关系占重要地位的情境下，员工更容易表现出沉默来减少争议。为了在组织中不引起明显冲突，以及更好地融入组织内的小圈子，员工遵循"沉默是金"的原则，通过表现出"报喜不报忧"甚至不直接揭露组织不足之处，以此来获得组织内成员的普遍认可。

2. 组织依恋模式对员工沉默行为的影响

组织依恋是员工对所属企业的一种心理联系，即一种联结和依赖关系，由此给员工带来的对其所在团队或企业的行为及情感投入，并且包含对组织的一种认同，包括战略方向、企业文化、价值观、合法性等的认同，可以说是对组织全方位的认同。从组织依恋本身的定义来看，这是一个积极的心理变量，但是，事实并非如此，依恋是一种比较浓烈的感情，也会带给员工心理负担，因此，组织依恋本身包含的意思是担心失去和回避亲密。这可以从组织依恋的两种模式看出来。

员工的组织依恋模式通常可划分为员工对组织的依恋焦虑和依恋回避。其中，组织依恋焦虑是指员工对可能与组织分离或者被其抛弃的担忧程度，即组织依恋焦虑程度较高的员工对自身能力等各个方面持消极看法，自尊较低，常常担心所处组织、部门或团队不是真正的接纳自己，害怕失去与组织的亲密关系，对组织及其成员过度依赖。组织依恋回避是指员工与所处组织、部门或团队的亲密度以及该员工在情感方面的独立性，即组织依恋回避程度较高的员工对组织及组织内其他个体（领导、同事）的亲密关系持消极态度，他们否定人际关系的重要性，并且回避情感上的亲密性。组织依恋能够预测个体的积极与消极的情感、离职意愿与组织公民行为。当员工对组织的依恋模式倾向于依恋焦虑时，该员工会担心不被组织接受，被组织中其他成员孤立。当面对组织中一些问题需要指正或有些完善工作的想法需要表达时，这类员工会因考虑他人的利益、感受而迟疑，若表达存在会被贴负面标签，从而被视为异己者的风险时，该员工则更倾向于"明哲保身""沉默是金"的策略。因此，员工对组织的依恋模式倾向于依恋焦虑时，更有可能出现沉默行为。此外，当员工对组织具有较高的依恋回避时，该员工回避与所处组织、部门或团队亲近，拒绝组织或团队成员身份，在工作中的思维角度均以个人出发，行为也以自我立场为中心。面对工作中的某些问题或组织经营发展上的一些建议，也会因为与组织关系较远而认为没有必要去表达或认为即使表达也达不到预期的效果。因此，个体对组织的依恋模式倾向于依恋回避时，员工的沉默程度也同样越高。

因而，在组织实际管理过程中，领导应当对下属的情感状态有一定了解，当下属面临一些情感问题时，应尽可能及时且适当地给予帮助与理解。具体来说，对于一些依恋焦虑感较高的个体，在其遇到障碍时能给予更多的情感鼓励，需要时可给予力所能及的条件性帮助；当其努力克服困难后，适当表示称赞，以增强其安全感；面对该个体为了寻求支持而呈现出一些相对激进的行为时，尽可能不急于责骂，看清该行为背后的动机，给予相应的支持，再根据情况做出适当的处理。而对于一些依恋焦虑回避较高的员工，在其遇到问题时尽可能及时提供一些条件性的帮助，使其更好地克服困难，同时给予情感上的互动与回应，令其感受到他人能够出于好意来帮助他克服困难；当其对组织中的活动或一些工作问题显示出没有兴趣或关注度不高时，可尝试加强与其沟通，促进情感交流，构建良好的关系。在这个管理过程中，关键在于能了解下属的情感状态，在需要的时候给予一定支持，使得员工在与组织互动过程中形成更倾向于安全型的组织依恋模式。同时，企业在日常管理过程中，可通过构建促进团队合作的组织结构、制定团队合作的工作规范、建立融入合作元素的组织文化等方式促进员工团队合作意识、营造和谐的合作氛围。这可以使员工在合作中体验积极的情感互动，构建团队意识。良好的团队协作，具有相互支持、相互沟通，实现优势互补的作用。组织依恋焦虑较高的个体能够在此过程中缓解被不接受、被抛弃的恐惧情绪，得到一定情感安慰，进而缓解负面情绪的感知。当一个组织中的沉默行为非常普遍时，首先应当正视，其次针对不同的沉默动机采取相应的缓解策略。对于组织依恋焦虑感较高的员工，要令其更多地表达想法，为此可从两方面入手。一方面，从情感上给予鼓励，令其感受到自己是被接受，自己有能力提出合理的建议。并且在组织中营造建言的氛围，个体在这种氛围的感染下为了与其他成员保持一致，也会具有表达的动力。另一方面，构建匿名建言的渠道，为员工提供表达渠道的同时，降低个体在建言中遭到其他负面影响的风险，即减少资源再一次损耗的可能性。对组织依恋回避较高的个体，更多的是通过情感上沟通与互动，以令其感受到他人的好意，提高其归属感，以拉近个体与组织距离。同时在工作中可授予一定决策权力，允许其共同参与决策，提升其参与感和责任感，使其更乐意为企业经营奉献一份建议和力量，以致提高建言行为。

（二）关于职业幸福感的研究

尽管研究者对职业幸福感的概念存在一定的争议。不容置疑，职业幸福感包含两点，一是积极的主观感受；二是基于任职者自身对职业的认同和需要而产生的一种满足和持续快乐的体验，来源于工作、职业，并受社会、组织、个体、同事（尤其是上级）等多方面的影响。

本书重点探讨了职业特征、工作—家庭冲突、人—岗匹配这几个关键因素对职业幸福感的影响。

1. 职业特征的影响

本书发现，职业生涯初期的任职者的职业幸福感在一段时间内上升趋势显著。在职业生涯初期，任职者对职业充满激情和兴趣，任职者内在的主观的心理促进其职业发展。因此，企业应该关注新进员工的专业成长与发展，分配与其能力、专长相匹配的工作，使员工能够在职业活动中深切地感受到自己的能力能够得到发挥和提升带来的成就感。同时给予培训、晋升的机会，使任职者获得更好工作的知识、技能和职业能力，促进职业幸福感的良好发展趋势。

同时，在薪酬的公平性、能力体现、结果的可控三个职业特征中，能力体现对职业幸福感的截距和斜率的预测效应最显著，该职业特征是职业生涯初期员工的职业幸福感存在变异的重要原因。能力体现的是组织在对待员工和进行人—岗匹配过程中的体现。

职业幸福感发展趋势还取决于员工所处组织的薪酬制度的公平性。公平的薪酬体系能够帮助员工，尤其是职业生涯初期员工完善自身的职业规划。薪酬制度建立的初衷就是为了发挥员工激励作用，而激励作用的前提就是建立在公正的基础上。只有当员工认为薪酬是公平的，才可能满意并激发员工努力工作，从而获得职业幸福感。如果企业内部收入差距远远高于国际标准且理由不充分、不合理或不被员工理解和接受，则会造成激励和约束作用的缺失，在很大程度上造成了人才的流失，更谈不上员工的职业幸福感。

当然，这些职业特征都是以员工的感知为测量依据。所以，归根结底，职业幸福感与任职者自身因素关系很大。随着以知识和信息为主导的新经济时代的到来，组织的稳定性下降，企业组织的兼并、裁员、破产或倒闭层出不穷，职业管理的任务更多地落实到个人头上。因此，职业幸福感的来源并不完全取决于组织的职业发展措施，员工自己的主观能动性也相当重要，比如职业自我管理显得尤其重要。自我职业管理是个人洞察自己和劳动力市场状况，形成职业目标和实现步骤，在职业生涯历程中获得反馈和职业提升的过程。

2. 工作—家庭冲突的影响

在工作—家庭冲突方面的研究比较多，尤其针对女性。但是，该领域的研究关注的结果变量集中在工作相关结果变量（工作满意度、组织承诺、离职意向、缺勤、工作表现）、非工作结果变量（生活满意度、婚姻满意度、家庭满意度、家庭表现、休闲满意度）和压力相关结果（心理压力、生理症状、压抑、物质滥用、工作相关的压力、家庭相关的压力等）。总之，基本未见以职业幸福感为结果变量的研究，偶尔有见类似的职业满意度。因此，工作—家庭冲突与职业幸福感的关系具有开创性。该方面的研究验证了职业特征对职业幸福感的影响以及工作—家庭冲突的中介作用和职业特征的调节作用，并且工作—家庭冲突对职业幸福感具有显著的负向影响的研究假设得到验证。

员工的工作—生活平衡是影响他们工作动因和生产力的关键因素，尤其在中国甚至比薪酬更为重要。因此，企业经营管理层应该加强双向沟通，改善员工工作—生活平衡，提高组织支持度。企业应重新审视工作意义，科学规划人力资源，抛弃延长工作时间、疲劳工作等人力低成本盈利传统模式，再造工作设计，以高效快乐工作提高劳动生产效率为盈利模式。如可以制定较为灵活的工作时间（如弹性工作制）、增强办公场所选择性（如在家或远程办公等）、开展工作分摊（如兼职、全职岗位锚定）、补贴或提供服务支持（如建立内部儿童托管中心、健康服务和员工福利热线等）、为员工及其家属提供专业指导和咨询等。当然，员工也应该认识到自我管理是高水平的职业幸福感获得能力中的一个关键因素，加强包括职业生涯管理、婚姻管理和个体管理三方面的自我全面管理,实现工作职责、家庭责任和自我期望三要素的平衡与控制。

组织资本不仅是企业的一项无形资产,而且是一个连贯的系统中的巨大支持。最好的管理者应为员工做好服务和支持。这种组织支持既有工作上支持,也有社会影响力的支持。一个高组织资本的组织拥有强大人力体系,可以通过师带徒、工作导师制、企业工会、行业工会、职业生涯指导等让员工与"高手"同行;员工成长速度快、心理稳定、工作压力感小。一个高组织资本的组织拥有良好的社会声誉,可以通过其社会影响力助其员工获得更高社会地位,享有更高社会尊重;员工心理收入大、自信心与满足感高。一个高组织资本的组织拥有同行中较高的平台,可以通过"月光效应"让员工带上"高素质,高水平"的光环,获得更多社会信息、展现机会和认可概率;员工自我价值展示和实现机会大。这些都有助于从内源上激励员工积极应对高要求的工作需求,并获得可持续性的职业幸福感。无论是协调工作—生活还是组织资本都是从制度化层面进行的,制度效益周期长。从短期来看,管理者更有责任和义务提高管理艺术,加强员工职业幸福感能力建设,从心底感动员工、激励员工,满足员工的成就感和自豪感。根据前景理论,人们在"获得"时边际效用递减,因此对于"好事"发布,管理者可以分多次,且及早告知,使得员工获得多次快乐,其加总效用水平高。由于边际效用递减,对于"坏事"则应该把多个"失"捆绑发布,其加总起来的总效用就会减少。

3. 人—岗匹配的影响

人与岗位的低匹配度很有可能使得员工的能力无法在岗位上得到最大限度发挥,从而导致其职业幸福感降低。人—岗匹配是岗位管理的核心,是岗位管理的起点和终点。因此,如果企业能够关注人员和岗位匹配对企业的影响,那么满足岗位需求的人才将被安排在相应的岗位上。中共中央《求是》杂志社旗下《小康》杂志开展的"2018 中国幸福小康指数"调查显示,80.9% 的受访者认为"从事自己适合的职业"能带来幸福感。这一数据也论证了员工与岗位之间的高匹配程度,会大大提升员工的职业幸福感,最终对公司的发展产生积极影响。实际上,很多职业中的失望、倦怠、沮丧根本原因来自人与岗位的不匹配,在选择职业初期,可能是因为对自己不了解,可能是因为受到职业本身某个光环的影响,因此,个体进入一个自己并不喜欢的职业或者行业的可能性比较大。因此,自己的能力、兴趣、特长不能充分发挥,而职业所需要的职业者应该具备的心理素质却恰恰是自己的短板,这样个体在职业过程中不可能找到幸福感。

本书发现人—岗匹配对职业幸福感产生积极影响。该结论表明,当组织中的员工感知到个人与岗位之间的高度匹配时,员工的职业幸福感将受到影响和改善,这与过去大量研究的结果是一致的。并且,自我效能感对人—岗匹配和职业幸福感具有明显的正向调节作用。该结论表明，具有较高自我效能感的员工对完成任务或职业具有较高的信心。这不仅体现在相信自己所具备的能力，而且还体现在清楚自己的能力优势，所以即使处于人—岗匹配度较低的岗位，职业幸福感可能仍然处于较高水平。因此，自我效能感高的员工也将提高他们的职业幸福感。高自我效能感的正向调节作用使得低人—岗匹配对员工的职业幸福感的影响减弱。

人—岗匹配实际上还包括人—组织匹配，因此，提高组织社会化是非常重要的。组织社会化是员工在不断融入组织过程中，为适应组织的核心价值观而调整自己态度和行为，最终真正成为组织成员的过程。员工组织社会化主要表现形式有两种：组织内社会化（嵌入）和组织外社会化（嵌入）。组织内社会化（嵌入），可通过增强员工对工作本身及工作外相关因素的感知、认知程度，深化工作适配性感知，深化员工与企业之间的关联度，形成更好的组织认同、更多的工作投入和更强的组织承诺。在日常管理中，应加强工作、企业本身对员工的吸引力度及加强与员工本人之间的紧密联系。通过师带徒、工作指导、企业文化建设等加强员工与员工、员工与企业之间的联系，构建除正式工作外的非正式的关系体系，加强员工对企业的感知依赖程度，从而一定程度上影响员工的工作感知程度，进而影响员工对企业的价值观、环境、内在关系、主流文化的奉行或认同。组织外社会化（嵌入）可通过一定的福利补贴、适当的活动、年休假方案等方式，让员工与其工作外所在的生活社区联系更加紧密，在一定程度上，会加强员工自身人—岗—组织匹配的感觉，从而提高对企业的认同度，并在其有意离职时考虑更多的是离开企业所带来的转移成本。总之，组织社会化促进员工在日常工作生活中保持着高组织承诺、高匹配程度，最终产生高的工作绩效，实现员工对企业价值，从而以企业对员工的价值回报来满足员工的基本要求，最终提高员工的职业幸福感水平。

所有这些努力旨在促进个体获得幸福体验，提升幸福意识，发展幸福能力。从战略性人力资源管理视角，把员工职业幸福感促进计划路径纳入企业发展战略框架，实现"储备、培养与精耕"一体化，以期在员工获得职业幸福感同时，为企业在动态环境中获取"幸福生产力"与深度挖掘企业内部"人力资源红利"提供可参照的路径模式，更好地促进提升企业可持续发展能力。

（三）沉默行为与职业幸福感的动态关系

在职业幸福感的前因变量中，沉默行为很少有研究者涉及。在组织行为学的研究中，职业幸福感和沉默行为常常作为结果变量研究。但本书认为，沉默行为实际是并不是一个最终的结果变量，它还会进一步带来消极影响，比如在职业幸福感、工作满意度等方面。或者，沉默行为是职业幸福感的征兆。两者具有不可忽视的联系，沉默行为会增加职业的不幸福感，同时，处于职业不幸福感的状态，员工无心关注组织，不会为组织积极建言，沉默也是在所难免。两者可以说是相互作用相互影响。

在情绪资源充足的条件下，员工职业幸福感对情绪资源的消耗在可控范围内。在这种情况下，员工职业幸福感水平越高，带来的积极回报越多，从而其沉默行为的可能性也越小。换句话说，高水平的认知重评会强化沉默行为与职业幸福感之间的负相关。相反，当员工处于高水平的表达抑制状态时，工作环境中的压力源导致的情绪将逐渐累积得不到释放。因而，个体的情绪资源会逐渐耗竭。在情绪资源成为"瓶颈"的条件下，员工职业幸福感水平越高，消耗的情绪资源越多，个体对自身的情绪控制能力越弱，出现沉默行为的可能性就会越来越高。换句话说，高水平的表达抑制会强化沉默行为与职业幸福感之间的负相关。同时，领导行为也会影响这两者之间的关系。道德型领导因为其传递积极道德规范的特征，根据社会交换理论，员工在道德型领导下更可能获得职业幸福感。已有证据发现道德型领导和下属的组织公民行为呈正相关。同理，当道德型领导水平较高时，员工因为所学习的道德规范，将更少实施沉默行为。因此，在高水平的道德型领导条件下，员工职业幸福感的初始水平（截距）将更高，员工更多的职业幸福感将呈现上升趋势。而职业幸福感的下降趋势（斜率）将会被减缓，而上升趋势（斜率）将被强化。

二、创新和特色

（1）研究内容来看，沉默行为与职业幸福感都具有明显的时代感、前瞻性和实际意义。在互联网＋时代，"企业无边界、管理无领导、供应链无尺度、员工自主经营（张瑞敏）"就是当代的管理思维。在互联网时代，组织的话语是分散的，不再是自上而下的单一话语权，谁最接近企业价值最终变现的环节，谁就有话语权，谁就可能成为组织的核心。因此，员工的建言行为比以往任何时代都变得重要。理论意义上来说，本书第四章至第五章研究考察了组织政治知觉、组织依恋模式与员工行为表现之间的中介变量。组织政治知觉是处于认知—行为后果过程中的较前阶段，其后还有很多心理反应过程决定人们实施行为的动机，本章研究将组织支持感作为两者之间的心理传导中介，考察了组织政治知觉和员工沉默行为之间的内在作用机制，丰富了这一领域的研究，从而为减少员工沉默行为提供新的研究视角。同时，随着全面放开"二孩"政策的实施，必然给员工工作—家庭冲突、职业幸福感带来许多新问题，预测并解决这些问题对家庭幸福、婚姻稳定至关重要，整个社会都需要关注。因此，本书提醒全社会关注职业幸福感问题，具有时代感、前瞻性，与当前社会热点相吻合。

（2）采用动态研究方法，在职业幸福感研究领域具有独特性、开创性。目前在该领域的已有研究方法比较单一，多采用静态量化研究方法，即问卷调查为主，兼有较少部分的访谈法和实地观察，该情况占据了研究的绝大部分。不同的研究者大都采用自编问卷进行量化研究调查；另一种则是逻辑演绎为主的理性思辨的研究方法，对职业幸福感（主要对象是教师）进行抽象和静态的理性阐述，此法不能翔实地反映和呈现职业幸福感状况的本真面貌。还有的研究者采用了叙事研究的方法，这是质性研究方法的具体运用。这是一个相对适合我国文化背景和当前教育现状的研究方法，不过它在样本容量、取样代表性、结论的客观性上有其局限性。本书通过纵向考察沉默行为和职业幸福感，从一个动态的视角去观察沉默行为和职业幸福感跨时间的变化趋势，以及这样的变化趋势如何受到环境因素（如领导风格）的影响，从而解决了理论界对沉默行为和职业幸福感的动态性假设和绝大多数研究只具备静态横截面证据的矛盾。并且，这与职业幸福感的本真面貌更为吻合。

（3）从幸福感研究到职业幸福感的研究，其主题具有一定的开创性。幸福感始于20世纪50年代，历经形成期、发展期、成熟期三个阶段的发展。幸福感研究从简单的指标体系、测评方法研究到幸福感模型构建、结构化测量工具应用都取得了很大收获，逐渐形成了目标理论、比较理论、人格特质理论、适应理论、活动理论、动力平衡理论、心流学说等理论成果，这些研究成果对如何提升个人幸福感起到了积极的导向作用。但是，对职业幸福感的研究还是比较少见，相关相似研究基本在2010年以后。因此本书针对的职业幸福感这一主题，具有前沿性。本书研究的沉默行为与关注职业幸福感的动态关系，未经以往研究证实，甚至提及，可以说具有开创性。

（4）首次刻画职业幸福感的变化趋势，内容具有前沿性。对工作绩效与年龄的关系，历来有所研究，得出的结果是基本呈现出倒"U"形的趋势。国外的研究也表明职业幸福感随着年龄的变化有所变化。但是，职业幸福感的发展趋势到底如何，并不是太明确，众说纷纭。职业幸福感的变化趋势如何，与沉默行为之间的关系如何，这些问题的解决有助于员工对未来职业趋势的判断，帮助他们做出更好的职业规划。研究采用问卷调研进行纵向追踪重复测量，不仅能够更好地对变量间的因果关系进行推论（比如使用面板分析），还能对变量的变化趋势以及变量间变化趋势的相互作用进行探讨，主要是使用潜变量混合增长模型，用以验证研究提出的理论模型以及各个变量他们之间的动态关系。使用混合潜变量增长模型，可以让我们考察和验证职业幸福感与沉默行为之间的动态关系机制，以及这个互动关系中其他相关变量的调节作用。由此，我们可以获得环境因素影响职业幸福感与沉默行为动态变化的准确而丰富的信息，并且是前人没有考察过的动态关系。

参 考 文 献

[1] 安莉娟, 丛中. 心理安全感研究述评 [J]. 中国行为医学科学, 2003 (6): 698 - 699.

[2] 蔡霞, 耿修林. 基于自我保护动机的内隐建言信念对员工沉默的影响——一项中国情境的研究 [J]. 科学学与科学技术管理, 2016, 37 (10): 153 - 163.

[3] 陈浩. 心理所有权如何影响员工组织公民行为——组织认同与组织承诺作用的比较 [J]. 商业经济与管理, 2011, 1 (7): 24 - 30.

[4] 陈琳, 乐国林, 王利敏. 依恋理论在组织研究中的应用与启示 [J]. 心理与行为研究, 2015, 13 (6): 853 - 860.

[5] 陈维政, 陈玉玲. 组织依恋的影响因素及其作用机理分析 [J]. 四川大学学报: 哲学社会科学版, 2017 (2): 134 - 145.

[6] 储小平, 刘清兵. 心理所有权理论对职业经理职务侵占行为的一个解释 [J]. 管理世界, 2005 (7): 83 - 93.

[7] 段锦云, 黄彩云. 变革型领导对员工建言的影响机制再探: 自我决定的视角 [J]. 南开管理评论, 2014, 17 (4): 98 - 109.

[8] 段锦云. 员工建言和沉默之间的关系研究: 诺莫网络视角 [J]. 南开管理评论, 2012, 15 (4): 80 - 88.

[9] 方绘龙, 葛玉辉. 组织支持感视角下科技型企业员工薪酬满意度对其工作绩效的影响研究 [J]. 技术与创新管理, 2016, 37 (4): 411 - 416.

[10] 冯卫东. 聘任制背景下高校教师工作不安全感与敬业度和工作绩效关系研究 [D]. 成都: 西南财经大学, 2014.

[11] 符纯洁, 凌文辁, 张军成. 内隐建言理论: 员工沉默的新解释 [J]. 商业经济与管理, 2015 (4): 24 - 31.

[12] 高婧, 杨乃定, 祝志明. 组织政治知觉与员工犬儒主义: 心理契约违背的中介作用 [J]. 管理学报, 2008 (1): 128 - 137.

[13] 高中华, 赵晨. 工作场所的组织政治会危害员工绩效吗? 基于个人—组织契合理论的视角 [J]. 心理学报, 2014, 46 (8): 1124 - 1143.

[14] 高中华, 赵晨. 工作家庭两不误为何这么难? 基于工作家庭边界理论的探讨 [J]. 心理学报, 2014, 46 (4): 552 - 568.

[15] 葛喜平. 职业幸福感的属性、价值与提升 [J]. 学术交流, 2010, 29

（91）：30-34.

[16] 郭薇，陈旭，杨楠. 安全基地启动及其脑机制 [J]. 心理发展与教育，2011，27（5）：553-560.

[17] 何铨，马剑虹，Tjitra H. H. 沉默的声音：组织中的沉默行为 [J]. 心理科学进展，2006，14（3）.

[18] 何轩. 为何员工知而不言——员工沉默行为的本土化实证研究 [J]. 南开管理评论，2010，13（3）：45-52.

[19] 洪艳萍，卢会醒，严保均. 职业女性工作家庭冲突状况及其与社会支持和主观幸福感的关系 [J]. 职业与健康，2013，2（29）：69-71.

[20] 胡三嫚. 工作不安全感及其对组织结果变量的影响机制 [D]. 武汉：华中师范大学，2008.

[21] 胡三嫚，佐斌. 工作不安全感及其对工作压力感、工作满意感和绩效的影响 [J]. 中国临床心理学杂志，2007，15（2）：142-145.

[22] 胡湜，顾雪英. 使命取向对职业满意度的影响——职业弹性的中介作用及工作资源的调节作用 [J]. 心理科学，2014（2）：82-92.

[23] 贾传秋. 组织公平、心理所有权与组织公民行为之间的关系研究 [D]. 长春：吉林大学，2012.

[24] 焦琳琳. 国有企业员工团体依恋与工作绩效的相关研究 [D]. 开封：河南大学，2013.

[25] 李超平，鲍春梅. 社会交换视角下的组织沉默形成机制：信任的中介作用 [J]. 管理学报，2011，8（5）：676-682.

[26] 李金铎. 近三十年来我国心理安全感研究的述评 [D]. 广州：广州大学教育学院，2012.

[27] 李敏. 同事关系对个体工作绩效的影响：基于中国情境的实证研究 [J]. 苏州大学学报：哲学社会科学版，2016，37（2）：124-134.

[28] 李锐，凌文辁，柳士顺. 传统价值观、上下属关系与员工沉默行为——一项本土文化情境下的实证探索 [J]. 管理世界，2012（3）：127-140.

[29] 李锐，凌文辁，柳士顺. 组织心理所有权的前因与后果：基于“人—境互动”的视角 [J]. 心理学报，2012，44（9）：1202-1216.

[30] 李锐，凌文辁. 上司支持感对员工工作态度和沉默行为的影响 [J]. 商业经济与管理，2010，1（5）：31-39.

[31] 李锐. 辱虐式领导对员工沉默行为的作用机制 [J]. 经济管理，2011（10）：70-77.

[32] 李申亮，易德花，孙振辉. 金融危机下大学生职业规划及就业心理压力问题的调研报告——以江西南昌地区高校在校学生为调查对象 [J]. 科技信

息：学术研究，2008（12）：37 - 40.

[33] 李同归，加藤和生. 成人依恋的测量：亲密关系经历量表（ECR）中文版 [J]. 心理学报，2006，38（3）：399 - 406.

[34] 李锡元，梁果，付珍. 伦理型领导、组织公平和沉默行为——传统性的调节作用 [J]. 武汉大学学报：哲学社会科学版，2014，67（1）：90 - 95.

[35] 李锡元，石凡，梁果，等. 变革型领导对个体当责行为的影响机理——一个有中介的调节效应模型 [J]. 技术经济，2013，32（12）：118 - 123.

[36] 李想，时勘，万金，等. 伦理型领导对基层公务员建言与沉默行为的影响机制——资源保存和社会交换视角下的中介调节模型 [J]. 软科学，2018（1）：78 - 82.

[37] 李小英. 论教师幸福——以安岳中小学教师为例 [D]. 宁波：宁波大学，2008.

[38] 李晓阳. 企业员工组织依恋的结构及其相关研究 [D]. 广州：暨南大学，2011.

[39] 李雪松. 组织政治知觉对知识型员工组织承诺的影响——基于组织公平感的效应分析 [J]. 现代管理科学，2012（7）：99 - 101.

[40] 李艳霞，杨永康. 上司依恋模式结构、情感承诺关系与员工绩效 [J]. 河南社会科学，2015，23（7）：94 - 98.

[41] 李燚，赵培元，彭疆萍. 真实型领导对员工沉默的影响：基于组织政治知觉的调节作用 [J]. 企业经济，2016（3）：93 - 98.

[42] 李忠民，马冰. 中国传统文化观对员工沉默行为的影响分析 [J]. 科学经济社会，2009（2）：86 - 93.

[43] 李宗波，李巧灵，田艳辉. 工作投入对情绪耗竭的影响机制——基于工作需求—资源模型的研究 [J]. 软科学，2013，27（6）：103 - 107.

[44] 梁建，唐京. 员工合理化建议的多层次分析：来自本土连锁超市的证据 [J]. 南开管理评论，2009，12（3）：125 - 134.

[45] 梁青，杜江. 青少年运动员群体规范对团队认同影响初探 [J]. 沈阳体育学院学报，2016，35（6）：54 - 58.

[46] 林新奇，丁贺. 人岗匹配对员工创新行为的影响机制研究——内部人身份感知和创新自我效能感的作用 [J]. 商业经济与管理，2017（7）：37 - 44.

[47] 林秀君. 组织依恋初探 [J]. 铜陵学院学报，2013（5）：70 - 71.

[48] 刘晖，杨梦娜，徐娴英等. 员工沉默、心理安全对离职倾向的影响 [J]. 沈阳航空航天大学学报，2017，34（1）：83 - 90.

[49] 刘廷华. 依恋型组织与绩效改善 [J]. 集团经济研究，2007（2S）：198 - 198.

[50] 刘智强，荆波．组织政治行为对组织沉默的影响实证研究 [J]．预测，2008 (3)：36 - 42．

[51] 娄玉琴．职业女性的角色冲突与市场商机 [J]．渤海大学学报：哲学社会科学版，2008，30 (5)：55 - 58．

[52] 卢海阳，邱航帆，郑逸芳．女性二胎生育意愿的影响因素研究——基于就业性质和养老观念的视角 [J]．南方人口，2017，32 (3)：55 - 68．

[53] 吕福新，顾姗姗．心理所有权与组织公民行为的相关性分析——基于本土企业的视角和浙江企业的实证 [J]．管理世界，2007 (5)：94 - 103．

[54] 马超，凌文辁，方俐洛．企业员工组织政治认知量表的构建 [J]．心理学报，2006 (1)：107 - 115．

[55] 马丹丹．高校科研人员工作压力、自我效能感与职业幸福感关系研究 [D]．杭州：浙江工业大学，2012．

[56] 毛畅果，郭磊．中国员工沉默动因：基于内隐理论的研究 [J]．北京师范大学学报：社会科学版，2017 (4)：134 - 144．

[57] 毛翠云，侯文静，林香．自我概念视角下家长式领导对员工沉默的影响机制研究 [J]．领导科学，2018 (5)：20 - 23．

[58] 苗元江，冯骥，白苏妤．工作幸福感概观 [J]．经济管理，2009，31 (10)：179 - 186．

[59] 倪明杨，严章．社会阶层与员工沉默的关系研究：心理安全感的中介作用 [J]．世界科技研究与发展，2016 (3)：675 - 680．

[60] 牛宙，袁义，刘嘉耀．大学生内隐、外显自尊与安全感的关系 [J]．教师，2014 (12)：126 - 127．

[61] 秦晓蕾，杨东涛．资源保存理论视角下的组织政治知觉研究——以国有企业员工为例 [J]．华东经济管理，2010，24 (11)：124 - 127．

[62] 荣凌．工作与家庭的冲突对家庭功能的影响和缓解之策 [N]．光明日报，2015 - 01 - 22．

[63] 沈涛．NNTV员工组织依恋实证研究 [D]．南宁：广西大学，2015．

[64] 师晓娟，杜青龙．参考群体规范影响下大学生亲社会行为研究——来自西藏地区的证据 [J]．西藏大学学报：社会科学版，2013，28 (1)：42 - 48．

[65] 时勘，高利苹，黄旭，等．领导授权行为对员工沉默的影响：信任的调节作用分析 [J]．管理评论，2012，24 (10)．

[66] 史明政，林凤．包容型领导对员工沉默行为的影响研究 [J]．物流工程与管理，2017，39 (3)：157 - 158．

[67] 束从敏．幼儿教师职业幸福感的思考 [D]．南京：南京师范大学，2004．

[68] 宋文玲．组织职业生涯管理与组织承诺：组织支持感的中介效应研究

[J]. 安徽理工大学学报：社会科学版，2016，18（5）：25－29.

[69] 孙灵希，腾飞. 新进科研人员工作特征与工作投入之间关系的纵向研究 [J]. 科研管理研究，2013（23）：150－154.

[70] 孙秀明，孙遇春. 工作疏离感对员工工作绩效的影响——以中国人传统性为调节变量 [J]. 管理评论，2015，27（10）：128－137.

[71] 佟月华. 低收入学生的一般自效能感、主观幸福感研究 [J]. 中国临床心理学杂志，2003（11）：4.

[72] 汪林，储小平. 心理契约违背与员工的工作表现：中国人传统性的调节作用 [J]. 软科学，2008，22（12）：137－140.

[73] 汪曲，李燕萍. 团队内关系格局能影响员工沉默行为吗：基于社会认知理论的解释框架 [J]. 管理工程学报，2017，31（4）：34－44.

[74] 汪洋. 辱虐式领导对员工工作绩效的影响研究 [D]. 长沙：中南大学，2012.

[75] 王丹，刘希宋. 角色理论视角下的"工作—家庭"冲突及其解决策略 [J]. 学术交流，2009（10）：33－36.

[76] 王斐，苗冬青，许燕. 成人依恋内部工作模型问卷编制和信效度初探 [J]. 中国临床心理学杂志，2016，24（2）：229－234.

[77] 王洪青，张文勤. 辱虐管理的影响效应与影响因素分析 [J]. 管理现代化，2012（4）：99－101.

[78] 王沛，陈淑娟. 组织心理所有权与工作态度和工作行为的关系 [J]. 心理科学进展，2005，13（6）：774－779.

[79] 王颖，梁婷. 组织中的权力分配与组织沉默——组织政治知觉的中介作用 [J]. 经济管理，2016，38（6）：100－110.

[80] 王颖，刘莎莎. 组织政治知觉对职业倦怠和组织公民行为的影响——基于真实自我的中介作用 [J]. 中国人力资源开发，2016（7）：92－98.

[81] 王宇清，龙立荣，周浩. 消极情绪在程序和互动不公正感与员工偏离行为间的中介作用：传统性的调节机制 [J]. 心理学报，2012，44（12）：1663－1676.

[82] 魏光兴，张舒. 基于同事压力与群体规范的团队合作 [J]. 系统管理学报，2017，26（2）：311－318.

[83] 吴贵明，钟洪亮. 雇员职业幸福感起源、影响因素与促进机制研究 [J]. 东南学术，2015（3）：107－115.

[84] 吴梦颖，彭正龙. 破坏性领导对员工沉默的影响：角色困境与环境不确定性的作用分析 [J]. 科学学与科学技术管理，2017，38（7）：167－180.

[85] 吴维库，刘军，吴隆增. 辱虐管理——企业管理冷暴力 [J]. 管理学

家：实践版，2011（2）：8－11.

[86] 吴伟炯，刘毅，路红，谢雪贤. 本土心理资本与职业幸福感的关系[J]. 心理学报，2012（44）：1349－1370.

[87] 席猛，许勤，仲为国，等. 辱虐管理对下属沉默行为的影响——一个跨层次多特征的调节模型[J]. 南开管理评论，2015，18（3）：132－140.

[88] 徐小凤，高日光. 谦卑型领导的前因与结果：人格与组织政治知觉的作用[J]. 中国人力资源开发，2016（13）：22－27.

[89] 许峥嵘，孙颖，涂标. 员工沉默行为原因及对策研究[J]. 湖北经济学院学报：人文社会科学版，2010.

[90] 薛丽芳. 国有企业员工心理所有权与组织承诺的关系研究[D]. 广州：暨南大学，2009.

[91] 杨丰瑞，谢芸潞. 沉默不是金——通过人力资源开发减少员工沉默行为[J]. 企业管理，2009（8）：89－91.

[92] 杨国枢，黄光国，杨中芳. 华人本土心理学（下）[M]. 重庆：重庆大学出版社，2008：579－608.

[93] 杨国枢. 中国人的心理与行为[M]. 南京：桂冠图书股份有限公司，1991.

[94] 杨连杰. 组织支持感对员工心理所有权的影响研究[D]. 沈阳：辽宁大学，2013.

[95] 杨琴. 下属—领导依恋关系对员工创造力的影响机制研究[D]. 武汉：华中科技大学，2017.

[96] 杨心德，徐钟庚，陈朝阳. 初中生的自我效能感及其对学习目标的影响[J]. 心理发展与教育，1993：35－38.

[97] 姚凯. 自我效能感研究综述——组织行为学发展的新趋势[J]. 管理学报，2008（3）：463－468.

[98] 于维娜，樊耘，张婕，门一. 宽恕视角下辱虐管理对工作绩效的影响——下属传统性和上下级关系的作用[J]. 南开管理评论，2015，18（6）：16－25.

[99] 余璇，陈维政. 组织自尊对员工工作疏离感影响的实证研究——消极情绪和传统性的作用[J]. 大连理工大学学报：社会科学版，2016，37（2）：71－77.

[100] 袁凌，易麒，韩进. 谦卑型领导对下属沉默行为的影响机制研究[J]. 软科学，2016，30（11）：96－100.

[101] 张春梅，张秋月. 组织中的员工沉默行为研究[J]. 经营管理，2014（29）：108－109.

[102] 张春兴. 张氏心理学辞典 [M]. 上海：上海辞书出版社，1991：579 - 560.

[103] 张红丽，冷雪玉. 组织政治知觉、心理安全与劳务派遣员工沉默行为：中国情境下的实证研究 [J]. 企业经济，2015 (6)：105 - 110.

[104] 张军成，凌文辁. 挑战型—阻碍型时间压力对员工职业幸福感的影响研究 [J]. 中央财经大学学报，2016 (3)：113 - 121.

[105] 张军成，凌文辁. 组织政治知觉对研发人员工作态度的影响——基于资源保存理论的实证分析 [J]. 科学学与科学技术管理，2013 (2).

[106] 张小林，吴艳，周盛琳. 工作不安全感对员工创造力的影响——有中介的调节效应分析 [J]. 浙江学刊，2014 (1).

[107] 张璇，龙立荣，夏冉. 心理契约破裂和员工沉默行为：一个被调节的中介作用模型 [J]. 工业工程与管理，2017，22 (5)：120 - 127.

[108] 张志学. 组织心理学研究的情境化及多层次理论 [J]. 心理学报，2010，42 (1)：10 - 21.

[109] 赵冰. 组织支持知觉与组织沉默的关系研究 [D]. 开封：河南大学，2007.

[110] 赵春莲. 中国背景下企业组织沉默行为的现状及对策研究 [D]. 重庆：重庆大学，2010.

[111] 赵静杰，邵德福，易猛，彭晋谦. 教练型领导、自我效能感与员工工作绩效 [J]. 南方经济，2018 (3)：99 - 112.

[112] 赵梦琦. 员工沉默行为研究综述 [D]. 广州：华南师范大学，2013.

[113] 郑晓涛，柯江林，石金涛，等. 中国背景下员工沉默的测量以及信任对其的影响 [J]. 心理学报，2008，40 (2)：219 - 227.

[114] 郑晓涛，俞明传，孙锐. LMX 和合作劳动关系氛围与员工沉默倾向的倒 U 型关系验证 [J]. 软科学，2017，31 (9)：88 - 92.

[115] 周浩，龙立荣. 工作不安全感、创造力自我效能对员工创造力的影响 [J]. 心理学报，2011，43 (8)：929 - 940.

[116] 周建涛，廖建桥. 为何中国员工偏好沉默——威权领导对员工建言的消极影响 [J]. 商业经济与管理，2012，1 (11)：71 - 81.

[117] 周明建，侍水生，蒋建军. 人—岗匹配与工作态度：自我效能感的中介作用 [J]. 工业工程与管理，2011，16 (5)：123 - 129.

[118] 周勇，董奇. 学习动机，归因，自我效能感与学生自我监控学习行为的关系研究 [J]. 心理发展与教育，1994 (3)：30 - 33.

[119] 朱迪，傅强. 员工依恋风格、社会认同与建言行为：辱虐管理之有调节的中介 [J]. 苏州大学学报：哲学社会科学版，2016 (5)：112 - 120.

[120] 朱进炎. 领导成员交换与员工沉默行为关系的实证研究 [J]. 经营与管理, 2017 (1): 51 – 53.

[121] 朱丽娜, 李宏利. 回避型依恋对员工创造力的影响机制研究 [J]. 人力资源管理, 2015 (8): 52 – 54.

[122] 朱丽莎, 祝卓宏. 大学生依恋类型与合作心理的关系 [J]. 中国心理卫生杂志, 2016, 30 (2): 148 – 151.

[123] 朱一文, 王安民. 组织结构、支持性组织氛围对员工建言行为的影响 [J]. 中国人力资源开发, 2013 (15): 25 – 30.

[124] 朱奕蒙. 工作特征、组织支持感和工作幸福感关系研究 [J]. 现代营销, 2013 (2): 122 – 124.

[125] 朱月龙, 段锦云, 凌斌. 辱虐管理的概念界定与影响因素及结果探讨 [J]. 外国经济与管理, 2009.

[126] Acaray A., Akturan A. The relationship between organizational citizenship behaviour and organizational silence [J]. Procedia – Social and Behavioral Sciences, 2015, 207 (2): 472 – 482.

[127] Adam E. K., Gunnar M. R., Tanaka A. Adult attachment, parent emotion, and observed parenting behavior: mediator and moderator models [J]. Child Development, 2004, 75 (1): 110 – 122.

[128] Allen D. G., Shanock L. R. Perceived organizational support and embeddedness as key mechanisms connecting socialization tactics to commitment and turnover among new employees [J]. Journal of Organizational Behavior, 2013, 34 (3): 350 – 369.

[129] Alleyne P., Hudaib M., Haniffa R. The moderating role of perceived organizational support in breaking the silence of public accountants [J]. Journal of Business Ethics, 2018, 147 (3): 509 – 527.

[130] Andrews M. C., Kacmar K. M. Discriminating among organizational politics, justice, and support [J]. Journal of organizational behavior, 2001, 22 (4): 347 – 366.

[131] Aryee, Chen, Z. X. et al. Antecedent s and outcomes of abusive supervision: Test of a trickle down model [J]. Journal of Applied Psychology, 2007, 92 (1): 191 – 201.

[132] Aryee S., Chen Z. X., Budhwar P. S. Exchange fairness and employee performance: An examination of the relationship between organizational politics and procedural justice [J]. Organizational behavior and human decision processes, 2004, 94 (1): 1 – 14.

［133］ Aselage J. , Eisenberger R. Perceived organizational support and psychological contracts: A theoretical integration ［J］. Journal of organizational behavior, 2003, 24 (5): 491 –509.

［134］ Ashford S. J. , Lee C. , Bobko P. Content, causes, and consequences of job insecurity: A theory-based measure and substantive test ［J］. Academy of Management Journal, 1989, 32 (4): 803 – 829.

［135］ Ashforth B. Petty tyranny in organizations: A preliminary examination of antecedents and consequences ［J］. Canadian Journal of Administrative Science, 1997, 14 (2): 126 – 140.

［136］ Avery D. R. , Quiñones M. A. Disentangling the effects of voice: The incremental roles of opportunity, behavior, and instrumentality in predicting procedural fairness ［J］. Journal of Applied Psychology, 2002, 87 (1): 81.

［137］ Azeem S. M. Job satisfaction and organizational commitment among employees in the Sultanate of Oman ［J］. Psychology, 2010, 1 (4): 295 – 300.

［138］ Bacharach S. B. , Lawler E. J. Political alignments in organizations: Contextualization, mobilization, and coordination ［J］. Power and influence in organizations, 1998, 9 (5): 473 – 486.

［139］ Ballinger G. A. , Rockmann K. W. The development of supervisor attachment working models and the role they play during socialization ［J］. Academy of Management Annual Meeting Proceedings, 2006, 2006 (1): J1 – J6.

［140］ Bandura A. Social foundations of thought and action ［J］. Journal of Applied Psychology, 1986, 12 (1): 169.

［141］ Bandura. Self-efficacy: The exercise of control ［J］. New York: Freeman. 1977: 162 – 169.

［142］ Baranik L. E. , Roling E. A. , Eby L. T. Why does mentoring work? The role of perceived organizational support ［J］. Journal of vocational behavior, 2010, 76 (3): 366 – 373.

［143］ Bartholomew K. Avoidance of intimacy: An attachment perspective ［J］. Journal of Social & Personal Relationships, 1990, 7 (2): 147 – 178.

［144］ Bartholomew K. , Horowitz L. M. Attachment styles among young adults: A test of a four-category model ［J］. Journal of Personality & Social Psychology, 1991, 61 (2): 226.

［145］ Baumeister R. F. A self-presentational view of social phenomena ［J］. Psychological bulletin, 1982, 91 (1): 3.

［146］ Bedi A. , Schat A. C. H. Perceptions of organizational politics: A meta-analysis of its attitudinal, health, and behavioural consequences [J]. Canadian Psychology Canadienne, 2013, 54 (4): 246.

[147] Beer, Michael, and Nitin Nohria, eds. Breaking the code of change [M]. Boston: Harvard Business Press, 2001, 34: 516 – 522.

[148] Bernhard F. , Odriscoll M. P. Psychological ownership in small family-owned businesses: Leadership style and nonfamily-employees' work attitudes and behaviors [J]. Group & Organization Management An International Journal, 2011, 36 (3): 345 –384.

[149] Bettenhausen K. L. , Murnighan J. K. The development of an intragroup norm and the effects of interpersonal and structural challenges [J]. Administrative Science Quarterly, 1991, 36 (1): 20 –35.

[150] Bies R. J. , Tripp T. M. Two faces of the powerless: Coping with tyranny [C]//Power and influence in organizations. Thousand Oaks: Sage, 1998: 203 –219.

[151] Birenbaum A. , Sagarin E. Norms and human behavior [J]. Contemporary Sociology, 1976, 7 (3): 288.

[152] Birgegard A. , Granqvist P. The correspondence between attachment to parents and God: Three experiments using subliminal separation cues [J]. Pers Soc Psychol Bull, 2004, 30 (9): 1122 –1135.

[153] Blau P. M. Social exchange theory [J]. Retrieved September, 1964, 3: 2007.

[154] Blyton P. , Bacon N. Job insecurity: A review of measurement, consequences and implications [J]. Human Relations, 2001, 54 (9): 1223 –1233.

[155] Bochner S. , Hesketh B. Power distance, individualism/collectivism, and job-related attitudes in a culturally diverse work group [J]. Journal of Cross – Cultural Psychology, 1994, 25 (2): 233 –257.

[156] Bolanowski W. Organizational attachment of interns in Poland to healthcare system [J]. International Journal of Occupational Medicine & Environmental Health, 2007, 20 (3): 281.

[157] Bolino M. C. , Klotz A. C. , Turnley W. H. et al. Exploring the dark side of organizational citizenship behavior [J]. Journal of Organizational Behavior, 2013, 34 (4): 542 –559.

[158] Borg I. , Elizur D. Job insecurity: Correlates, moderators and measurement [J]. International Journal of Manpower, 1992, 13 (2): 13 –26.

[159] Bowen F. , Blackmon K. Spirals of silence: The dynamic effects of diversity on organizational voice [J]. Journal of Management Studies, 2003, 40 (6):

1393 – 1417.

[160] Bowlby J. The making and breaking of affectional bonds: II. Some principles of psychotherapy [J]. British Journal of Psychiatry the Journal of Mental Science, 1977, 130 (5): 421.

[161] Breaux D. M., Munyon T. P., Hochwarter W. A., et al. Politics as a moderator of the accountability-job satisfaction relationship: Evidence across three studies [J]. Journal of Management, 2009, 35 (2): 307 – 326.

[162] Brennan K. A., Shaver P. R. Attachment styles and personality disorders: Their connections to each other and to parental divorce, parental death, and perceptions of parental care giving [J]. Journal of Personality, 1998, 66 (5): 835 – 878.

[163] Brinsfield C. T. Employee silence motives: Investigation of dimensionality and development of measures [J]. Journal of Organizational Behavior, 2013, 34 (5): 671 – 697.

[164] Brown S. P., Leigh T. W. A new look at psychological climate and its relationship to job involvement, effort, and performance [J]. Journal of Applied Psychology, 1996, 81 (4): 358 – 368.

[165] Bukhari I., Kamal A. Relationship between perceived organizational politics and its negative outcomes: Moderating role of perceived organizational support [J]. Pakistan Journal of Psychological Research, 2015, 30 (2): 271.

[166] Burns T. Micropolitics: Mechanisms of institutional change [J]. Administrative Science Quarterly, 1961, 6 (3): 257 – 281.

[167] Buzzanell P. M. Gaining a voice: feminist organizational communication theorizing [J]. Management Communication Quarterly, 1994 (7).

[168] Byron, K. A. Meta-analytic review of work-family conflict and its antecedents [J]. Journal of Vocational Behavior, 2005, 67 (2): 169 – 198.

[169] Cable D. M., Judge T. A. Person-organization fit, job choice decisions, and organizational entry [J]. Organizational Behavior & Human Decision Processes, 1996, 67 (3): 294 – 311.

[170] CarlsonD. S., Kacmar K. M., Wayne H. J., Grxywacz G. J. Measuring the positive side of the work-family interface: Development and validation of a work-family enrichment scale [J]. Journal of Vocational Behavior, 2006, 68 (1): 69 – 88.

[171] Carnelley K. B., Rowe A. C. Repeated priming of attachment security influences later views of self and relationships [J]. Personal Relationships, 2007, 14 (2): 307 – 320.

[172] Chang C. H., Rosen C. C., Levy P. E. The relationship between percep-

tions of organizational politics and employee attitudes, strain, and behavior: A meta-analytic examination [J]. Academy of Management Journal, 2009, 52 (4): 779 – 801.

[173] Chang C. H., Rosen C. C., Siemieniec G. M., et al. Perceptions of organizational politics and employee citizenship behaviors: Conscientiousness and self-monitoring as moderators [J]. Journal of Business and Psychology, 2012, 27 (4): 395 – 406.

[174] Chatman J. A., Flynn F. J. The influence of demographic heterogeneity on the emergence and consequences of cooperative norms in work teams [J]. Academy of Management Journal, 2001, 44 (5): 956 – 974.

[175] Chen X. P., Peng S. Guanxi dynamics: Shifts in the closeness of ties between Chinese coworkers [J]. Management and Organization Review, 2008, 4 (1): 63 – 80.

[176] Cheung F., Wu A. M. S. Older workers'successful aging and intention to stay [J]. Journal of Managerial Psychology, 2013, 28 (6): 645 – 660.

[177] Coburn S. S., Gonzales N. A., Luecken L. J., et al. Multiple domains of stress predict postpartum depressive symptoms in low-income Mexican American women: The moderating effect of social support [J]. Archives of Women's Mental Health, 2016, 19 (6): 1009 – 1018.

[178] Cortina L. M., Magley V. J. Raising voice, risking retaliation: Events following interpersonal mistreatment in the workplace [J]. Journal of Occupational Health Psychology, 2003, 8 (4): 247.

[179] Cowan P. A., Cowan C. P., Mehta N. Adult attachment, couple attachment, and children's adaptation to school: an integrated attachment template and family risk model [J]. Attachment & Human Development, 2009, 11 (1): 29 – 46.

[180] Crisp R. J., Farrow C. V., Rosenthal H. E. S., et al. Interpersonal attachment predicts identification with groups [J]. Journal of Experimental Social Psychology, 2009, 45 (1): 115 – 122.

[181] Cropanzano R., Mitchell M. S. Social exchange theory: An interdisciplinary review [J]. Journal of Management, 2005, 31 (6): 874 – 900.

[182] Cudeck R., Browne M. W. Constructing a covariance matrix that yields a specified minimizer and a specified minimum discrepancy function value [J]. Psychometrika, 1992, 57 (3): 357 – 369.

[183] Cullen K. L., Edwards B. D., Casper W. C., et al. Employees' adaptability and perceptions of change-related uncertainty: Implications for perceived organizational support, job satisfaction, and performance [J]. Journal of Business and Psychology, 2014, 29 (2): 269 – 280.

［184］ Davis A. Experiential places or places of experience? Place identity and place attachment as mechanisms for creating festival environment ［J］. Tourism Management, 2016, 55: 49 –61.

［185］ De Coninck J. B. The effect of organizational justice, perceived organizational support, and perceived supervisor support on marketing employees' level of trust ［J］. Journal of Business Research, 2010, 63 (12): 1349 –1355.

［186］ De Cuyper N. , Schreurs B. , Vander Elst T. , et al. Exemplification and perceived job insecurity: Associations with self-rated performance and emotional exhaustion ［J］. Journal of Personnel Psychology, 2014, 13 (1): 1.

［187］ Demerouti E. , Bakker A. B. , Nachreiner F. , et al. The job demands-resources model of burnout ［J］. Journal of Applied Psychology, 2001, 86 (3): 499 –512.

［188］ Deniz N. , Noyan A. , Ertosun Ö. G. The relationship between employee silence and organizational commitment in a private healthcare company ［J］. Procedia – Social and Behavioral Sciences, 2013, 99: 691 –700.

［189］ Detert J. R. , Edmondson A. C. Implicit voice theories: Taken-for-granted rules of self-censorship at work ［J］. Academy of Management Journal, 2011, 54 (3): 461 –488.

［190］ Dozier M. , Kobak R. R. Psychophysiology in attachment interviews: Converging evidence for deactivating strategies ［J］. Child Development, 1992, 63 (6): 1473 –1480.

［191］ Duan J. , Bao C. , Huang C. , et al. Authoritarian leadership and employee silence in China ［J］. Journal of Management & Organization, 2017, 24 (1): 1 –19.

［192］ Dyne L. V. , Ang S. , Botero I. C. Conceptualizing employee silence and employee voice as multidimensional constructs ［J］. Journal of Management Studies, 2003, 40 (6): 1359 –1392.

［193］ Dyne L. V. , Pierce J. L. Psychological ownership and feelings of possession: Three field studies predicting employee attitudes and organizational citizenship behavior ［J］. Journal of Organizational Behavior, 2004, 25 (4): 439 –459.

［194］ Edmondson A. C. Speaking up in the operating room: How team leaders promote learning in interdisciplinary action teams ［J］. Journal of management studies, 2003, 40 (6): 1419 –1452.

［195］ Einarsen S. The nature and causes of bullying at work ［J］. International Journal of Manpower, 1999, 20 (1): 16 –27.

［196］ Eisenberger R. , Armeli S. , Rexwinkel B. , et al. Reciprocation of perceived organizational support [J]. Journal of Applied Psychology, 2001, 86 (1): 42.

[197] Eisenberger R. , Karagonlar G. , Stinglhamber F. , et al. Leader-member exchange and affective organizational commitment: The contribution of supervisor's organizational embodiment [J]. Journal of Applied Psychology, 2010, 95 (6): 1085.

[198] Eisenberger R, Malone G P, Presson W D. Optimizing perceived organizational support to enhance employee engagement [J]. Society for Human Resource Management and Society for Industrial and Organizational Psychology, 2016: 1 – 22.

[199] Eisenberger R. , Stinglhamber F. Perceived organizational support [J]. Journal of Applied Psychology, 1986, 71 (3): 500 – 507.

[200] Elçi M. , Karabay M. E. , Alpkan L. , et al. The mediating role of mobbing on the relationship between organizational silence and turnover intention [J]. Procedia – Social and Behavioral Sciences, 2014 (150): 1298 – 1309.

[201] Farh J. L. , Earley P. C. , Lin S. C. Impetus for Action: A Cultural Analysis of Justice and Organizational Citizenship Behavior in Chinese Society [J]. Administrative Science Quarterly, 1997, 42 (3): 421 – 444.

[202] Farrell D. , Petersen J. C. Patterns of political behavior in organization [J]. Academy of Management Review, 1982, 7 (3): 403 – 412.

[203] Fedors D. , Ferris G. R. , Harrell – Cook G. , et al. The dimensions of politics perceptions and their organizational and individual predictors [J]. Journal of Applied Social Psychology, 1998, 28 (19): 1760 – 1797.

[204] Feeney J. A. , Noller P. , Hanrahan M. "Assessing adult attachment" [J]. In, 1994: 128 – 152.

[205] Ferrie E. J. Effects of chronic job insecurity and change in job security on self reported health, minor psychiatric morbidity, physiological measures, and health related behaviours in British civil servants: The Whitehall II study [J]. Journal of Epidemiology & Community Health, 2002, 56 (6): 450 – 454.

[206] Ferris G. R. , Adams G. , Kolodinsky R. W. , et al. Perceptions of organizational politics: Theory and research directions [J]. Research in Multi – Level Issues, 2002, 1 (2): 179 – 254.

[207] Ferris G. R. , Harrellcook G, Dulebohn J H. Organizational politics: The nature of the relationship between politics perceptions and political behavior [J]. Frontiers in Endocrinology, 2000, 6 (2): 146 – 159.

[208] Ferris G. R. , Kacmar K. M. Perceptions of organizational politics [J]. Journal of management, 1992, 18 (1): 93 – 116.

[209] Ferris G. R. , Russ G. S, Fandt P. M. Politics in organizations [J].

Impression management in the Organization, 1989 (27): 143 – 170.

[210] Ford M. T. , Heinen B. A. , & Langkamer K. L. , Work and family satisfaction and conflict: A meta-analysis of cross-domain relations [J]. Journal of Applied Psychology, 2007 (92): 57 – 80.

[211] Fraley, R. Chris. Dismissing-avoidance and the defensive organization of emotion, cognition, and behavior [J]. Attachment theory and close relationships. 1998: 249 – 279.

[212] Fraley R. C. , Shaver P. R. Adult attachment and the suppression of unwanted thoughts [J]. J Pers Soc Psychol, 1997, 73 (5): 1080 – 1091.

[213] Fullerton A. S. , Wallace M. Traversing the flexible turn: US workers' perceptions of job security, 1977 – 2002 [J]. Social Science Research, 2007, 36 (1): 201 – 221.

[214] Gandz J. , Murray V. V. The experience of workplace politics [J]. Academy of Management Journal, 1980, 23 (2): 237 – 251.

[215] George J. M, Brief A. P. Feeling good-doing good: a conceptual analysis of the mood at work-organizational spontaneity relationship [J]. Psychological Bulletin, 1992, 112 (2): 310.

[216] Gibbons D. E. , Weingart L. R. Can I do it? Will I try? Personal efficacy, assigned goals, and performance norms as motivators of individual performance [J]. Journal of Applied Social Psychology, 2001, 31 (3): 624 – 648.

[217] Gilligan, C. In a different voice: psychological theory and women's development [M]. Cambridge, Mass: Harvard University Press, 1993.

[218] Goodwin R. , Allen P. , Nizharadze G. , et al. Fatalism, social support, and mental health in four former Soviet cultures [J]. Personality and Social Psychology Bulletin, 2002, 28 (9): 1166 – 1171.

[219] Greenhalgh L. , Rosenblatt Z. Job insecurity: toward conceptual clarity [J]. Academy of Management Review, 1984, 9 (3): 438 – 448.

[220] Greenhaus J. , Beutell N. Sources of conflict between work and family roles [J]. Academy of Management Review, 1985, 10 (1): 76 – 88.

[221] Hackman J. R. , Vidmar N. Effects of size and task type on group performance and member reactions [J]. Sociometry, 1970, 33 (1): 37 – 54.

[222] Hair J F, Anderson R E, Tatham R L, et al. Multivariate data analysis, 5th [M]. Prentice Hall International, 1998.

[223] Hamilton A. R. , Riggs B. S. , Porter C. O. L. H. , et al. A longitudinal field study of the antecedents and consequences of workplace silence [C]. Academy of

Management Proceedings. Academy of Management, 2015 (1): 11310.

[224] Harlos K. P. , Pinder C. C. Employee silence: Quiescence and acquies-cence as responses to perceived injustice [J]. Research in personnel and human re-sources management, 2001, 20: 331 – 369.

[225] Harlos K. P. When organizational voice systems fail: More on the deaf-ear syndrome and frustration effects [J]. The Journal of Applied Behavioral Science, 2001, 37 (3): 324 – 342.

[226] Harris R. B. , Harris K. J. , Harvey P. A test of competing models of the relationships among perceptions of organizational politics, perceived organizational sup-port, and individual outcomes [J]. The Journal of Social Psychology, 2007, 147 (6): 631 – 656.

[227] Hazan C. , Shaver P. Romantic love conceptualized as an attachment process [J]. Journal of Personality & Social Psychology, 1987, 52 (3): 511 – 524.

[228] Hellgren J. , Sverke M. , Isaksson K. A two-dimensional approach to job insecurity: Consequences for employee attitudes and well-being [J]. European Journal of Work & Organizational Psychology, 1999, 8 (2): 179 – 195.

[229] Hinojosa A. S. , Mccauley K. D. , Randolph – Seng B. , et al. Leader and follower attachment styles: Implications for authentic leader-follower relationships [J]. Leadership Quarterly, 2014, 25 (3): 595 – 610.

[230] Hobfoll S. E. Conservation of resource caravans and engaged settings [J]. Journal of Occupational & Organizational Psychology, 2011, 84 (1): 116 – 122.

[231] Hobfoll S. E. Conservation of resources: A new attempt at conceptualizing stress [J]. American Psychologist, 1989, 44 (3): 513 – 524.

[232] Hobfoll S. E. The influence of culture, community, and the nested-self in the stress process: Advancing conservation of resources theory [J]. Applied Psychol-ogy, 2001, 50 (3): 337 – 421.

[233] Hofstede G. H. Software of the mind [J]. Human Resource Development International, 1991 (4).

[234] Homans G. C. Social behavior as exchange [J]. American journal of sociol-ogy, 1958, 63 (6): 597 – 606.

[235] Homans G. C. Social Behavior: Its Elementary Forms [J]. Revue Française De Sociologie, 1961, 3 (4): 479 – 502.

[236] Hon A. H. Y. , Lu L. When will the trickle-down effect of abusive supervi-sion be alleviated? the moderating roles of power distance and traditional cultures [J]. Cornell Hospitality Quarterly, 2016, 57 (4): 421 – 433.

［237］ Hoobler H. M. Brass et al. Abusive supervision an d family undermining as displaced aggress ion ［J］. Journal of Applied Psychology, 2006, 91 (5): 1125 –1133.

［238］ Hsiung H. H. , Lin C. W. , Lin C. S. Nourishing or suppressing? The contradictory influences of perception of organizational politics on organizational citizenship behaviour ［J］. Journal of Occupational and Organizational Psychology, 2012, 85 (2): 258 –276.

［239］ Hui C. , Lee C. , Rousseau D. M. Employment relationships in China: do workers relate to the organization or to people ［J］. Organization Science, 2004, 15 (2): 232 –240.

［240］ Hwang A. , Francesco A. M. The Influence of individualism-collectivism and power distance on use of feedback channels and consequences for learning ［J］. Academy of Management Learning & Education, 2010, 9 (2): 243 –257.

［241］ Jain A. K. An interpersonal perspective to study silence in Indian organizations: Investigation of dimensionality and development of measures ［J］. Personnel Review, 2015, 44 (6): 1010 –1036.

［242］ Jeremy. Abusive supervision: Subordinate personality or supervisor behavior ［J］. Journal of Managerial Psychology, 2016, 31 (2) 405 –419.

［243］ John, E. & Van Horn & Toon, W. & Taris & Wilmar B. & Schaufeli & Paul, J. G. Schreurs. The structure of occupational well-being: A study among Dutch teachers ［J］. Occupational and Organizational Psychology, 2004 (77): 365 –375.

［244］ Judge T. A. , Bono J. E. Relationship of core self-evaluations traits—self-esteem, generalized self-efficacy, locus of control, and emotional stability—with job satisfaction and job performance: A meta-analysis. ［J］. Journal of Applied Psychology, 2001, 86 (1): 80 –92.

［245］ Kacmar K. M. , Baron R. A. Organizational politics: The state of the field, links to related processes, and an agenda for future research ［J］. Ferris Gerald R. research in Human Resources Management, 1999. 17: 1 –39.

［246］ Kacmar K. M. , Bozeman D. P. , Carlson D. S. , et al. An examination of the perceptions of organizational politics model: Replication and extension ［J］. Human relations, 1999, 52 (3): 383 –416.

［247］ Kacmar K. M. , Carlson D. S. Further validation of the perceptions of politics scale (POPS): A multiple sample investigation ［J］. Journal of management, 1997, 23 (5): 627 –658.

［248］ Kacmar K. M. , Ferris G. R. Perceptions of organizational politics scale (POPS): Development and construct validation ［J］. Educational and Psychological measurement, 1991, 51 (1): 193 – 205.

［249］ Kahn W. A. Psychological conditions of personal engagement and disen-gagement at work ［J］. Academy of Management Journal, 1990, 33 (4): 692 – 724.

［250］ Khalid J., Ahmed J. Perceived organizational politics and employee si-lence: Supervisor trust as a moderator ［J］. Journal of the Asia Pacific Economy, 2016, 21 (2): 174 – 195.

［251］ Kiewitz C., Restubog S. L. D., Shoss M. K., et al. Suffering in silence: Investigating the role of fear in the relationship between abusive supervision and defen-sive silence ［J］. Journal of Applied Psychology, 2016, 101 (5): 731 – 742.

［252］ Kiewitz C., Restubog S. L. D., Zagenczyk T., et al. The interactive effects of psychological contract breach and organizational politics on perceived organiza-tional support: Evidence from two longitudinal studies ［J］. Journal of Management Studies, 2009, 46 (5): 806 – 834.

［253］ Kim H., Stoner M. Burnout and turnover intention among social workers: Effects of role stress, job autonomy and social support ［J］. Administration in Social Work, 2008, 32 (3): 5 – 25.

［254］ Klohnen E. C., Weller J. A., Luo S., et al. Organization and predictive power of general and relationship-specific attachment models: One for all, and all for one ［J］. Pers Soc Psychol Bull, 2005, 31 (12): 1665 – 1682.

［255］ Knoll M., Dick R. V. Do I hear the whistle⋯? A first attempt to measure four forms of employee silence and their correlates ［J］. Journal of Business Ethics, 2013, 113 (2): 349 – 362.

［256］ Kordon A., Wahl K., Koch N., et al. The dance of change: The chal-lenges to sustaining momentum in learning organizations ［J］. Performance Improve-ment, 2010, 38 (5): 55 – 58.

［257］ Kraimer M. L., Wayne S. J. An examination of perceived organizational support as a multidimensional construct in the context of an expatriate assignment ［J］. Journal of Management, 2004, 30 (2): 209 – 237.

［258］ Kristof – Brown A., Zimmerman R. D., Johnson E. C. Consequences of individuals fit at work: A meta analysis of person-job, person-organization, person-group, and person-supervisor fit ［J］. Personnel Psyellolog, 2005 (58): 281 – 342.

［259］ Kurdek L. A. On being insecure about the assessment of attachment styles ［J］. Journal of Social & Personal Relationships, 2002, 19 (6): 811 – 834.

［260］ Kurtessis J. N., Eisenberger R., Ford M. T., et al. Perceived organiza-tional support: A meta-analytic evaluation of organizational support theory ［J］. Journal of Management, 2017, 43 (6): 1854 – 1884.

[261] Kutanis R. Ö. , Ardiç K. , Uslu A. G. O. , et al. Emotional inteligence, fear based silence and trust to manager: A case study [J]. Polish Journal of Management Studies, 2014, 10 (2): 133 – 142.

[262] Lackner J. M. , Brasel A. M. , Quigley B. M. , et al. The ties that bind: Perceived social support, stress, and IBS in severely affected patients [J]. Neurogastroenterology & Motility, 2010, 22 (8): 893 – 900.

[263] Lapointe É. , Vandenberghe C. , Panaccio A. Organizational commitment, organization-based self-esteem, emotional exhaustion and turnover: A conservation of resources perspective [J]. Human Relations, 2011, 64 (12): 1609 – 1631.

[264] Lee S. , Sawang S. Unpacking the impact of attachment to project teams on boundary-spanning behaviors [J]. International Journal of Project Management, 2016, 34 (3): 444 – 451.

[265] Leonard Greenhalgh, Zehava Rosenblatt. Evolution of research on job insecurity [J]. International Studies of Management & Organization, 2010, 40 (1): 6 – 19.

[266] LePine J. A. , Van Dyne L. Predicting voice behavior in work groups [J]. Journal of Applied Psychology, 1998, 83 (6).

[267] Lepine J. A. , Van Dyne L. Voice and cooperative behavior as contrasting forms of contextual performance: Evidence of differential relationships with Big Five personality characteristics and cognitive ability [J]. Journal of Applied Psychology, 2001, 86 (2): 326 – 336.

[268] Lim V. K. G. Job insecurity and its outcomes: Moderating effects of work-based and nonwork-based social support [J]. Human Relations, 1996, 49 (2): 171 – 194.

[269] Little L. M. , Nelson D. L. , Wallace J. C. , et al. Integrating attachment style, vigor at work, and extra-role performance [J]. Journal of Organizational Behavior, 2011, 32 (3): 464 – 484.

[270] Liu J. , Kwong Kwan H. , Wu L. , et al. Abusive supervision and subordinate supervisor-directed deviance: The moderating role of traditional values and the mediating role of revenge cognitions [J]. Journal of Occupational and Organizational Psychology, 2010, 83 (4): 835 – 856.

[271] Lu L. , Yang K. S. The emergence, composition, and change of the traditional-modern bicultural self of people in contemporary Chinese societies [C]. Bicultural Self Symposium. Hong Kong City University, Hong Kong. 2004.

[272] Madrid H. P. , Patterson M. G. , Leiva P. I. Negative core affect and em-

ployee silence: How differences in activation, cognitive rumination, and problem-solving demands matter [J]. Journal Applied Psychological, 2015, 100 (6): 1887 – 1898.

[273] Major V. S. , Klein K. J. , & Ehrhart M. G. Work time, work interference with family, and psychological distress [J]. Journal of Applied Psychology, 2002 (87): 427 – 436.

[274] Mary D. , Salter Ainsworth. The bowlby-ainsworth attachment theory [J]. Behavioral & Brain Sciences, 1978, 1 (3): 436 – 438.

[275] Mayes B. T. , Allen R. W. Toward a definition of organizational politics [J]. Academy of Management Review, 1977, 2 (4): 672 – 678.

[276] Mayhew M. G. , Ashkanasy N. M. , Bramble T. , et al. A study of the antecedents and consequences of psychological ownership in organizational settings [J]. Journal of Social Psychology, 2007, 147 (5): 477 – 500.

[277] Mcintyre N. , Srivastava A. , Fuller J. A. The relationship of locus of control and motives with psychological ownership in organizations [J]. Journal of Managerial Issues, 2009, 21 (3): 383 – 401.

[278] Miceli M. P. , Mulvey P. W. Consequences of satisfaction with pay systems: Two field studies [J]. Industrial Relations: A Journal of Economy and Society, 2000, 39 (1): 62 – 87.

[279] Mikulincer M. , Arad D. Attachment working models and cognitive openness in close relationships: A test of chronic and temporary accessibility effects [J]. Journal of Personality & Social Psychology, 1999, 77 (4): 710 – 725.

[280] Mikulincer M. Attachment working models and the sense of trust: An exploration of interaction goals and affect regulation [J]. Journal of Personality & Social Psychology, 1998, 74 (74): 1209 – 1224.

[281] Mikulincer M. , Shaver P. R. Attachment, group-related processes, and psychotherapy [J]. International Journal of Group Psychotherapy, 2007, 57 (2): 233 – 245.

[282] Mikulincer M. , Shaver P. R. , Pereg D. Attachment theory and affect regulation: The dynamics, development, and cognitive consequences of attachment-related strategies [J]. Motivation & Emotion, 2003, 27 (2): 77 – 102.

[283] Mikulincer M. , Shaver P. R. Relationships: Exploring the attachment-related dynamics of emotional reactions to relational events [J]. Personal Relationships, 2005, 12 (2): 149 – 168.

[284] Milliken F. J. , Morrison E. W. , Hewlin P. F. An exploratory study of employee silence: Issues that employees don't communicate upward and why [J]. Journal

of management studies, 2003, 40 (6): 1453 – 1476.

[285] Milliken F. J. , Morrison E. W. Shades of silence: emerging themes and future directions for research on silence in organizations [J]. Journal of Management Studies, 2003, 40 (6): 1563 – 1568.

[286] Molero F. , Moriano J. A. , Shaver P. R. The influence of leadership style on subordinates' attachment to the leader [J]. Spanish Journal of Psychology, 2013 (16).

[287] Molm L. D. , Whitham M. M. , Melamed D. Forms of exchange and integrative bonds: Effects of history and embeddedness [J]. American Sociological Review, 2012, 77 (1): 141 – 165.

[288] Morrison E. W. , Milliken F. J. Organizational silence: A barrier to change and development in a pluralistic world [J]. Academy of Management Review, 2000, 25 (4): 706 – 725.

[289] Çnar O. , Karcıoğlu F. , Alioğulları Z. D. The relationship between organizational silence and organizational citizenship behavior: A survey study in the province of Erzurum, Turkey [J]. Procedia – Social and Behavioral Sciences, 2013 (99): 314 – 321.

[290] Neustadt E. A. , Chamorro – Premuzic T. , Furnham A. Attachment at work and performance [J]. Attachment & Human Development, 2011, 13 (5): 471.

[291] Neves P. , Eisenberger R. Management communication and employee performance: The contribution of perceived organizational support [J]. Human Performance, 2012, 25 (5): 452 – 464.

[292] Newman A. , Thanacoody R. , Hui W. The effects of perceived organizational support, perceived supervisor support and intra-organizational network resources on turnover intentions: A study of Chinese employees in multinational enterprises [J]. Personnel Review, 2011, 41 (1): 56 – 72.

[293] Ning Y. Research on two dimensional structure model of employee organization support [J]. China Management Science, 2010 (8): 567 – 571.

[294] Noelle – Neumann E. The spiral of silence a theory of public opinion [J]. Journal of Communication, 1974, 24 (2): 43 – 51.

[295] Nye L. G. , Witt L. A. Dimensionality and construct validity of the perceptions of organizational politics scale (POPS) [J]. Educational and Psychological Measurement, 1993, 53 (3): 821 – 829.

[296] Organ D. W. The motivational basis of organizational citizenship behavior

[J]. Research in Organizational Behavior, 1990, 12 (1): 43 – 72.

[297] Ozen Kutanis R. , Ardic K. , Uslu O. , et al. Emotional intelligence, fear based silence and trust to manager: a case study [J]. Polish Journal of Management Studies, 2014, 10.

[298] Padilla, Hogan, Kaiser et al. The toxic triangle: Destructive leaders, susceptible followers, and conducive environments [J]. The Leadership Quarterly, 2007, 18 (3): 176 – 194.

[299] Parker C. P. , Dipboye R. L. , Jackson S. L. Perceptions of organizational politics: An investigation of antecedents and consequences [J]. Journal of Management, 1995, 21 (5): 891 – 912.

[300] Park J. H. , Carter M. Z. , DeFrank R. S. et al. Abusive supervision, psychological distress, and silence: The effects of gender dissimilarity between supervisors and subordinates [J]. Journal of Business Ethics, 2018, 153 (3): 775 – 792.

[301] Perlow L, Williams S. Is silence killing your company? [J]. Harvard Business Review, 2003, 81 (5): 52.

[302] Pfeffer J. Power in organizations [M]. Marshfield, MA: Pitman, 1981. 33.

[303] Phillip R. Shaver, Mario Mikulincer. Attachment-related psychodynamics [J]. Attachment & Human Development, 2002, 4 (2): 133.

[304] Pierce J. L. , Kostova T. , Dirks K. T. Toward a theory of psychological ownership in organizations [J]. Academy of Management Review, 2001, 26 (2): 298.

[305] Pierce K. J. , Pierce M. J. , Dufault K. , et al. Scraper and drag attachment: US, US5833012 [P]. 1998.

[306] Pinder C. C. , Harlos K. P. Employee silence: Quiescence and acquiescence as responses to perceived injustice [M]//Research in personnel and human resources management. Emerald Group Publishing Limited, 2001: 331 – 369.

[307] Pinder G. G. , Harlos H. P. Employee silence: Quiescence and acquiescence as responses to perceived injustice [J]. Research in Personnel and Human Resource Management, 2001 (20).

[308] Podsakoff P. M. , MacKenzie S. B. , Lee J. Y. et al. Common method biases in behavioral research: A critical review of the literature and recommended remedies [J]. Journal of Applied Psychology, 2003, 88 (5): 879.

[309] Poon J. M. L. Situational antecedents and outcomes of organizational politics perceptions [J]. Journal of Managerial Psychology, 2003, 18 (2): 138 – 155.

[310] Popper M., Mayseless O., Castelnovo O. Transformational leadership and attachment [J]. Leadership Quarterly, 2000, 11 (2): 267 - 289.

[311] Premeaux S. F., Bedeian A. G. Breaking the Silence: The Moderating Effects of Self - Monitoring in Predicting Speaking Up in the Workplace [J]. 2003, 40 (6): 1537 - 1562.

[312] P. T. Ashton and R. B. Webb. Making a difference: Teachers' sense of efficacy and student achievement [M]. New York: Longman. 1986: 453 - 457.

[313] Rahimnia F., Sharifirad M. S. Authentic leadership and employee well-being: The mediating role of attachment insecurity [J]. Journal of Business Ethics, 2015, 132 (2): 363 - 377.

[314] Randall M. L., Cropanzano R., Birjulin B. A. Organizational Politics and Organizational Support as Predictors of Work Attitudes, Job Performance, and Organizational Citizenship Behavior [J]. Journal of Organizational Behavior, 1999, 20 (2): 159 - 174.

[315] Rhodes L., Eisenberger R. Perceived organizational support: A review of the literature [J]. Journal of Applied Psychology, 2002, 87 (4): 698 - 714.

[316] Richards D. A., Schat A. C. Attachment at (not to) work: Applying attachment theory to explain individual behavior in organizations [J]. Journal of Applied Psychology, 2011, 96 (1): 169.

[317] Rom E., Mikulincer M. Attachment theory and group processes: The association between attachment style and group-related representations, goals, memories, and functioning [J]. Journal of Personality & Social Psychology, 2003, 84 (6): 1220 - 35.

[318] Rong Z., Cao G. A framework for research and practice: Relationship among perception of organizational politics, perceived organization support, organizational commitment and work engagements [J]. Open Journal of Business and Management, 2015, 3 (4): 433.

[319] Roskies E., Louis - Guerin C., Fournier C. Coping with Job Insecurity: How does personality make a difference? [J]. Journal of Organizational Behavior, 1993, 14 (7): 617 - 630.

[320] Ross L. R., Spinner B. General and specific attachment representations in adulthood: Is there a relationship? [J]. Journal of Social & Personal Relationships, 2001, 18 (6): 747 - 766.

[321] Russell J. A. Core affect and the psychological construction of emotion [J]. Psychological Review, 2003, 110 (1): 145.

[322] Ryan K. D. , Oestreich D. K. Driving fear out of the workplace: How to overcome the invisible barriers to quality, productivity, and innovation [J]. Ornament, 1991, 3 (1): 85 –85.

[323] Ryan R. M. , Deci E. L. Self-determination theory and the facilitation of intrinsic motivation, social development, and well-being [J]. American psychologist, 2000, 55 (1): 68.

[324] Saavedra M. C. , Chapman K. E. , Rogge R. D. Clarifying links between attachment and relationship quality: Hostile conflict and mindfulness as moderators [J]. Journal of Family Psychology, 2010, 24 (4): 380 –390.

[325] Sabag Y. , Ashton E. , Desivilya H. S. Prosocial tendencies in organizations: The role of attachment styles and organizational justice in shaping organizational citizenship behavior [J]. International Journal of Organizational Analysis, 2006, 52 (14): 22 –42.

[326] Sahu S. , Pathardikar A. D. Job cognition and justice influencing organizational attachment: An assessment through SEM [J]. Sage Open, 2014 (4): 1 –12.

[327] Salancik G. R. , Pfeffer J. , Kelly J. P. A Contingency model of influence in organizational decision-making [J]. Pacific Sociological Review, 1978, 21 (2): 239 –256.

[328] Schein E. Career Dynamics: Matching Individual and Organizational Needs [J]. Addison – Wesley Pub. Co. (Reading, Mass.), 1978.

[329] Schneider B. , Goldstein H. W. , Smith D. B. The ASA framework: An update [J]. Personnel Psychology, 1995, 48 (4): 747 –773.

[330] Schwartz S. H. Universals in the content and structure of values: Theoretical advances and empirical tests in 20 countries [J]. Advances in Experimental Social Psychology, 1992 (25): 1 –65.

[331] Shanock L. R. , Eisenberger R. When supervisors feel supported: Relationships with subordinates perceived supervisor support, perceived organizational support, and performance [J]. Journal of Applied Psychology, 2006, 91 (3): 689 –695.

[332] Shoss M. K. , Eisenberger R. , Restubog S. L. D. , et al. Blaming the organization for abusive supervision: The roles of perceived organizational support and supervisor's organizational embodiment [J]. Journal of Applied Psychology, 2013, 98 (1): 158.

[333] Sibley C. G. , Overall N. C. Modeling the hierarchical structure of personality-attachment associations: Domain diffusion versus domain differentiation [J]. Journal of Social & Personal Relationships, 2010, 27 (1): 47.

［334］Simmons B. L. , Gooty J. , Nelson D. L. et al. Secure attachment: Implications for hope, trust, burnout, and performance ［J］. Journal of Organizational Behavior, 2009, 30（2）: 233 - 247.

［335］Singh R. The relation between career decision-making strategies and person-job fit: A study of job changers ［J］. Journal of Vocational Behavior, 2004, 64（1）: 198 - 221.

［336］Spreitzer G. M. , De Janasz S. C. , Quinn R. E. Empowered to lead: The role of psychological empowerment in leadership ［J］. Journal of Organizational Behavior, 1999: 511 - 526.

［337］St. Clair, Lynda Susanna. Organizational attachment: Exploring the psychology of the employment relationship ［J］. Dissertation Abstracts International. Section A: Humanities and Social Sciences, 1995, 55（8A）: 2473.

［338］Stinglhamber F. , Vandenberghe C. Organizations and supervisors as sources of support and targets of commitment: A longitudinal study ［J］. Journal of Organizational Behavior, 2003, 24（3）: 251 - 270.

［339］Sumer H. C. , Knight P. A. How do people with different attachment styles balance work and family? A personality perspective on work-family linkage ［J］. Journal of Applied Psychology, 2001, 86（4）: 653 - 63.

［340］Sverke M. Does job insecurity lead to impaired well-being or vice versa? estimation of cross-lagged effects using latent variable modelling ［J］. Journal of Organizational Behavior, 2003, 24（2）: 215 - 236.

［341］Sverke M, Hellgren J, NäSwall K. No security: A meta-analysis and review of job insecurity and its consequences. ［J］. Journal of Occupational Health Psychology, 2002, 7（3）: 242 - 264.

［342］Sverke M, Hellgren J, Pienaar J. Job insecurity and sense of mastery: Cross-lagged analysis ［J］. The Gerontologist, 2006, 46: 1 - 608.

［343］Tangirala S. , Ramanujam R. Employee silence on critical work issues: The cross level effects of procedural justice climate ［J］. Personnel Psychology, 2008, 61（1）: 37 - 68.

［344］Tedeschi J. T. , Melburg V. Impression management and influence in the organization ［J］. Research in the Sociology of Organizations, 1984（3）: 31 - 58.

［345］Tepper B. J. Consequences of abusive supervision ［J］. Academy of Management Journal, 2000, 43（2）: 178 - 190.

［346］Tepper B. J. , Duff M. K. , et al. Procedural in justice, victim precipitation, and, abusive supervision ［J］. Personnel Psychology, 2006, 59（1）: 101 - 123.

[347] Tett R. P. , Burnett D. D. A personality trait-based interactionist model of job performance [J]. Journal of Applied Psychology, 2003, 88 (3): 500 –517.

[348] Tsui P. , Huang L. , Freundlich M. Integration host factor binds specifically to multiple sites in the ompb promoter of Escherichia coli and inhibits transcription [J]. Journal of Bacteriology, 1991, 173 (18): 5800 –5807.

[349] Turner B. M. , Beratis N. G. , Turner V. S. , et al. Silent allele as genetic basis of fucosidosis [J]. Nature, 1975, 257 (5525): 391 –392.

[350] TzuShian Han, HsuHsin Chiang, Aihwa Chang. Employee participation in decision making, psychological ownership and knowledge sharing: mediating role of organizational commitment in Taiwanese high-tech organizations [J]. International Journal of Human Resource Management, 2010, 21 (12): 2218 –2233.

[351] Ulla Kinnunen, Jouko Nätti. Job insecurity in Finland: Antecedents and consequences [J]. European Journal of Work & Organizational Psychology, 1994, 4 (3): 297 –321.

[352] Vakola M. , Bouradas D. Antecedents and consequences of organizational silence: An empirical investigation [J]. Employee Relations, 2005, 27 (5): 441 –458.

[353] Valle M. , Perrewe P. L. Do politics perceptions relate to political behaviors? Tests of an implicit assumption and expanded model [J]. Human relations, 2000, 53 (3): 359 –386.

[354] Vander Elst T. , De Witte H. , De Cuyper N. The job insecurity scale: A psychometric evaluation across five European countries [J]. European Journal of Work & Organizational Psychology, 2014, 23 (3): 364 –380.

[355] Vande Walle D. , Van Dyne L. , Kostova T. Psychological ownership: An empirical examination of its consequences [J]. Group & Organization Management, 1995, 20 (2): 210 –226.

[356] Van Dyne L. , Lepine J. A. Helping and voice extra-role behaviors: Evidence of construct and predictive validity [J]. Academy of Management Journal, 1998, 41 (1): 108 –119.

[357] Vigoda E. Organizational politics, job attitudes, and work outcomes: Exploration and implications for the public sector [J]. Journal of vocational Behavior, 2000, 57 (3): 326 –347.

[358] Vigoda – Gadot E. Leadership style, organizational politics, and employees' performance: An empirical examination of two competing models [J]. Personnel Review, 2007, 36 (5): 661 –683.

[359] Viswesvaran C. , Sanchez J. I. , Fisher J. The role of social support in the

process of work stress: A meta-analysis [J]. Journal of Vocational Behavior, 1999, 54 (2): 314 – 334.

[360] Wagner S. H. , Parker C. P. , Christiansen N. D. Employees that think and act like owners: Effects of ownership beliefs and behaviors on organizational effectiveness [J]. Personnel Psychology, 2003, 56 (4): 847 – 871.

[361] Wang H. , Lu C. , Lu L. Do people with traditional values suffer more from job insecurity? The moderating effects of traditionality [J]. European Journal of Work and Organizational Psychology, 2014, 23 (1): 107 – 117.

[362] Wang Y. D. , Hsieh H. H. Employees' reactions to psychological contract breach: A moderated mediation analysis [J]. Journal of Vocational Behavior, 2014, 85 (1): 57 – 66.

[363] Waters H. S. , Rodrigues L. M. , Ridgeway D. Cognitive underpinnings of narrative attachment assessment [J]. Journal of Experimental Child Psychology, 1998, 71 (3): 211 – 234.

[364] Wayne S. J. , Shore L. M. , Liden R. C. Perceived organizational support and leader-member exchange: A social exchange perspective [J]. Academy of Management Journal, 1997, 40 (1): 82 – 111.

[365] Whiteside D. B. , Barclay L. J. Echoes of silence: Employee silence as a mediator between overall justice and employee outcomes [J]. Journal of Business Ethics, 2013, 116 (2): 251 – 266.

[366] Witte H. D. Job insecurity: Review of the international literature on definitions, prevalence, antecedents and consequences [J]. Sa Journal of Industrial Psychology, 2005, 31 (4).

[367] Witt L. A. , Andrews M. C. , Kacmar K. M. The role of participation in decision-making in the organizational politics-job satisfaction relationship [J]. Human Relations, 2000, 53 (3): 341 – 358.

[368] Wood A. M. , Maltby J. , Gillett R. , et al. The role of gratitude in the development of social support, stress, and depression: Two longitudinal studies [J]. Journal of Research in Personality, 2008, 42 (4): 854 – 871.

[369] Wright T. A. & Cropanzano R. Psychological well-being and job satisfaction as predictors of job performance [J]. Journal of Occupational Health Psychology, 2000 (5): 84 – 94.

[370] Wu T. , Uen J. , Wu S. , et al. Family supportive culture, work-life segmentation and employee's organizational attachment: The case of high-tech industry in taiwan [J]. Frontiers of Business Research in China, 2011, 5 (1): 79 – 95.

［371］ Xie J. L. , Schaubroeck J. , Lam S. S. K. Theories of job stress and the role of traditional values: A longitudinal study in China ［J］. Journal of Applied Psychology, 2008, 93 (4): 831.

［372］ Xu A. J. , Loi R. , Lam L. W. The bad boss takes it all: How abusive supervision and leade-member exchange interact to influence employee silence ［J］. Leadership Quarterly, 2015, 26 (5): 763 – 774.

［373］ Yang K. S. Methodological and theoretical issues on psychological traditionality and modernity research in an Asian society: In response to Kwang – Kuo Hwang and beyond ［J］. Asian Journal of Social Psychology, 2003, 6 (3): 263 – 285.

［374］ Yeung J. C. K. Role of traditional values on coping with stress among manufacturing workers in China: An empirical study ［J］. International Journal of Management, 2008, 25 (2): 224.

［375］ Yucheng Zhang, Zhenyu Liao. Consequences of abusive supervision: A meta-analytic review ［J］. Springer Science Business Media New York, 2015 (32): 959 – 987.

［376］ Yu Y. , Liu Q. The effect of psychological capital and organizational support on innovational behavior and silence behavior of technical innovation personnel in strategic emerging industry ［J］. American Journal of Industrial and Business Management, 2016, 6 (6): 732.

［377］ Zagenczyk T. J. , Gibney R. , Few W. T. , et al. Psychological contracts and organizational identification: The mediating effect of perceived organizational support ［J］. Journal of Labor Research, 2011, 32 (3): 254 – 281.

［378］ Zehir C. , Erdogan E. The association between organizational silence and ethical leadership through Employee Performance ［J］. Procedia – Social and Behavioral Sciences, 2011, 24 (24): 1389 – 1404.

［379］ Zeitz M. Age and work satisfaction in a government agency: A situational perspective ［J］. Human Relations, 1990, 43 (5): 419 – 438.

［380］ Zellars K. L. , Hochwarter W. A. , Perrewe P. L, Miles A. K. , Kiewitz C. Beyond self-efficacy: Interactive effects of role conflict and perceived collective efficacy ［J］. Journal of Managerial Issues, 2001 (13): 483 – 499.

［381］ Zhai Y. Traditional values and political trust in China ［J］. Journal of Asian and African Studies, 2016, 53 (3).

［382］ Zhong T. , Chen Q. , Liang M. Y. et al. Research on relationships between nurses' silence behavior and work alienation, organizational climate ［J］. Chin Nurs Manag, 2016, 16 (4): 472 – 476.

［383］Zhou Y. , Miao Q. Servant leadership and affective commitment in the Chinese public sector: The mediating role of perceived organizational support ［J］. Psychological Reports, 2014, 115 (2): 381 -395.